디지털 플랫폼 전략 수립을 위한

쿠버네티스 실전활용서

이진현 지음

"세상에서 가장 쉬운 쿠버네티스 개념 길라잡이"

서문

컴퓨팅 환경은 1965년 인텔의 창립자 고든 무어의 관찰 결과대로 성능이 1~2년마다 2배씩 증가한다는 그의 법칙에 따라 발전을 해왔었고 이는 업무환경을 포함하여 우리의 일상을 디지털화로 이끈 큰 원동력이 되어왔다. 1998년 처음 직장생활을 시작할 때, 기업용 서버는 다양한 컴퓨팅 환경이 혼재되어 있었다. 기업의 주요 서버는 금융권을 중심으로 메인프레임에서 유닉스로 전환되던 시기였으며, 윈도즈 운영체계가 서버로서의 역할을 시작할 즈음이었다.

당시 현재 재직하는 회사로 이직하면서 윈도즈 운영체계가 서버의 역할을 담당한다는 사실 자체가 나에게는 혁신처럼 다가왔다. PC 아키텍처를 서버로 사용한다고? 툭하면 블루스크린을 띄워 사용자를 당혹하게 한 PC용 OS인 윈도즈를 서버 운영체계로 사용한다고? 1990년대 후반만 하더라도 개발자나 엔지니어들을 포함한 대부분 IT인은 윈도즈 운영체계를 신뢰하지 않았으며, x86 아키텍처는 집에서 굴러다니는 PC에 적합한 용도로 치부했고 이를 서버로 사용한다는 것은 어린아이에게 운전면허를 허용하는 것과 다를 바 없는 매우 위험한 시도로 여겨졌었다.

나 또한 x86과 윈도즈 조합을 당시에 신뢰하지 않았지만 모순적이게도 내가 담당했던 업무는 x86서버 시장의 고가용성(High Availability) 솔루션의 사업 개발이었다. 그러나 우려와 달리 x86서버와 이를 기반으로 한 윈도즈와 리눅스 운영체계는 TCO를 무기로 서서히 시장을 파고들기 시작하였고 결국은 유닉스와 risc칩을 시장에서 삭제해 나갔으며, 2000년대 중반 x86을 기반으로 한 가상화 기술이 확산함에 따라 보기 좋게 유닉스를 밀어내면서 기업용 서버 시장의 메인 플랫폼으로 확실히 자리를 잡았다.

처음 가상화를 접했을 때도 이 기술이 서버에 적용될 것이라고 솔직히 생각한 적은 없었던 것 같다. 2002년경 회사 동료가 PC에서 터미널을 띄워서 열심히 명령어를 실행하고 있었는데, 터미널 화면과 프롬프트가 DOS스럽지 않고 뭔가 리눅스처럼 보였다. 당시 동료는 vmware desktop을 활용하여 윈도즈 운영체계에서 리눅스 서버를 가상으로 만들어 테스트를 진행하고 있었다.

지금은 가상화가 일반화되었지만, 당시에는 나에게 큰 충격으로 다가왔고 이것으로 무엇을 할 수 있을까 밤잠을 설치며 상상의 나래를 펼쳤던 것 같다. 결국 상상의 나래는 거창한 사업적 실행으로 옮겨지지는 않았고 가상 PC를 여러 개 만들어 다수의 클라이언트를 생성한 뒤 광고를 클릭하면 돈을 적립해주는 웹사이트에 매크로를 만들어 용돈벌이했던 기억이 난다.

과거 x86이 유닉스를 밀어낼 것인가에 대하여 의심하였듯 가상화 또한 물리 환경을 밀어낼 것인가에 대하여 의심하였지만, 현재 시점으로 보면 가상화는 확실히 메인 플랫폼으로 자리매김하였다. 가상화 이후 강산이 2번 바뀌면서 이 영역에 또 한 번 자리다툼의 지각변동이 감지되고 있다. 그 주인공은 컨테이너를 관리하는 쿠버네티스이다(사실 자리다툼이라기보다는 쿠버네티스 환경이 대부분 가상서버상에 구성되는 관계로 초점이 바뀌었다는 표현이 더 어울릴 수 있겠다).

2016년부터 2023년 현재까지 국내에서 부상하고 있는 쿠버네티스, 컨테이너와 PaaS에 대해서 시장을 나름대로 개척하고 알려 나가는 데 전도사로서 선두의 역할을 하고 있다고 여겨오면서 시중에 나와 있는 몇 가지 책이나 인터넷에서 검색하여 얻은 여러 콘텐츠를 탐독해 봤을 때 몇 가지 아쉬운 점들이 있었다.

이런 책들과 정보들은 왜 죄다 개발자나 기술 엔지니어들만 알아들을 수 있는 내용들뿐인가? 왜 기능적인 요소들만 나열되어 있고 이런 기술들이 나에게 어떤 이익을 줄 수 있는지, 왜 이런 기술들이 필요한지, 어디에 어떻게 적용해야 하는지 등의 콘텐츠들은 찾아볼 수 없는가? 다시 말하자면 IT 기획자, CTO, CIO, CDO, 비즈니스 영역에 있는 사람들이 보고 이해할 만한 정보들이 거의 없다시피 하였으며, 내가 만난 대부분 IT인은 어려운 책과 콘텐츠를 통해 개념을 잡기가 쉽지 않은, 하지만 그중에서도 PaaS라고 부르는 새로운 플랫폼과 기술을 이해하는 척하고 시대의 조류에 뒤떨어지지 않으려면 이것들을 도입하는 시늉이라도 해야 하는 상황에 부닥쳐 있었던 것 같다.

IT 솔루션은 확실히 이제 기술이라기보다는 음악이나 패션처럼 유행을 타는 문화의 일부가 되는 듯하다. 이해는 안 되지만 그 문화를 억지를 써서라도 받아들여야 하고 모르면 아웃사이더가 되어버려 혁신에서 도태되는 부류로 취급받는 분위기가 형성되다 보니 맞지 않는 옷을 억지로 껴입는 형국들이 벌어지기도 한다.

이 책을 기획할 때 세종대왕이 한글을 창제할 때 그 목적을 명기한 훈민정음 서문의 '나랏말싸미 듕귁에 달아 문자와로 서르 사맛디 아니할쎄…' 라는 명언이 계속 머릿속에서 맴돌았었다. 쿠버네티스, 컨테이너, PaaS의 문화는 왜 생겨났는지, 우리는 이런 문화를 어떻게 이해하고 받아들여야 하는지, 이를 어떻게 적용하여 혁신을 이룰 것인지, 어디에 목표 지향점을 두어야 하는지 등을 알려주고 싶었다. 개발자나 기술 엔지니어들만 이해할 법한 내용이 아닌 주변의 내가 사랑하는 가족과 이웃들이 이해할 수 있는 이야기를 들려주고 싶었다.

만약 쿠버네티스를 기능적으로 다루고 싶어 이 책을 집어 들었다면, 미안하지만 다른 책을 보길 권고하고 싶다. 이 책은 그냥 지난 5년간 내가 떠들어 왔던 쿠버네티스란 문화에 대해 주변의 이웃들에게 들려주는 이야기이다.

이 책은 쿠버네티스라는 문화가 우리에게 미친 여러 가지 이야기를 담았으며, 주로 IT 기획자, CIO, CTO, CDO, IT 비즈니스에 관심이 있는 사람들을 주된 독자층으로 여기고 최대한 알아듣기 쉽게 쉬운 언어로써 내려갔다. 물론 개발자들 또한 매우 두꺼운 쿠버네티스 실습서를 접하기 전 최소한 컨테이너의 역사와 이를 어디에 적용할지 가볍게 읽고 영감을 얻기에 모자람이 없을 것이라고 생각한다. 이 책은 크게 세 개의 장으로 구성되어 있으며, 다음의 내용을 전달하고자 한다.

- 제1장 '클라우드의 환경 현황'에서는 클라우드가 기존 가상화와 무엇이 다른지, PaaS가 왜 부상하게 되었는지를 다루고 있다.

- 제2장 '떠오르고 있는 PaaS 이야기'에서는 PaaS가 필요하게 된 배경과 PaaS의 가장 큰 근간을 이루는 컨테이너와 쿠버네티스 및 그와 연관된 여러 에코 솔루션들에 대하여 다루고 있으며, 기능적 관점이 아닌 기본적인 개념과 이들이 제공해 주는 비즈니스적인 장점을 기술하였다.

- 제3장 '쿠버네티스 실전 활용법과 디지털 플랫폼 혁신 사례들'에서는 K8을 주요 플랫폼으로 적용한 애플리케이션 현대화, 디지털 트랜스 포메이션, 마이크로 서비스 아키텍처, DevOps, 멀티/하이브리드 클라우드, Active-Active 데이터센터 구성, 재해복구에 대한 활용법과 사례를 소개하였다.

이 책에서 말하고자 하는 플랫폼 혁신을 통해 각자 속해 있는 기업과 기관의 IT 업무의 효율성과 생산성을 극대화할 수 있는 통찰력을 얻기를 기대한다.

저자 소개

이진현

현재 (주)맨텍에서 오픈 PaaS 플랫폼사업을 총괄하고 있으며, 지난 24년간 애플리케이션의 개발과 기술지원 및 엔터프라이즈, 금융, 통신 마켓에 대한 영업 등 다양한 업무 경험을 토대로 시장의 요구와 고객의 문제해결을 위한 솔루션을 기획했으며 Go to market 전략을 수립하고 실행해 왔다. 최근 5년간 쿠버네티스 기반의 PaaS 플랫폼을 통한 클라우드 네이티브 아키텍처와 하이브리드 클라우드의 인식 확산을 위한 강연을 통해 쿠버네티스와 컨테이너의 전도사 역할을 충실히 수행하고 있으며, 정보통신산업진흥원에서 지원하는 연구개발사업의 클라우드 분야에서 평가위원으로 활동하고 있다.

현) 주식회사 맨텍, 오픈소스 사업부서 총괄
한국항공대학교 항공기계공학과 졸업

베타 리더 추천사

쿠버네티스는 조타수 또는 조종사를 의미하는 그리스어에서 유래하였습니다. 배의 조종키가 배의 나아갈 방향을 정하는 아주 중요한 역할을 하는 것처럼 쿠버네티스는 컨테이너에 대한 오케스트레이션의 핵심적인 역할을 합니다. 쿠버네티스를 모르고서 어떻게 컨테이너들을 잘 다룰 수 있겠습니까? 이 책은 저자가 실제 겪은 경험을 바탕으로 한 실전 활용법들과 디지털 플랫폼 혁신 사례들을 통해 쿠버네티스 활용 방법을 설명합니다. 기존 레거시에서 쿠버네티스의 환경으로 변환할 때 고민하였던 내용들을 잘 정리하여 영역별로 비교하면서 특히 MSA 인프라 아키텍처에서 고려할 사항들을 비교하여 전체적인 내용들을 머릿속으로 잘 정리할 수 있었습니다. 아직 쿠버네티스가 무엇인지 개념이 안 잡혀 있다거나, 기존 레거시에서 쿠버네티스 환경으로 전환할 때 전체적인 흐름을 잡고 싶은 분들에게 딱 알맞은 길라잡이가 되어 줄 것입니다.

프리랜서 개발자 허헌

클라우드가 굉장히 많이 보편화됨에 따라 현재 유용성이 높은 쿠버네티스의 중요성이 점점 커지고 있습니다. 이 책에는 쿠버네티스의 역사부터 실제 경험까지 녹아들어 교과서를 보는 듯한 느낌이었습니다. 또한 오랜 경험으로 인한 노하우가 책에 전수되어 있어, 어떤 것을 중점적으로 해야 할지를 파악할 수 있어서 매우 좋았습니다. 이 책을 읽는다면 필요한 쿠버네티스를 빠르게 습득할 수 있을 것입니다. 엔지니어를 꿈꾸는 분들에게 강력하게 추천해 드리고 싶습니다.

프리랜서 개발자 및 강사 류영표

이 책은 현재 우리가 사용하는 기술의 흐름을 잘 보여주는 동시에 왜 이 기술이 지금 시점에 필요한지 잘 설명해줍니다. 특히 저자분이 초기 도커 및 쿠버네티스 도입 시기부터 현장에서 경험하신 고객 사례를 통해서, 어디에서도 들을 수 없는 생생한 경험을 간접 체험해볼 수 있습니다. 누군가 쿠버네티스 기술이 왜 필요한지 물어본다면, 이 책을 통해서 이해시킬 수 있을 것 같습니다. 실습 코드가 중요하기는 하지만, 이 책은 쿠버네티스에 대한 이론을 정말 글로써 잘 설명한 책이라고 생각됩니다. 쿠버네티스의 개념을 확실히 잡아줄 수 있을 거라는 생각이 듭니다.

백앤드 개발자 박지연

쿠버네티스에 대해 전혀 모르는 상태로 책을 접했지만, 쿠버네티스가 생기기 이전의 역사부터 전반적인 인프라 구축이 어떻게 이루어지는지 세세히 설명되어 있고, 필자의 생생한 경험이 중간중간 들어가 있어 흥

미롭게 읽을 수 있었습니다. 그리고 컨테이너, 도커, CI/CD 등 생소한 단어들이 어떤 개념인지 확실히 알게 되었습니다. DevOps에 관심이 있는 많은 사람들이 이 책을 읽고 인프라 지식을 쉽게 습득할 수 있길 바랍니다. 좋은 책을 써주신 저자분께 감사드립니다.

스타트업 웹 개발자 최현준

목차

서문 ·················· 3
저자 소개 ·················· 8
베타 리더 추천사 ·················· 9

CHAPTER 01.
클라우드 환경 현황 ·················· 17

1.1 개요 ·················· 18
   1.1.1 클라우드 컴퓨팅은 왜 탄생하게 되었고 어떠한 변화를 거쳐왔는가? ········18
   1.1.2 클라우드와 가상화의 차이점 ·················· 20
   1.1.3 기존 레거시 플랫폼 대비 클라우드의 특징 ·················· 23
   1.1.4 IaaS, PaaS, SaaS의 개요와 차이점 알아보기 ·················· 30

1.2 클라우드 컴퓨팅의 변화 ·················· 34
   1.2.1 시장을 주도한 IaaS의 기여도 ·················· 34
   1.2.2 IaaS에서 PaaS로 진화하고 있는 배경 ·················· 38

CHAPTER 02.
떠오르고 있는 PaaS 이야기 ·················· 47

2.1 PaaS의 개요 ·················· 48
   2.1.1 PaaS란 무엇인가? ·················· 48
   2.1.2 PaaS의 목적 ·················· 49
   2.1.3 PaaS에 적합한 플랫폼은? ·················· 54

2.2 컨테이너의 부상 ········· 60
- 2.2.1 컨테이너란? ········· 60
- 2.2.2 컨테이너의 역사 ········· 64
- 2.2.3 컨테이너가 클라우드 인프라의 핵심으로 각광받는 이유 ········· 65
- 2.2.4 컨테이너의 특징 ········· 67
- 2.2.5 도커 이미지, 컨테이너와 런타임 ········· 71
- 2.2.6 컨테이너의 장점과 단점 ········· 77
- 2.2.7 컨테이너의 비즈니스적인 이점 ········· 80
- 2.2.8 컨테이너의 표준화 ········· 86

2.3 컨테이너 오케스트레이션의 역할 ········· 88
- 2.3.1 컨테이너 오케스트레이션은 왜 필요한가? ········· 88
- 2.3.2 오케스트레이션을 독식하게 된 쿠버네티스 ········· 92
- 2.3.3 쿠버네티스의 개요 ········· 97
- 2.3.4 쿠버네티스의 아키텍처 ········· 106
- 2.3.5 쿠버네티스에서 주로 사용하는 용어 ········· 111
- 2.3.6 쿠버네티스와 에코 솔루션들, 그리고 CNCF의 역할 ········· 131
- 2.3.7 쿠버네티스와 컨테이너 기반 PaaS 구성을 위한 아키텍처와 스택들 ········· 140
- 2.3.8 PaaS 구성을 위한 인하우스 개발과 패키지 솔루션의 차이점 ········· 147

CHAPTER 03.

쿠버네티스의 실전 활용법과 디지털 플랫폼 혁신 사례들 ········· 155

3.1 애플리케이션 현대화를 위해 무엇을 준비해야 할까? ········· 156
- 3.1.1 현대화의 정의 ········· 156
- 3.1.2 현대화를 위한 플랫폼 구성 요소들 ········· 157
- 3.1.3 국내 대기업의 현대화를 통한 생산성 혁신 사례 소개 ········· 161
- 3.1.4 국내 중견기업의 ERP시스템의 현대화 사례 ········· 165

3.2 디지털 트랜스 포메이션에 성공하기 위한 방법은? ········· 169
   3.2.1 디지털 트랜스 포메이션의 단상 ········· 169
   3.2.2 디지털 트랜스 포메이션과 클라우드, 그리고 플랫폼 구성 요소들 ········· 174
   3.2.3 클라우드 네이티브 아키텍처에 대하여 ········· 175
   3.2.4 국내 카드사의 ABC 기반 디지털 플랫폼 혁신 사례 ········· 183

3.3 DevOps를 통한 개발 생산성을 극대화하려면? ········· 186
   3.3.1 DevOps가 지향하는 목표 ········· 186
   3.3.2 쿠버네티스 기반 DevOps 구성 시 고려사항과 아키텍처링 ········· 188
   3.3.3 대두되고 있는 GitOps ········· 190
   3.3.4 국내 중견기업의 DevOps를 통한 생산성 혁신의 사례 ········· 192

3.4 MSA를 위해 인프라는 어떤 방식으로 구성할까? ········· 196
   3.4.1 MSA는 왜 필요하게 되었는가? ········· 196
   3.4.2 MSA에 적합한 인프라는? ········· 202
   3.4.3 MSA 인프라 아키텍처링 시 고려사항들 ········· 204
   3.4.4 서비스 메시와 API GW의 차이점 ········· 206
   3.4.5 서비스 메시로 할 수 있는 일들 ········· 209
   3.4.6 국내 A 기관이 MSA로 전환할 수밖에 없었던 이유 ········· 218

3.5 멀티/하이브리드 클라우드는 어떻게 운영해야 할까? ········· 221
   3.5.1 멀티/하이브리드 클라우드란? ········· 221
   3.5.2 하이브리드 클라우드의 유형 ········· 225
   3.5.3 멀티/하이브리드 클라우드에서 컨테이너가 부상한 이유 ········· 229
   3.5.4 국내 L 기관의 하이브리드 클라우드를 통한 혁신적인 비용 절감 사례 ········· 232

3.6 비용 효율적인 Active-Active 데이터센터와 재해복구 ·············· 235
  3.6.1 재해복구의 현황과 불편한 진실 ·············· 235
  3.6.2 재해복구 구축과 유지비용 문제의 해결 ·············· 238
  3.6.3 재해복구 복잡성의 해결 ·············· 239
  3.6.4 복구 성공률을 높이기 위한 쿠버네티스의 활용 ·············· 241
  3.6.5 쿠버네티스 환경의 재해복구 형태 ·············· 246

3.7 기존 레거시 대비 쿠버네티스로 인한 변화와 장점 정리 ·············· 254
  3.7.1 시스템 자원 관리 ·············· 255
  3.7.2 환경변수의 영향도 ·············· 256
  3.7.3 애플리케이션의 배포 ·············· 258
  3.7.4 서비스 장애의 처리 ·············· 260
  3.7.5 로그 관리 ·············· 263

  마치는 말 ·············· 266
  찾아보기 ·············· 268

CHAPTER 01

클라우드 환경 현황

1.1 개요
1.2 클라우드 컴퓨팅의 변화

CHAPTER 01

1.1 개요

>> 1.1.1 클라우드 컴퓨팅은 왜 탄생하게 되었고 어떠한 변화를 거쳐왔는가?

클라우드의 사전적 의미는 구름이다. 구름과 컴퓨터가 무슨 연관성이 있길래 클라우드가 IT 용어가 되었을까?

우선 구름의 특징을 살펴볼 필요가 있다. 구름은 눈에 보이긴 하지만 그 누구도 소유할 수 없고 늘 유동적이며, 나타났다 사라지기를 늘 반복하는 등 변화무쌍하다. 구름을 소유할 수는 없지만 인류는 구름이 주는 혜택을 누리며 살고 있다. 구름은 우리에게 그늘을 만들어주고 비를 내려 생명이 지속되는 데 가장 중요한 물을 제공해 준다. 즉, 소유할 수 없지만 활용할 수는 있는 것이다.

이렇게 생각해보면 '해 또한 마찬가지로 소요할 수 없지만 활용할 수 있는데 선 컴퓨팅이라는 용어를 왜 만들지 않았을까?'라는 의문이 문득 생기기도 한다. 이후 클라우드 컴퓨팅의 특징에 대해서도 설명하겠지만 구름은 변화무쌍한 반면, 해는 그렇지 않다. 늘 변화 없이 그 자리에 고정되어 열과 빛을 발산하며, 지구가 그 주변을 맴돌며 낮과 밤만 구분될 뿐이다.

컴퓨터를 소유하지 않으면서 활용을 극대화할 수 있는 방법을 고민한 끝에 늘 그 자리에 고정되어 있지 않으면서 필요에 따라 유동적으로 생성하였다가 필요 없으면 삭제를 하는 컴퓨팅 활용방안의 아이디어가 1965년부터 시작되었다는 유래가 있다. 그리고 1965년 미국의 컴퓨터 공학자이자 인지과학자인 존 매카시(Jhon McCarthy, 1927~2011)는 당시 초고가인 메인프레임을 대체하는 방안으로 네트워크로 연결한 컴퓨터를 전기나 수도 등의 공공시설을 쓰는 것처럼 사용한 만큼 돈을 내게 되는 시대가 올 것이라는 주장을 펼쳤는데 이에서 클라우드 컴퓨팅의 개념이 유래되었다는 이야기도 있다.

이후 IBM이 메인프레임에서 가상화 기술을 개발하여 물리적 호스트를 다수의 논리적 컴퓨터 자원으로 분리하여 다수의 사용자에게 할당한 단계까지 발전하였고 2000년 이후 그리드 컴퓨팅, 유틸리티 컴퓨팅의 개념들 또한 개별 컴퓨터를 클러스터로 묶어 거대한 자원 풀을 만든 다음 필요한 만큼 컴퓨팅 자원을 할당하기도 했다. 하지만 이는 폐쇄적으로 운영되어 내부 구성원들에게만 자원을 할당한 것이며, 대중들에게 사용료를 받고 컴퓨터 자원을 할당한 것은 2006년 아마존이 시초라고 볼 수 있다.

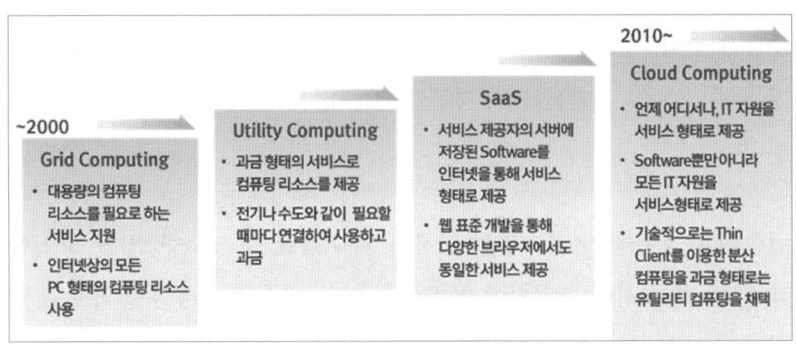

[그림 1-1] 클라우드의 발전 단계 (출처 : 가트너)

▶▶ 1.1.2 클라우드와 가상화의 차이점

클라우드를 언급할 때 흔히 가상화를 필연적으로 동반하게 된다. 그리고 상당수의 IT 종사자들조차 클라우드와 가상화의 차이점이 무엇인지 모르고 동일한 개념이 아니냐는 혼동을 일으키기도 한다. 또한 클라우드 인프라를 구축했다고 거창하게 홍보해 놓고, 실체를 들여다보면 가상화 구축만 수행한 경우가 태반이다. 이러한 문제는 정확히 클라우드와 가상화의 차이점을 이해하지 못한 데서 기인한다고 볼 수 있다.

가상화는 물리적인 서버, 스토리지, 네트워크 등의 인프라를 가상 형태로 추상화하여 이를 논리적으로 합치거나 나누는 기술을 의미한다. 일반 PC

사용자들도 가장 쉽게 접할 수 있는 가상화가 디스크를 파티션으로 나누는 것이다. 예를 들어 물리적인 단일의 디스크를 두 개 이상의 파티션으로 나누어 C:₩드라이브, D:₩드라이브 이런 식으로 사용하는 경우를 많이 경험하였을 것이다. 기업용 서버에서 사용하는 디스크의 경우도 물리적인 여러 개의 디스크를 논리적으로 합쳐 거대한 용량을 확보하거나 장애에 대비하여 복사본이나 패리티 정보를 저장하는 행위 등이 디스크 가상화(RAID)[1]이다.

서버 또한 마찬가지로 하이퍼바이저(Hypervisor)를 통해 물리적인 서버를 다수의 가상서버로 나누어 서버 자원을 효율적으로 생성 및 할당하는 경우를 흔히 접할 수 있다. 이렇듯 가상화는 기술이며, 효율적인 자원 활용을 통해 인프라의 TCO[2]를 획기적으로 절감하는 데 그 목적이 있다.

반면 클라우드는 필요한 컴퓨팅 자원을 사용자에게 즉시 할당할 수 있도록 자동화된 방식으로 셀프서비스가 가능한 환경을 갖추는 것에 목표를 두고 있다. 즉, 클라우드는 가상화 기술을 이용하여 사용자가 스스로 필요한 컴퓨팅 자원을 자동화된 방식으로 즉시 제공받을 수 있는 서비스 환경을 의미하는 것이다.

그렇다면 여기서 드는 한 가지 의문은 물리적인 인프라 환경만으로 클

---

[1] RAID는 Redundant Array of Independent Disks의 줄임말이며, 여러 개의 디스크를 논리적으로 묶어 용량 증대, 속대 증대, 가용 증대 등의 목적으로 사용함.

[2] TCO는 Total Cost of Ownership의 줄임말이며, 어떤 물품이나 자원들을 도입 및 유지하는 데 소요되는 총 비용을 의미함.

라우드 서비스는 불가능한 것인지이다. 과거 x86서버에서 가상화 기술이 개발되기 전 2000년대 초반에 호스팅 혹은 코로케이션 서비스[3]의 경우 물리적인 인프라 환경으로 컴퓨팅 자원의 임대 서비스를 제공하곤 했는데, 이것이 현재의 클라우드로 명칭만 바뀐 것이 아니냐고 주장하는 사람들도 의외로 많다. 물론 필자의 경우 가능하다고 본다.

- 자동화된 운영 관리
- 셀프서비스
- 확장성
- 필요 자원을 즉시 할당하는 환경

- 효율적인 자원 활용
- 서비스 자원 관리의 용이성
- 인프라 TCO 절감
- 물리 → 가상으로 추상화한 기술

[그림 1-2] 클라우드와 가상화의 차이점

물리적인 인프라 환경만으로도 사용자가 필요한 컴퓨팅 자원을 셀프서비스 형태로 자동으로 할당받는 것이 가능하다. 그러나 즉시 할당이라는 측면에서 본다면 물리적인 인프라는 한계가 있다. 게다가 필요한 자원을 정확히 나누어 할당할 수도 없으며, 물리적 인프라가 갖추고 있는

---

3 대규모의 인터넷 데이터센터를 구축하여 IT 서비스를 제공하고자 하는 기업에게 서버 인프라를 구축하기 위해 필요한 전력, 네트워크, 상면 등을 임대함은 물론이고 운영까지 위탁받아 서비스를 제공하는 비즈니스 형태를 의미함.

용량 전체를 할당할 수밖에 없는 한계가 있다. 따라서 클라우드의 목적을 달성하기 위하여 가상화 기술이 여러모로 유리하기 때문에 이를 활용하여 클라우드 서비스를 구축하는 것이다.

▶▶ 1.1.3 기존 레거시 플랫폼 대비 클라우드의 특징

과거의 유닉스나 물리적인 서버 환경으로 인프라를 운영해 온 분들을 만나보면 한결같이 클라우드의 구축과 운영에 어려움을 토로하며, 불편함을 호소하는 경우가 많다. 새로운 기술들을 제공하는 사람들의 주장들은 늘 그러하듯 비용 절감, 생산성 향상, 편리함 제공이 주를 이루는데 정작 이를 도입한 인프라 운영 담당자들은 과거의 편리함을 회상하는 것을 보면 안타깝기 그지없다.

새로운 기술이 불편하고 지금까지 사용해 온 레거시가 더 편리하다는 말을 정확히 표현하자면 이전 것이 더 '익숙하다'가 아닐까 한다. 여기서 우리가 주목해야 할 내용은 기존 레거시[4]와 클라우드가 지향하는 궁극적인 목적이 다르냐는 것이다. 사실 클라우드를 도입 혹은 구축한다고 목표는 설정해 놓고 이를 도입하려는 목적은 설정하지 않는 경우가 허다하다.

이후에서 지속적으로 언급을 하겠지만 클라우드 구축 그 자체가 목적이 되어서는 안 된다. 클라우드를 통해 어떠한 혁신을 이루거나 생산성을 향상

---

4 이 책에서 레거시는 최신의 신기술이 아닌 과거에 구축하여 현재까지 운영하고 있는 IT 자원들을 의미함.

하겠다는 등 목적 지향점이 뚜렷해야 한다. 그리고 과거의 레거시나 클라우드나 사실 인프라를 운영하는 담당자의 관점에서 본다면 궁극적인 목적은 대부분 동일한 경우가 많다. 과거 레거시를 신규 도입할 때도 늘 그러했듯이 비용 절감, 생산성 향상, 편리함 제공이라는 기치 아래 도입하지 않았던가?

레거시와 클라우드의 차이점과 특징을 설명하기 전 궁극적인 목적 지향점에 대하여 다른 예를 한번 들어보자. 우리는 맛있게 음식을 먹고 나면 뒷정리를 해야 할 것이다. 여기서 목적 지향점은 뒷정리로 설정했다. 그런데 이러한 뒷정리는 음식을 어떤 용기에 담았는지에 따라 방법은 달라지게 되지만 목적지향점은 같다.

코로나 사태 이전 우리는 흔히 식당을 방문하여 유기그릇에 담긴 음식을 먹곤 했지만 2020년 이후에 도시락 배달 주문이 급증하면서 일회용 용기에 담긴 음식을 흔히 접하고 있다. 여기서 뒷정리의 방법이 달라진다. 유기그릇은 설거지를 통해 목적을 이루는 반면, 일회용 용기는 재활용 수거통 혹은 쓰레기통에 투척함으로써 목적을 이룰 수 있다.

일회용 용기나 종이컵을 휴지통에 버리지 않고 이를 과거 유기그릇을 뒷정리하듯이 설거지하면 어떻게 되겠는가? 분명 일회용 용기는 부서질 가능성이 클 것이고 종이컵은 찢어져 사용하지 못하게 될 것이다. 그리고 분명한 것은 설거지보단 재활용 수거통이나 휴지통에 투척하는 것이 설거지보단 훨씬 편리하다.

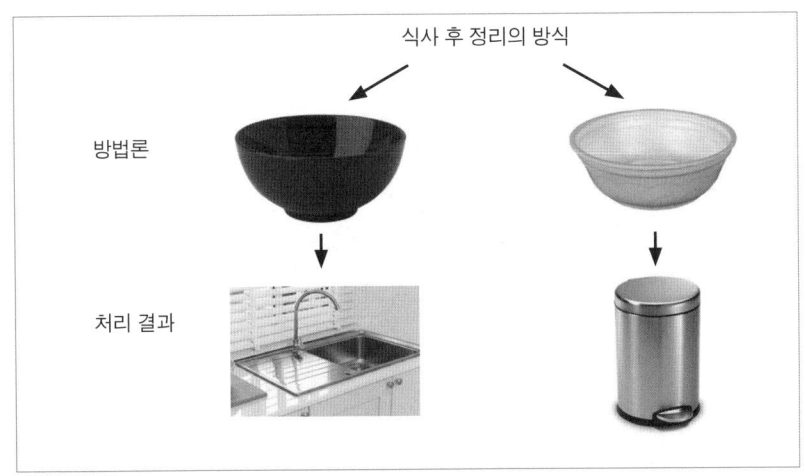

[그림 1-3] 동일한 목적 지향과 다른 방법론

여기서 유기그릇은 기존에 운영해 온 레거시 환경으로, 일회용 용기는 클라우드로 치환해서 생각해보자. 클라우드가 불편해진 가장 큰 이유 중 하나는 클라우드를 클라우드답게 운영하지 못하고 익숙했던 기존 레거시와 동일한 방법으로 이해하고 운영한 데서 기인했다고 볼 수 있다. 그렇다면 기존 레거시 인프라와 클라우드는 어떠한 차이점이 있을까?

물리 서버 기반의 레거시는 Delivery에 많은 시간이 소요된다. 특히 요즘처럼 반도체 수급 문제가 있는 경우 3개월 이상이 소요되며, 구축되는 데도 수개월이 소요된다. 따라서 장애 발생 시 당장 이를 대체할 수 있는 자원이 귀하기 때문에 무조건 복구를 해야 하며, 최대한 견고하게 제작하여 가용성, 신뢰성 및 안정성이 높아야 한다. 따라서 가격이 높다.

이에 반해 클라우드는 수 분만에 Delivery가 가능하며, 향후 소개할 컨테이너의 경우 수십 초 내에 생성과 할당이 가능하다. 따라서 장애 발생 시 레거시같이 굳이 복구하려고 노력할 필요가 없다. 그냥 샌드박스 형태[5]로 보관된 가상자원을 새로 생성하여 기동하면 그만이다. 레거시의 경우 기존 장비를 대체하는 데 수개월이 걸릴 수 있지만, 클라우드는 생성과 기동까지 수십 초에서 수 분 내 가능하므로 굳이 복구라는 큰 노력을 할 필요가 없다. 마치 종이컵을 굳이 설거지할 필요가 없는 것과 동일하다.

따라서 클라우드의 세상에서는 문제나 장애가 발생한 자원은 일반적으로 삭제(Termination)하고 신규로 생성하여 할당한다. 그러므로 굳이 신뢰성과 안정성을 높이기 위해 견고하게 설계하지 않으며, 이를 보완하기 위하여 다수의 자원을 클러스터로 묶어 운영하며, 한두 개의 자원에 장애가 발생하더라도 중단 없는 서비스를 제공한다.

간혹 클라우드는 인프라의 안정성, 신뢰성, 가용성이 떨어져 아주 중요한 업무나 서비스에 적용하면 안 된다고 주장하는 사람들이 있다. 틀린 말은 아니다. 클라우드는 그러한 나약함을 알기에 오히려 레거시보다 더 철저히 가용성을 높이는 여러 안전장치를 제공한다. 오히려 영원히 가동될 것만 같은 탄탄한 레거시가 재해를 만나 복구불능에 빠져 더 큰 서비스 재앙을 불러일으키는 현상을 필자는 23년의 IT 경험상 더 많이

---

5 보호된 영역 내에서 프로그램을 동작시키는 것으로 시스템이 부정하게 조작되는 것을 막는 보안의 형태인데, 가상화에서는 가상서버에 필요한 소프트웨어를 사전 구성하여 변경이 불가능한 이미지의 형태를 의미하기도 함.

접해왔다.

레거시는	클라우드는
견고하다.	견고하지 못하다.
Delivery에 많은 시간이 소요된다.	수십 초 ~ 수 분 만에 Delivery가 가능하다.
고가이다.	저렴하다.
생명주기가 길다(최소 5년).	생명주기가 짧고 여러 개를 묶어 운영한다.
장애 시 복구해야 한다.	장애 시 버리고 신규로 생성한다.
정적인 자원 할당	동적인 자원 할당

[표 1-1] 레거시와 클라우드의 차이점

이외 리소스의 할당과 관리 측면에서도 차이점이 있다. 레거시의 경우 서버에 대하여 Identity를 부여하는 IP주소, Mac 주소, Host name, Storage path 등의 자원 할당이 고정되어 있는 반면, 클라우드는 이들이 유동적이다. 즉, 동일한 가상서버나 컨테이너의 재기동 시 이러한 자원들이 동적으로 바뀐다. 우리가 공공장소에서 스마트폰으로 인터넷 접속을 위해 wifi에 접속할 때 동적인 IP를 할당받는 것과 비슷하다. 따라서 클라우드에서는 소프트웨어를 운영할 때도 이러한 특성을 고려하여야 한다.

일반적으로 상용소프트웨어의 경우 불법 활용의 방지를 위하여 작동키 값을 기입하여야 정상적인 사용이 가능한 경우가 대부분일 것이다. 그리고 이러한 작동키가 서버의 Identity인 IP주소나 Mac 주소 등의 할당된 자원과 바인딩되는 경우도 있는데 이를 Node lock key[6]라 부른다. 흔히 작동키를 라이선스 번호와 혼동하는 사람들이 많은데, 이는 엄연히 다르다. 소프트웨어는 비용을 지불하여 구매하였더라도 일반 소비재나 하드웨어와 달리 구매한 측에게 소유권이 없다.

소유권은 해당 소프트웨어에 대한 저작권을 가지고 있는 측에서만 가질 수 있고 구매한 측은 사용허가권만 획득하게 된다. 이를 라이선스라고 한다. 따라서 라이선스를 획득하였더라도 소프트웨어의 제조사마다 작동키가 없을 수도 있다.

클라우드 인프라의 경우 앞에서 언급하였듯이 자원의 할당이 동적인 관계로 Node lock key로 작동되는 상용소프트웨어의 경우 상당한 제약이 따를 가능성이 크다. 게다가 클라우드의 큰 장점 중 하나인 즉시 배포와 서비스 확장의 관점에서 보았을 때, 상용소프트웨어의 라이선스 획득 때문에 이를 이행하지 못하는 경우가 많다.

이러한 연유로 클라우드로 전환되면서 Node lock key와 라이선스의 제약에서 자유로운 오픈소스 소프트웨어가 각광을 받을 수밖에 없는 환경이 자연스레 만들어졌으며 이는 클라우드와 OSS(Open Source Software) 간 생태계의 연결고리가 견고해진 배경이기도 하다(요즈음은 OSS

---

6 상용소프트웨어의 작동키가 서버의 Identity의 값에 따라 생성되고 이 두 개가 일치할 때, 해당 소프트웨어가 정상적으로 구동됨. 따라서 서버의 Identity가 바뀔 경우 이를 기반으로 생성된 새로운 작동키를 입력해야 정상 실행이 가능함.

또한 배포의 자유라는 주된 표어가 점점 퇴색되어 상용으로 변질되고 있긴 하다).

[그림 1-4] OSS SW들

결론적으로 기존 레거시와 클라우드는 중단이 없으며 생산성이 극대화된 개발 및 운영환경을 어떻게 갖출 것인가에 대한 궁극적인 목표 지향은 거의 동일하다. 다만 앞서 언급했듯이 목표 달성을 위한 방법론이 다를 뿐이다. 클라우드는 여기에 '무한 확장 가능한'이 더 추가된다.

이렇듯 클라우드의 특징을 이해하고 이를 반영한 방법으로 도입 및 운영을 한다면 더 이상 클라우드가 불편하지 않고 오히려 더욱 편리하다는 것을 느낄 것이다.

≫ 1.1.4 IaaS, PaaS, SaaS의 개요와 차이점 알아보기

클라우드 컴퓨팅은 서비스 모델에 따라 크게 IaaS, PaaS, SaaS로 구분된다.

IaaS는 Infrastructure as a Service의 약자로 가장 큰 시장을 형성하고 있으며, 우리가 흔히 알고 있는 AWS, MS, Google, Naver, KT와 같은 클라우드 서비스 제공 사업자(CSP: Cloud Service Provider)들이 인터넷을 통해 가상화된 컴퓨팅 자원을 셀프서비스 형태로 제공한다.

2006년 AWS에서 초기 서비스를 제공할 당시에는 서버, 스토리지 자원 위주로 제공하였지만 현재는 서비스 자원까지 수만 개에 이르러 품목이 너무 방대하여 이 또한 전문지식이 없는 경우 셀프서비스가 쉽지 않다.

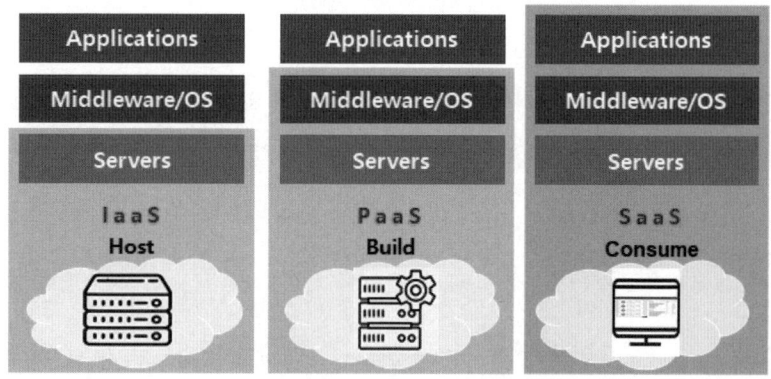

[그림 1-5] 서비스 모델에 따른 클라우드 컴퓨팅

이에 따라 컨설팅과 운영까지 대행해주는 사업자(MSP: Managed Service Provider)를 통해 서비스를 제공받는 경우도 많다. 기존 레거시의 경우도 외부 전문업체를 통해 서비스 인프라를 도입, 구축 및 유지보수 서비스를 제공받아왔던 것과 비슷하다고 보면 된다.

IaaS는 주로 서버, 스토리지, 네트워크 등의 자원을 제공하는 데 초점이 맞추어져 있고 기업과 같은 사용자들은 하드웨어를 구매하는 것이 아니라 인프라 자원을 필요한 만큼 구매하여 할당받아 사용하고 전기료나 수도료를 매월 지불하는 것처럼 가상의 자원을 사용한 만큼의 비용을 지불하면 된다. 현재 클라우드 시장에서 가장 큰 규모를 차지하고 있으며 대다수의 CSP나 MSP와 같은 클라우드 서비스 제공자 및 서비스 사용자들이 많이 익숙해져 있기도 하다.

PaaS는 Platform as a Service의 약자로 세 가지 유형 중 가능 최근에 생긴 개념인데, 기존 IaaS의 경우 기업이 서버, 스토리지, 네트워크 등의 인프라 자원을 할당받은 뒤 서비스 구성을 위하여 OS, DB, 미들웨어, 프레임워크, 보안 등의 인프라 소프트웨어를 설치하여야 했을 것이다. PaaS는 이러한 인프라 SW까지 이미지 형태로 할당해 주는 개념이며, 사용자는 자신의 코드를 빌드하여 개발된 응용프로그램만 실행하면 된다.

인프라 SW까지 셀프서비스 형태로 자동 할당할 수 있다는 관점에서 보면 IaaS와 대비하여 개발 및 운영 인프라를 구축하고 운영함에 있어 생산성을 더욱더 극대화할 수 있지만 수만 가지의 시스템 SW영역까지 표준 이미지로 만들고 관리해야 하기 때문에 IaaS에 비해 더욱더 고도화된 전문지식이 필요한 관계로 시장 규모가 가장 작다. 2022년 현재 전세계적으로나 국내 규모로나 IaaS 대비 1/10 수준도 안되고 CSP 측에서도 전문인력이 가장 적으며, 솔루션 제조사 또한 손에 꼽을 정도이다. 그러나 클라우드 인프라 시장이 IaaS에서 PaaS로 점점 전환되고 있는 관계로 향후 시장 전망은 가장 밝은 편이다.

SaaS는 Service as a Service의 약자로 응용서비스까지 서비스 형태로 할당받는 개념이다. 역사적으로 보면 IaaS보다 더 먼저 시작되었다고 볼 수 있다. 우리가 일상생활에서 가장 흔히 제공받는 SaaS 서비스는 이메일과 웹하드 서비스이다. 필자의 경우도 지금은 MS로 인수된 Hotmail을 1998년에 처음으로 계정을 만들어 사용하기 시작하였다. 우리가 흔히 사용하는 구글, 다음, 네이버 등의 이메일 서비스를 제공받기 위해 서버, 스토리지, 네트워크 등의 인프라를 갖춘 뒤 SMTP(Simple Mail Transfer Protocol)서비스나 Exchange 등의 인프라 SW를 별도로 구성하지 않고 단지 계정만 신청하여 생성함으로써 해당 서비스를 제공받을 수 있다.

PaaS와 다른 점은 PaaS의 경우 런타임 소프트웨어를 각 기업의 특성에 맞추어 별도 개발하여 탑재할 수 있지만 SaaS는 이런 선택지 없이 서비스 제공자가 제공하는 애플리케이션을 그대로 사용하여야 한다. 기업용 소프트웨어 시장에서 대표적인 SaaS 주자를 보자면, Salesforce.com,

GitHub, MS365, 구글앱스 등이 있다. 이들은 사용자의 요구사항대로 응용서비스를 고쳐주거나 개발해 주지 않으므로 사용자는 그들이 제공하는 서비스를 이용만 할 수 있다. 따라서 PaaS에 비하여 자유도는 낮으나, 서비스 개발과 운영을 위하여 고민하거나 전문 개발자와 운영자를 별도로 고용할 필요가 없어 중소기업들이 많이 선호하는 클라우드 서비스이다. 필자가 재직하고 있는 회사의 경우도 개발환경과 업무환경에 현재 SaaS를 활용하고 있다.

서비스 모델에 따라 어떠한 유형을 선택하는 것이 좋으냐는 질문에 대하여 명확히 어떤 유형이 더 좋다고 말하긴 쉽지 않다. 우리가 속해 있는 조직의 궁극적인 목표 지향점이 무엇이고 이에 따라 어떤 유형을 선택하는 것이 가장 비용 대비 효율적인가를 따져야 할 것이다. 가령 응용서비스를 자체적으로 개발하여 운영하여야 하는데, 서비스 배포가 빈번하지 않을 경우 IaaS를 채택하는 것이 유리할 수 있다. 반면, 서비스 개발과 배포가 빈번하고 외부 사용자 서비스 요청이 항상 가변적일 경우 PaaS를 채택하는 것이 유리할 수 있다. 이렇듯 해당 조직의 구체적인 필요 요건과 상황에 따라 최적의 클라우드 유형을 선택하여야 한다.

1.2 클라우드 컴퓨팅의 변화

▶▶ 1.2.1 시장을 주도한 IaaS의 기여도

현재까지 대부분의 기업과 기관들이 클라우드를 구축 및 운영하였다면 90% 이상은 IaaS 환경일 것이며, 하이퍼바이저 기반의 가상화 기술이 이를 주도하여 왔다. 시장 규모 또한 IaaS가 가장 크다.

한국클라우드산업협회(KACI)가 발간한 '2021년 국내 클라우드 산업 실태조사 결과 보고서'에 따르면 2019년 3조 3,714억 원이었던 국내 클라우드 시장은 2020년 4조 원대를 기록하여 27%의 성장률을 보인 바 있다.

유형별로는 IaaS가 1조 9천억 원으로 가장 높은 비중을 보였으며, 구축형인 프라이빗 클라우드 역시 가장 높은 비중을 보이고 있는 만큼 IaaS가 여전히 클라우드 시장을 주도하고 있다. 제2장부터 본격적으로 다룰 PaaS의 경우 2,670억 원으로 IaaS에 비하면 1/7 수준밖에 되지 않지만 전년 대비 성장률은 2배 이상으로 가장 높은 성장률을 기록하였고 IaaS의 근간을 이루고 있는 가상화 개발사들이 PaaS 솔루션을 강화하고 있는 만큼 시장 규모가 더욱 확대될 것으로 전망된다.

그렇다면 현재의 상황에서 클라우드를 주도해 온 시스템 가상화 기술이 가져다준 혜택은 어떠한 것들이 있을까?

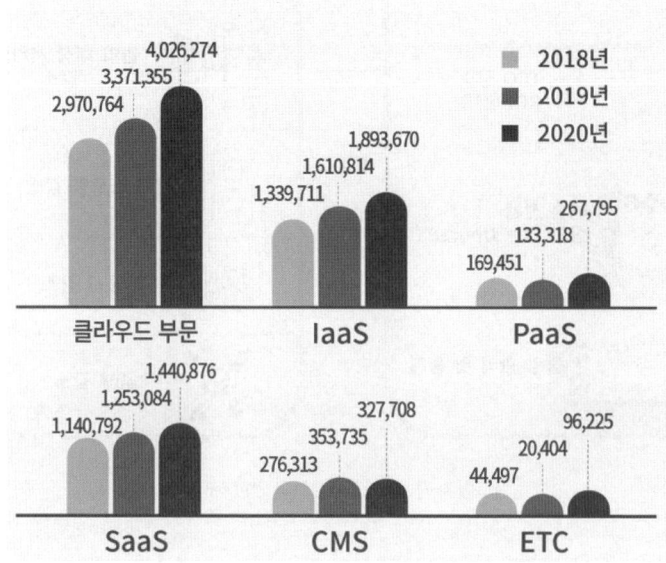

[그림 1-6] 2020년 국내 클라우드 서비스 부문별 매출 현황 (출처 : KACI)

우선 운영과 프로세스 측면에서 본다면 인프라 배치 시간이 수개월에 수십 분으로 줄었으며, 다수의 OS instance에 대하여 중앙 관리와 통제 체계를 통하여 TCO(Total Cost of Ownership)가 1/10 수준으로 떨어졌고, ROI(Return of Investment) 또한 증대되는 효과를 누리게 되었다. 그리고 물리적 측면에서 본다면 관리할 대상 서버의 수가 1/10 이하로 감소하였고, (이 부분은 관점에 따라 다르다. 물리적 서버가 줄었다고 관리할 논리적 서버의 수가 줄어든 것은 아니며, 인프라의 할당이 단 수십 분 만에 가능해지다 보니 오히려 늘어났다는 의견이 있다.) 이로 인해 데이터센터의 점유 공간과 전략 소모량 또한 감소하게 되었다.

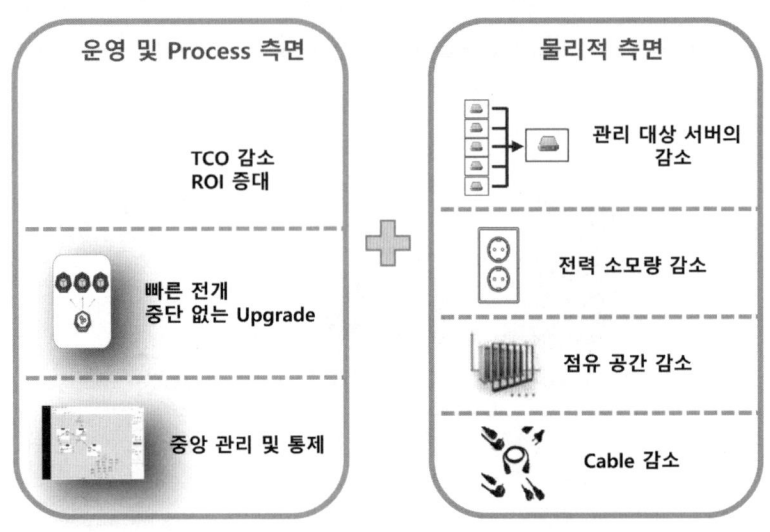

[그림 1-7] 시스템 가상화로 인한 혜택

게다가 인프라 구조의 단순화로 생산성이 증대되었다. 인프라를 구성하는 가장 기본적인 3대 시스템은 서버, 스토리지, 네트워크로 볼 수 있는데, 이들은 물리적인 형태도 서로 달랐고 네트워크와 스토리지의 경우 폐쇄적인 운영체제를 사용한 관계로 전문 엔지니어가 아니면 다루기가 불가능한 인프라이기도 했었다. 하지만 가상화로 인하여 이들 인프라는 x86서버라는 표준 플랫폼에 가상머신 형태로 배포되면서 시장의 양상은 완전히 달라지게 된다.

과거 서버, 스토리지, 네트워크는 각각 고유의 전문 제조사들이 존재해 왔고 서로 상대방의 영역을 침범하지 않았다. 하지만 가상화로 인해 그 영역이 허물어져 네트워크의 최강자인 시스코가 서버와 스토리지를 제공하고 스토리지 전문제조사인 넷앱이 네트워크와 서버를 제공하는 등, 시스템 인프라 제조사 간 무한경쟁 시대에 돌입하게 되면서 서버에 비해 상대적으로 고가였던 네트워크와 스토리지의 가격이 급격히 낮아지게 된다.

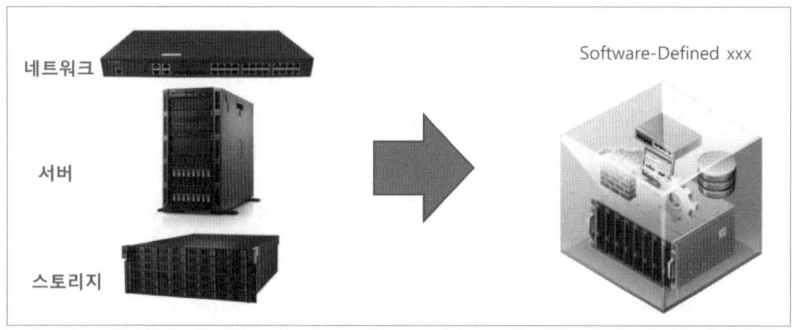

[그림 1-8] 인프라 구조의 단순화와 표준화

또한 시스템 인프라를 도입하는 과정도 변화를 겪게 되는데, 구매는 신청 혹은 요청으로 바뀌게 되고 구축은 할당 혹은 배포로 바뀌게 된다. 과거 전문 엔지니어들이 데이터센터에서 바닥을 기면서 인프라의 구축 작업을 해왔던 것을 단순 마우스 클릭으로 바꾸어 놓은 일대 프로세스의 혁신이 이루어져 컴퓨팅 자원의 구축 시간이 1/10 이상 줄어들게 되고 서버, 네트워크, 스토리지의 자동화된 할당과 확장을 통해 생산성이 비약적으로 증대되는 혁신을 가져다주었다.

그러나 이러한 가상화를 통한 혁신은 애플리케이션 개발자나 시스템 소프트웨어 엔지니어들의 관점에서도 동일한 효과를 제공하였는가에 대해서 살펴볼 필요가 있다.

▶▶ 1.2.2 IaaS에서 PaaS로 진화하고 있는 배경

앞에서 가상화 기반의 IaaS의 기여도에 대하여 알아보았는데, 물리적 인프라 환경을 가상화로 전환함으로 인해 누리게 된 혜택에 대해서만 언급을 하였으므로 소프트웨어 관점에서 비용 절감이나 생산성 향상을 가져다주었는지 살펴볼 필요가 있다.

첫째, 소프트웨어 라이선스 비용이 줄었나?

2008년 미국 IBM에서 클라우드를 컨설팅하고 계셨던 한국인 박사님 한 분이 필자가 현재 재직하고 있는 회사를 방문하여 클라우드 세상에서 패키지소프트웨어 개발사들이 살아남기 위해 준비해야 할 사항들에 대하여 1시간가량 강의한 적이 있었다. 그때 그분이 하신 말씀 중 "클라우드로 전환되면서 물리 서버가 급격히 줄어들게 되고 서비스 사업자들이 자체적으로 서버 이중화, 백업, 재해복구 솔루션들을 제공하기 때문에 맨텍(현재 필자가 재직하고 있는 회사)처럼 이 분야에 대해서 전문적으로 솔루션을 개발하는 회사들은 수요가 급격히 줄어 고전을 면치 못할 것이다. 따라서 인프라가 클라우드로 전환되는 대세에 발맞춰 이에 걸맞은 솔루션 개발사로 변화되어야 한다."라고 언급한 대목은 우리에게 충격으로 다가왔다.

그러나 그때 당시와 비교하여 보았을 때, 맨텍이 제공하고 있는 서버 이중화와 재해복구 솔루션의 매출은 오히려 3배 이상 늘었고 수량적인 측면에서 본다면 10배 가까이 늘어났다. 비단 필자가 재직하고 있는 회사

뿐만 아니라 대부분의 소프트웨어 기업들은 지속적으로 판매 매출과 수량이 늘어나고 있다. 즉 가상화 기반의 IaaS로 인해서 기업의 소프트웨어 라이선스 비용은 오히려 늘어났을 뿐 줄어들지 않았다.

15년 전 국내 서버 시장에서 가상화 시장이 태동될 초기엔 소프트웨어 개발사들이 가상화에 대한 라이선스 정책이 없다 보니 물리적 서버 1대에 대하여 라이선스를 획득한 뒤 이를 여러 대의 가상서버에 적용 후 사용하여 상당한 비용 절감을 누린 시절도 있었다. 하지만 소프트웨어 개발사들이 그렇게 천사이거나 자선사업가들은 아니다. 곧바로 가상서버에 대한 라이선스 정책을 수정하여 각각 가상서버 수별로 비용을 다 받아내게 되었다. 앞에서도 언급했듯 가상화로 인해 오히려 논리적 OS instance 수가 100배 이상 늘어난 탓에 소프트웨어 라이선스 비용은 선형적으로 더 증가했다.

둘째, 소프트웨어 엔지니어 입장에서 작업량이 줄었는가?

가상화 이전에는 물리적 서버의 대수가 한 대였다면 OS instance 또한 한 개였다. 하지만 위에서 언급하였듯 가상화로 인하여 다수의 OS instance가 존재하게 되었고 소프트웨어 엔지니어 입장에서는 OS instance별로 설치 및 구성을 해야 하는 관계로 오히려 작업량이 늘어났다고 볼 수 있다. 하지만 OS instance별로 더 많은 비용을 지급하기는 커녕 비용 절감이라는 기치 아래 가상화를 도입한다며, 고객과 SI들은 가격 낮추기를 종용하는 경우가 허다하다. 다시 말해 소프트웨어 엔지니어 입장에서 보았을 때 가상화가 가져다준 혜택이나 생산성 향상은 아주 미비하다고 볼 수 있다.

[그림 1-9] 생산성 향상의 효용성

셋째, 개발자의 소스 커밋, 빌드, 배포 등 애플리케이션 라이프사이클의 관리에서 생산성 증대가 있었는가?

소프트웨어 엔지니어의 경우와 마찬가지로 개발자 입장에서도 가상화가 가져다준 혜택은 거의 없는 듯하다. 일반적으로 개발자들은 애플리케이션 개발을 위한 기획과 코딩 이외에 개발환경을 구축해야 하는 경우가 많다. 이를 위해서 인프라 담당에게 필요한 서버, 스토리지, 네트워크 등을 요청하게 되면, 관련된 가상머신들을 할당해 준다. 이때 대부분 OS까지 사전 설치된 가상머신을 할당받게 된다. 이후 개발자들은 개발을 위해 필요한 데이터베이스, 미들웨어, 프레임워크, 형상 관리, 빌드 및 배포 솔루션, 동적 테스트 솔루션, 협업 도구, 개발 IDE, 보안 솔루션 등을 일일이 구축하게 된다.

이러한 구축 일정이 보통 수개월 정도 소요되는 경우가 많으며 일반적으로 개발자 업무의 40%가 개발환경 구축에 할애된다고 한다. 이는 과거 물리 서버 환경에서 이러한 구축행위를 한 것과 비교할 때 달라진 요소들이 거의 없다. 딱 하나 있다면 물리적 인프라가 도입될 때까지 한 달 이상 걸리던 것이 단 수 분 내 시스템 인프라를 할당받을 수 있다 뿐이지 여전히 개발자가 감내해야 할 소프트웨어적인 작업은 가상화 이전이나 이후나 달라진 것이 거의 없다. 결국 개발자 입장에서 보았을 때도 가상화가 가져다준 혜택을 누려본 적은 없는 것 같다.

넷째, 애플리케이션의 장애 처리와 Scale out[7]이 필요할 경우 복구 및 증설 과정이 자동으로 이루어졌는가?

가상화 기반의 IaaS 솔루션 제조사들은 인프라의 장애 시 자동으로 복구되며, 서비스 요청 증가 시 가상서버를 자동으로 수평 확장할 수 있다고 주장한다. 이는 엄연히 증빙된 기능이고 사실이다. 여기서 그들이 밝히지 않는 부분들이 존재하는데, 가상서버(VM)에서 실행되고 있는 애플리케이션까지도 자동화된 장애 처리와 수평 확장을 해 줄 수 있느냐이다.

---

7 대고객 서비스를 제공하는 웹서비스의 경우 갑자기 접속 요청의 증가로 서버가 다운될 수 있는데, 이때 웹서비스의 수평 확장과 부하 분산을 통해 이를 해결할 수 있음.

결국 인프라의 관점에서 장애 시 자동 재기동이나, 과부하 시 가상서버 자체의 자동 수평 확장은 가능하지만 애플리케이션 장애에 대해선 수작업으로 복구하거나 다른 HA 솔루션[8]을 통해서 자동화된 장애 처리를 별도로 수행해야 한다. 또한 수평 확장에 있어서도 자동으로 확장된 서버의 애플리케이션 간 클러스터링 구성과 로드밸런싱을 위한 별도의 설정을 해 주어야 할 것이다. 즉, 소프트웨어 관점에서 보았을 때 가상화 기반의 IaaS가 제공하는 자동화는 크게 의미가 없다.

다섯째, 하이퍼바이저 간 환경의 차이에서 오는 호환성과 이식성의 해결 방안은?

현재 지구상에 존재하는 하이퍼바이저는 ESX, KVM, Hyper-V, Xen 등이 있는데, 이들은 서로 간에 호환성을 제공하지 않는다. 따라서 ESX 상에서 기동되는 VM을 KVM이나 Hyper-V로 곧바로 이관할 수 없고 중간에 마이그레이션 과정[9]을 거쳐야 한다. 지구상에 단 하나의 하이퍼바이저만 존재하였더라면 VM 간 호환성과 이식성에 문제가 없었겠지만 그렇지 못하고 특히 퍼블릭 클라우드(Public Cloud) 사업자들의 경우 원가 절감을 위하여 상용화된 하이퍼바이저가 아닌 KVM이나 Xen 같은 오픈소스 진영의 하이퍼바이저를 대부분 사용하며, MS Azure의 경우

---

8 High Availability 소프트웨어를 의미하며, 서버의 장애 시 이를 감지하여 대체 가능한 대기서버로 자동으로 서비스를 이관하여 서비스 중단을 최소화함.

9 ESX, KVM, Hyper-V 등에서 구동되는 VM들은 하이퍼바이저에 따라 형식이 조금 다르다. 따라서 하이퍼바이저가 달라질 경우 VM의 형식 또한 해당 하이퍼바이저와 호환되게 변환해 주어야 하는데, 이를 마이그레이션 과정이라 지칭한다.

자사의 Hyper-V를 사용하는 경우가 대부분이다. 게다가 프라이빗 클라우드 시장의 IaaS분야에서는 Vmware의 ESX가 절대적인 시장 점유율을 가지고 있다.

이로 인해 가상 어플라이언스(Virtual Appliance), 즉 애플리케이션을 VM에 사전 탑재하여, 솔루션 구매 시 일일이 설치하지 않고 VM 이미지로 솔루션을 제공할 경우 각각의 하이퍼바이저마다 이미지를 보유해야 한다. 여기서 개별 하이퍼바이저가 여러 개의 버전이 존재하기 때문에 버전별로 관리해야 하며 라이프사이클 또한 별도 관리해야 하는 불편함을 안고 있다.

여섯째, 소프트웨어 개발과 운영 간의 환경 차이에서 오는 오류들은 해결되었는가?

일반적으로 소프트웨어를 개발할 때, 출시 이전 개발 및 테스트 환경에서 충분한 품질 검증을 거치고 출시된다. 그러나 막상 고객사의 운영 서버에 설치하고 운영하다 보면 생각지도 못한 오류나 버그들이 발생되기 마련이다. 이러한 이유의 근본적인 원인은 해당 소프트웨어가 개발된 개발 서버와 운영 서버 간 OS, 프레임워크, 라이브러리, 환경변수 등 환경의 차이에서 발생되는 경우가 대부분이다.

이러한 오류는 비단 패키지뿐 아니라 기업 내부의 프로젝트로 개발되는 응용프로그램조차 피해 가지 못하고 발생하는 경우가 허다하다. 아니,

기업 내부의 개발계와 운영계를 동일한 환경으로 맞추고 인하우스로 개발하는데도 이러한 오류가 발생할 수 있느냐고 의문을 품을 수 있지만 개발 완료 후 운영계로 이관한 다음 OS의 마이너패치나 환경변수들의 미세한 변화에 의해서 소프트웨어는 민감하게 반응하기도 한다.

따라서 소프트웨어는 개발 이후 유지를 위한 운영 관리에 막대한 비용이 발생하며, 지속적으로 패치를 할 수밖에 없다. 흔히들 공공 SI사업을 수주했을 때 하드웨어의 경우 납기 완료를 하면 일이 끝나지만 소프트웨어의 경우 납기 자체가 시작이라는 말이 나올 정도로 운영환경에서 지속적인 오류를 만나고 이를 패치를 통해 해결하는 행위는 서비스 중단 시까지 늘 지속될 수밖에 없다.

그나마 이러한 환경의 격차에 의한 오류를 줄이기 위해 위에서 언급한 Virtual Appliance를 시도해 보았지만 이 역시 다수의 하이퍼바이저와 버전으로 인해 상호 이식성과 호환성의 이슈가 불거져 애플리케이션의 개발, 운영, 확장에 있어 자동화와 호환성 및 이식성이 담보되는 또 다른

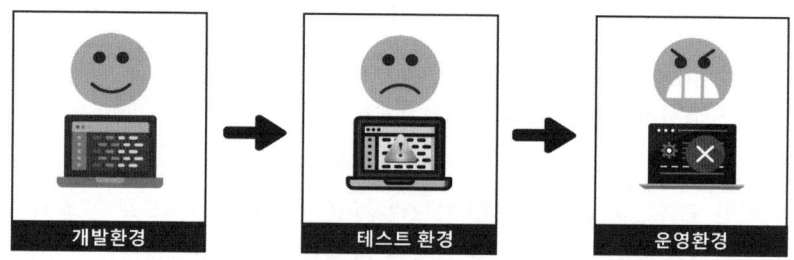

[그림 1-10] 서로 다른 컴퓨팅 환경으로 인한 오류

표준 이미지의 필요성이 대두되게 되었다. 그리고 VM이 아닌 새로운 이미지 기반의 애플리케이션과 소프트웨어 관점에서의 생산성을 향상할 수 있는 클라우드 아키텍처와 플랫폼이 필요하게 되었고 이를 우리는 PaaS라 부른다.

CHAPTER 02

떠오르고 있는 PaaS 이야기

2.1 PaaS의 개요
2.2 컨테이너의 부상
2.3 컨테이너 오케스트레이션의 역할

CHAPTER 02

2.1 PaaS의 개요

≫ 2.1.1 PaaS란 무엇인가?

IaaS가 애플리케이션을 호스팅하기 위한 서버, 데이터를 저장할 스토리지, 서버/클라이언트 간 통신을 제공할 네트워크 등의 인프라를 추상화하고 표준화하여 자동화된 방식으로 자원을 할당할 수 있는 서비스 환경이라고 정의하였듯 PaaS는 사전에 IaaS 기반에 필요한 시스템 소프트웨어까지 샌드박스를 만들어 이를 추상화하고 표준화하여 자동화된 방식으로 자원을 할당할 수 있는 서비스 환경을 제공하는 것이라고 정의되어 있다.

주로 스타트업들이 초기에 PaaS를 활용하기 시작하였고 2009년 히로쿠(Heroku)가 처음으로 PaaS 플랫폼을 내놓았다. 앞서 언급하였듯이 개발자들이 어떤 응용프로그램을 개발하고자 할 때 가장 기본이 되는 서버, 스토리지, 네트워크 등의 인프라 기반 위에 데이터베이스, 미들웨어, 프레임워크, 개발언어, IDE, 형상 관리, 빌드툴 등 다수의 시스템 소프트웨어들을 수개월에 걸쳐 구성해야 하는데 히로쿠를 통해 사전에 구성된 플랫폼을 할당받음으로써 개발환경 구축에 따른 스트레스와 시간을 획기적으로 절감할 수 있게 되었다.

그러나 당시 히로쿠의 PaaS는 히로쿠에서 제공하는 시스템 소프트웨어만 사용 가능했기에 개발자 입장에서 자유도가 떨어졌고 Lock in 되는 요소[10]를 지니고 있어 금세 그 인기가 식어버리고 Lock in 요소가 없는 표준 이미지 기반인 PaaS의 필요성이 대두되게 되었다.

▶▶ 2.1.2 PaaS의 목적

PaaS가 추구하는 목적은 크게 다음의 세 가지로 요약할 수 있다.

첫째, IT 운영 표준화와 단순화
둘째, 비즈니스의 요구사항에 민첩하게 대응
셋째, 자동화를 통한 생산성 증대

---

10 특정 제조사에 종속되는 현상을 Lock in이라 부름

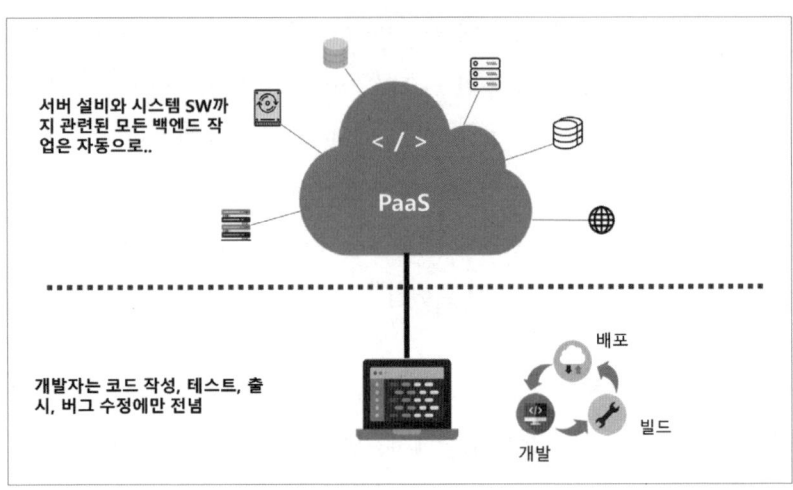

[그림 2-1] PaaS의 기본 사상

우선 IT 운영 표준화와 단순화의 관점에서 PaaS가 필요한 이유를 살펴보자.

앞서 IaaS에 대하여 소개하였을 때 서버, 스토리지, 네트워크 등의 하드웨어 인프라들은 VM을 통하여 형태의 표준화와 단순화를 이루어 냈다. 문제는 소프트웨어는 그렇지 못했다는 것이다.

미들웨어만 하더라도 수백 가지가 존재하고 국내 애플리케이션의 90% 이상을 차지하는 Java 애플리케이션의 경우를 보더라도 이를 기동하기 위한 WAS가 Tomcat, Wildfly, JBoss, Resin, Jeus, Weblogic, Websphere, IIS, Lena, Accordion 등 10여 가지가 존재한다. 아이러니한

건 J2EE 표준 스펙[11]을 만족하는 것을 WAS(Web Application Server)라 부르는데, JBoss 엔지니어가 Jeus를 제대로 다룰 줄 모르고 Jeus 엔지니어가 Weblogic을 제대로 다룰 줄 모른다는 것이다. 마치, 그랜저 소유자가 아반떼를 운전할 줄 모르는 것과 같다고 하면 이해가 되는가?

이렇듯 각각의 시스템 소프트웨어마다 고유의 전문 엔지니어들이 필요하게 되고 이는 비용 상승으로 연결된다. 따라서 각기 다양한 색깔과 모양으로 이루어진 소프트웨어가 단일의 표준 이미지 형태로 관리가 되어야 배포와 운영의 표준화를 이룰 수 있고 단일의 표준 형태가 완성되어야 이를 자동화하여 운영 단순화를 꾀할 수 있다. PaaS에서 제공하는 인프라는 시스템 소프트 영역에까지 표준화된 이미지를 제공함으로써 운영의 표준화, 자동화, 단순화의 목적을 쉽게 달성할 수 있다.

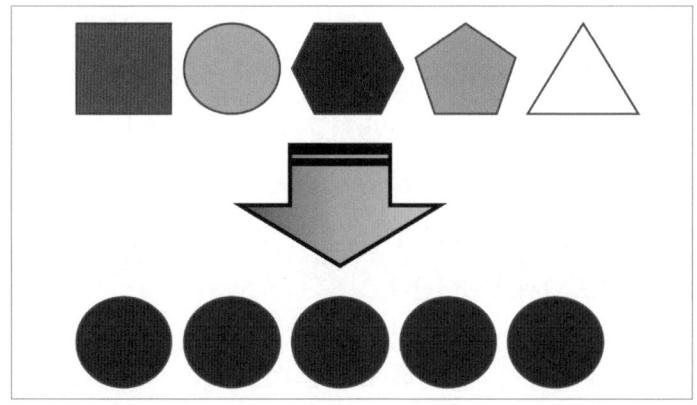

[그림 2-2] 표준 이미지의 정립

---

11 J2EE는 Java to Enterprise Edition의 줄임말로 자바 기술로 기업환경의 어플리케이션을 만드는 데 필요한 요건들을 정의한 표준규약을 의미함.

다음으로 비즈니스의 요구사항에 민첩하게 대응한다는 관점에서 PaaS가 필요한 이유를 살펴보자.

2000년 중반 초기의 클라우드는 애플리케이션을 신속하게 구축할 수 있는 인프라 환경을 신속히 배치하여 이에 따른 시간과 비용을 절감하는 데 초점이 맞추어져 IaaS 위주로 발전하여 왔으며, 10여 년간 그럭저럭 큰 이슈 없이 잘 대응해 왔다. 하지만 현대의 비즈니스는 과거보다 변화의 주기가 상당히 짧아졌다. 또한 이러한 비즈니스는 디지털로의 전환으로 인해 거의 대부분 IT 기반으로 이루어진다고 해도 과언이 아닐 것이다.

대부분의 직장인들은 아침에 일어났을 때 가장 먼저 스마트폰을 만지고, 출근하였을 때 종이와 펜을 잡는 것이 아니라 PC나 노트북을 켜는 것이 일상이 되었다. 비즈니스의 변화는 곧 응용프로그램의 변화를 의미한다. 2~3년 전만 하더라도 응용프로그램의 배포 주기가 평균 2주였는데, 요즘은 업종별로 다르겠지만 평균 3일이라고 한다. 앞으로 더 당겨지면 당겨졌지 늘어나지는 않을 것이다. 특히 이후 적용사례에서도 소개하겠지만 PaaS를 검토하거나 도입한 고객들에게는 대부분 하루에도 여러 번 배포 행위가 일어난다.

신규 서비스 출시와 개선을 위한 업그레이드가 매일 일어난다는 의미는 개발을 위한 플랫폼 구성, 개발 및 테스트, 운영 서버로의 배포하기 위한 일련의 행위들을 매일 반복적으로 지속해야 한다는 것인데, 앞서 언급하였듯 이러한 준비와 행위들을 과거 방식처럼 전문 소프트웨어 엔지니어를 일일이 불러들여 수작업으로 수행하는 것은 불가능하다. 따라서 개발을 위한 플랫폼 구성, 테스트, 배포 등의 작업들이 표준화된 이미지를 통해 플랫폼 할당, 빌드 배포가 자동화되도록 민첩한 대응이 가능해진다.

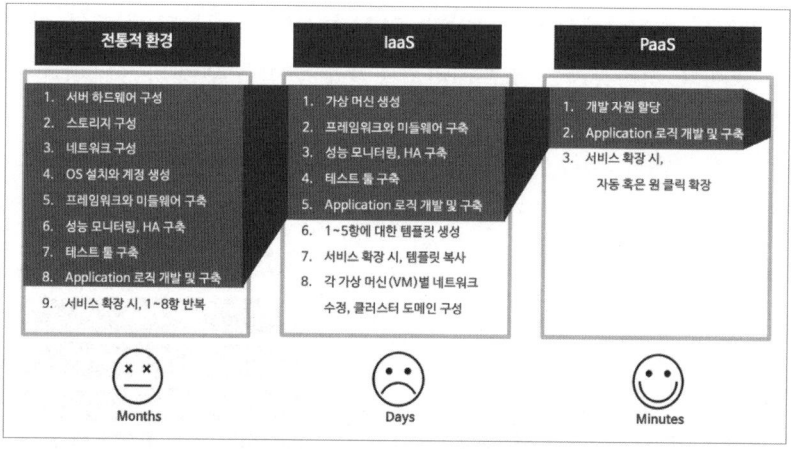

[그림 2-3] 인프라 구성별 생산성 비교

마지막으로 자동화를 통한 생산성 향상의 관점에서 PaaS가 필요한 이유를 살펴보자.

가장 효과적인 생산성 향상은 사람의 수작업적 요소를 최소화하는 것이라는 데는 이견이 없을 것이다. 애플리케이션을 호스팅하기 위한 시스템 인프라의 배치를 자동화함으로써 TCO를 상당히 절감하고 배치 시간을 혁신적으로 줄인 IaaS의 효과의 경험치를 바탕으로 시스템 소프트웨어와 애플리케이션의 배치 또한 이를 자동화함으로써 생산성을 더 끌어 올릴 수 있을 것이라는 생각은 늘 지속되어 왔다. 문제는 수천 가지의 다양한 형태의 소프트웨어를 어떻게 단일의 표준 이미지화로 구현해 낼 수 있느냐는 것이다.

이를 위해서는 가장 먼저 소프트웨어가 탑재될 OS를 포함한 클라우드 인프라의 종속성에서 벗어나야만 한다. 현재의 PaaS는 이 부분을 이루어 냈으며, 비종속적인 표준 이미지를 통해 단일의 운영 관리 패턴을 제공하고 이를 자동화하여 생산성의 극대화를 제공하고 있다.

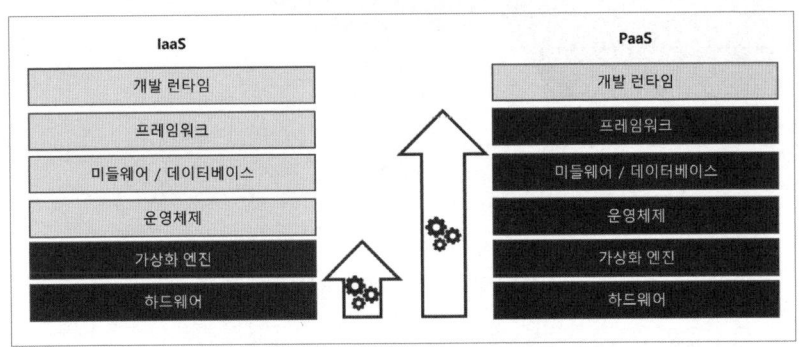

[그림 2-4] IaaS와 PaaS의 할당 가능한 자동화 영역

▶▶ 2.1.3 PaaS에 적합한 플랫폼은?

앞서 PaaS에서는 비종속적인 표준 이미지가 필요하다고 언급하였다. 그렇다면 이를 충족할 수 있는 적합한 인프라는 어떤 것이 있을까? 최초의

PaaS인 히로쿠는 시스템 인프라에 대해서는 비종속적이었지만 개발에 필요한 시스템 소프트웨어와 도구는 종속성에서 벗어나지 못했다고 앞서 언급하였다. 이후 시스템 소프트웨어의 선택이 자유로울 수 있게 표준화된 이미지를 제공하는 방식으로 PaaS를 접근해보자는 아이디어로 클라우드 파운드리 재단이 2015년 클라우드 파운드리를 출시하였고, VM 이미지로 사전 정의된 시스템 소프트웨어가 포함된 플랫폼을 할당하는 서비스를 제공하기 시작했다. 클라우드 파운드리는 본래 2011년 Vmware에서 개발되었지만 그 뒤 EMC와 제너럴일렉트릭사의 조인트벤처인 피보탈에 넘어갔고 클라우드 파운드리 재단 설립 이후에는 재단의 소유로 소스 코드와 상표권이 이관되었다.

VM상에 필요한 OS와 시스템 소프트웨어를 사전 탑재하여 샌드박스를 만든 다음 서비스 카탈로그를 생성하여 필요한 요청자에게 할당하는 서비스의 초기 반응은 나쁘지 않았지만 너무 많은 이미지를 관리해야 하는 부담이 생겨나기 시작했다. 왜 이러한 부담이 발생하게 되었는지 예를 들어보도록 하겠다.

어떤 조직에 3개의 시스템 소프트웨어(예를 들어 A, B, C)와 3개의 OS 배포판(예를 들어 a, b, c)을 PaaS형태로 서비스 제공을 한다고 할 때 사전에 VM에 탑재하여 이미지를 만든다고 가정하면 몇 개의 샌드박스를 미리 만들어 관리해야 할까?

시스템 소프트웨어는 단독으로 기동될 수 없고 OS상에 종속되어야 하며,

OS의 경우 a, b, c가 단일의 VM에 서로 혼용되어 설치될 수 없으므로 이를 감안하면 아래와 같이 총 21개의 샌드박스를 생성해야 하는 경우가 수가 발생한다.

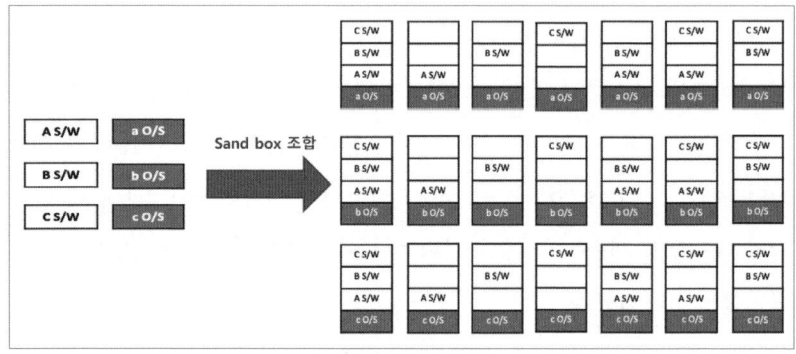

[그림 2-5] VM으로 필요한 소프트웨어까지 포함한 샌드박스 관리

여기서 21개의 샌드박스는 최소한으로 필요한 이미지 수이다. 여기에 각 a, b, c OS마다 버전이 존재할 것이므로 각 버전의 수와 하이퍼바이저 또한 여러 개 존재하므로 이 개수만큼 곱해야 한다. 따라서 실제 필요한 샌드박스는 수백 개~수천 개가 될 것이다. 관리할 이미지의 수도 상당하지만 샌드박스의 용량 또한 만만치 않다. 특히 이미지에 포함된 OS의 용량은 메모리 스왑 권장 사항[12]까지 감안한다면 최소한 20GB의 용량이 필요하다.

---

12 메모리 스왑이란 OS나 애플리케이션에서 사용할 메모리 용량이 충분하지 못할 경우 하드디스크의 일부 공간에서 용량을 확보하여 가상메모리 형태로 사용하는 것을 의미.

또한 시스템 소프트웨어의 용량까지 감안한다면 이미지당 30GB의 용량이 필요하다고 가정할 수 있고 그러면 샌드박스의 관리를 위해서 최소 630GB의 디스크 용량이 필요하다는 결과가 나온다. 혹자는 서비스 신청 시 비어 있는 VM에 요청에 따른 OS와 시스템 소프트웨어를 자동으로 설치하는 방식으로 스크립트를 만들어 할당하면 관리할 샌드박스의 수와 디스크 용량을 줄일 수 있지 않냐고 반문할 수 있겠다. 이런 경우 PaaS의 목적 중 다음을 달성할 수 없다.

- 각각의 OS와 소프트웨어마다 설치 스크립트를 제작해야 하므로 배포의 표준화를 충족시킬 수 없다.

- OS와 소프트웨어의 초기 설치와 설정 작업 시간으로 인해 인프라 배포의 민첩성을 충족시킬 수 없다.

- 소프트웨어들이 호스트 OS에 종속되기 때문에 OS의 변화에 따른 패치나 업그레이드 작업이 발생할 경우 소프트웨어 또한 수정 사항이 발생하여 운영 생산성의 향상을 기대하기 어렵다.

그렇다면 관리할 샌드박스 수와 용량의 최소화, 배포 및 운영의 단일 이미지로의 표준화를 이루고 배포의 민첩성을 높일 수 있는, VM이 아닌 다른 형태의 표준 이미지의 접근 방식은 무엇이 있을까? 여기서 다음의 아이디어들을 도출해 보자.

- A, B, C라는 시스템 소프트웨어 자체를 이미지 형태로 관리한다.
- 리눅스 OS는 배포판이 다수이지만 커널은 동일하다. 따라서 공통

요소인 커널을 가상의 이미지들이 공유하고 개별 가상의 이미지들이 필요한 고유의 바이너리와 라이브러리 등의 환경변수들만 이미지 내에 포함한다.

- 레고블록을 조립하여 다양한 형태를 만들듯 필요한 소프트웨어를 요청에 따라 이미지를 조립하여 배포한다.

역시 인류는 위대하다. 위의 아이디어를 통해 새로운 형태의 이미지를 발명하게 되고 놀랍게도 아래의 그림과 같이 샌드박스는 딱 3가지로 줄어들고 배포 경우의 수는 7가지로 줄어들게 된다.

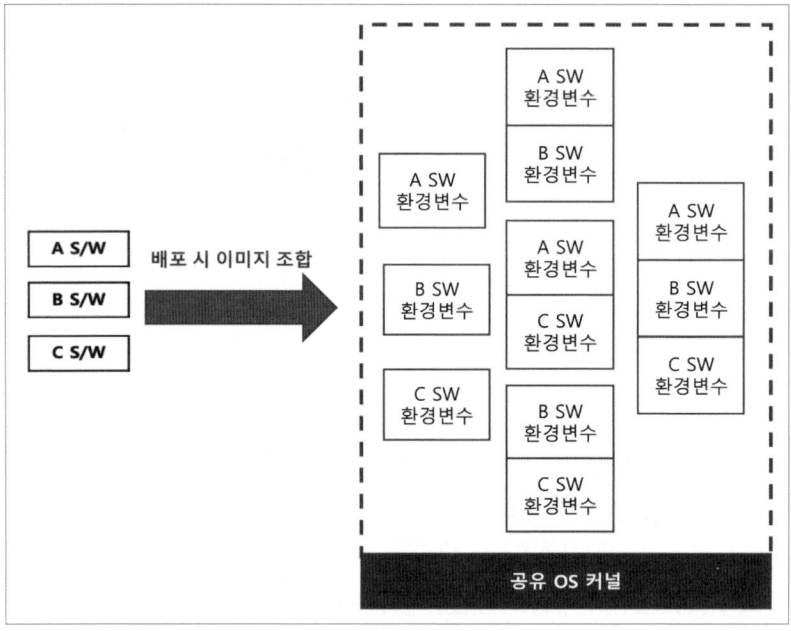

[그림 2-6] 최소한의 이미지를 적용한 샌드박스의 관리와 배포 경우의 수

가상화 기술을 이용한 전통적인 VM 방식과 새로운 가상화 기술의 차이점을 종합적으로 비교하여 정리하면 아래와 같다.

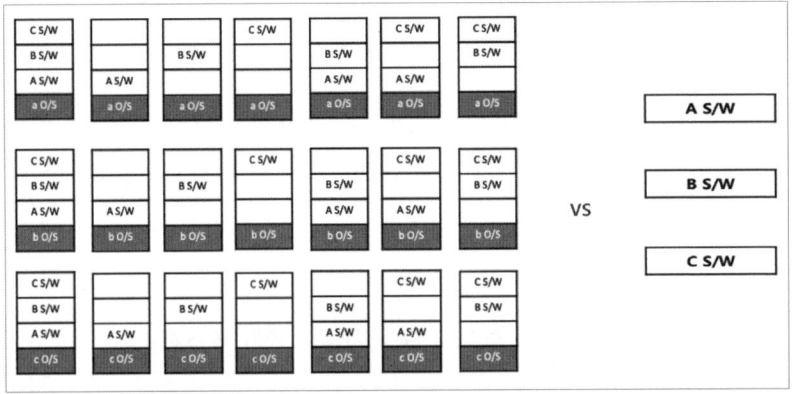

항목	VM	새로운 방식
Sand Box 수	최소 21개	3개
배포 가짓수	21 가지	7 가지
이미지 크기	최소 수십 GB (OS 용량)	1MB~수백 MB
자원 사용량	APP + OS	APP
OS 변경에 따른 영향도	있음	없음
Hypervisor 변경에 따른 영향도	있음	없음

[표 2-1] VM과 새로운 가상화 기술인 샌드박스의 관리 차이점

이렇듯 새로운 가상화 기술을 통하여 PaaS의 목적에 부합하는 플랫폼의 혁신을 이룰 수 있게 되었으며, 우리는 이 새로운 가상화를 컨테이너라 부른다.

2.2 컨테이너의 부상

▶▶ 2.2.1 컨테이너란?

컨테이너는 애플리케이션을 실행하는 데 필요한 모든 요소들, 즉 애플리케이션 코드, 런타임, 바이너리, 환경변수 등의 종속적인 요소들을 함께 포함한 패키지를 의미하며 일종의 가상화 기술이다. 우리가 여태 알고 있었던 VM과는 달리 가상화 영역에 OS를 내포하지 않고 Host의 OS 커널을 공유하여 사용하므로 매우 가볍고 오버헤드가 작다.

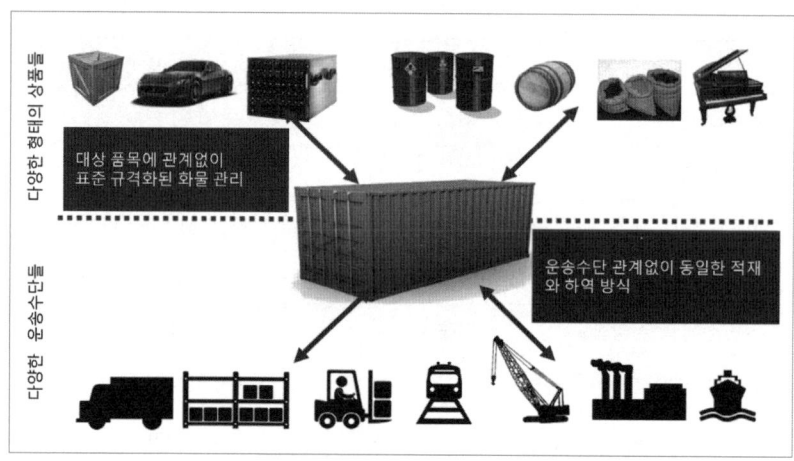

[그림 2-7] 컨테이너를 통한 화물 운송의 표준화

컨테이너는 Linux OS의 기능인 namespace[13]와 cgroup[14]을 활용하여 프로세스를 격리하고 해당 프로세스가 사용할 자원들 즉, CPU, Memory, Disk 용량을 가상으로 할당받아 활용할 수 있다.

도커가 나온 뒤 2015년 구글은 자신들의 클라우드 서비스에서 2003년부터 자동화된 관리기술을 담은 보그를 오픈소스화한 쿠버네티스를 출시한 뒤 리눅스 재단과 파트너십을 맺고 클라우드 네이티브 컴퓨팅 재단(CNCF)을 설립한 후 이를 재단에 기증하게 된다. 쿠버네티스는 무엇이고 어떠한 역할을 하는지에 대해서는 이후 '3장. 컨테이너 오케스트레이션의 역할'에서 상세히 다루도록 하겠다.

쿠버네티스로 인해서 컨테이너 시장은 급속도로 발전했으며, 당시 컨테이너 기술에 대한 표준안의 필요성에 의해서 2015년 OCI(Open Container Initiative)라는 단체가 설립되어 컨테이너 런타임 사양과 이미지 사양에 대한 표준화를 구현하고 있다.

이렇듯 컨테이너 역사에 대한 연대표를 정리하면 아래와 같다.

---

13 네임스페이스란 하나의 운영체제 내부에서, 프로세스들이 각각 별개의 독립된 공간을 사용하는 것처럼 느낄 수 있도록 격리된 환경을 제공하는 가상화 기술
14 cgroup는 Control group의 줄임말로 네임스페이스로 격리된 각각의 프로세스마다 서버의 CPU, Memory, Disk, 네트워크 등의 자원 사용량을 제한하는 기능

연도	사건	내용
2000	FeeBSD Jail 발표	● Unix의 chroot를 발전시켜 독립된 가상공간인 Jail로 프로세스를 분리
2003	구글 보그 시스템 발표	● 구글의 클라우드 서비스에서 사용한 컨테이너 오케스트레이션 기술 ● 이후 이를 바탕으로 2015년 쿠버네티스를 발표하여 오픈소스화함
2004	Solaris Container 출시	● 썬마이크로시스템즈의 Solaris OS에서 제공한 컨테이너 기술
2008	LXC 출시	● Cgroup과 Namespace를 사용하여 현대의 컨테이너 개념을 최초로 구현
2013	도커 출시	● 새로운 계층화된 이미지를 쉽게 만들고 관리할 수 있는 기술을 선보임 ● 컨테이너 확산의 기폭제 역할
2015	쿠버네티스 출시	● 구글에서 오픈소스로 공개한 뒤 CNCF로 기증 ● 컨테이너 오케스트레이션 도구로 이후 컨테이너 시장의 대중화에 크게 기여
	OCI 설립	● 컨테이너 런타임에 대한 표준을 재정
	CNCF 재단 설립	● 쿠버네티스를 중심으로 여러 에코 솔루션들의 개발과 기술 표준을 지원

[표 2-2] 컨테이너 기술의 역사

어찌 보면 단순히 화물을 담는 용기에 불과한 컨테이너는 글로벌 화물 운송량을 5배 증가시켰고 해상 물류비용을 60% 감소시켰으며 항구에 체류하는 시간을 75%나 줄였으니, 20세기 세계 경제사의 대혁신을 가져다준 발명품 중 하나라고 해도 과언이 아니다. 이제 이를 바탕으로 IT 세계에서 지칭하는 컨테이너의 역사로 가보자.

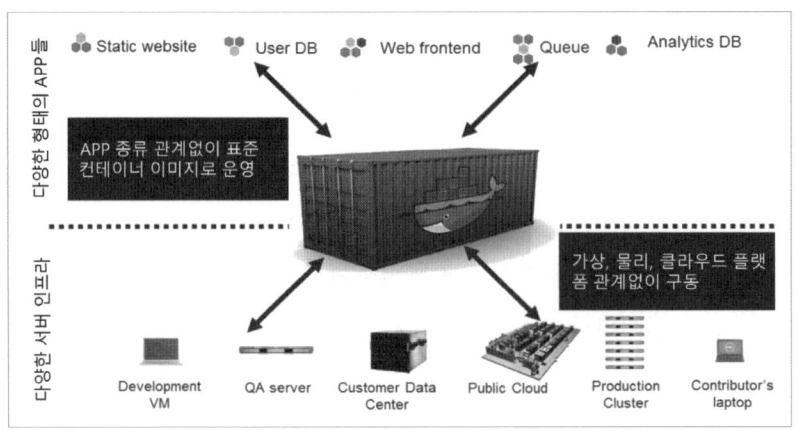

[그림 2-8] 컨테이너를 통한 애플리케이션 관리의 표준화

컨테이너는 2000년경 FreeBSD Jails를 발표하면서 시작되었다. 소프트웨어 이름을 감옥이라고 표현한 것이 좀 우스꽝스럽긴 하지만 감옥의 특징을 잘 살펴보면 교도소 안에 규격화된 모양의 감옥이 존재하고 각각의 감옥은 다른 죄수들과 섞이지 않게 격리되어 있다. FreeBSD의 Jails는 가상의 격리된 환경에서 파일 시스템, 프로세스, 네트워크를 독립적으로 할당받아 사용할 수 있다는 당시로는 획기적인 기술을 제공하였으며, 서버 호스팅 영역에서 활용하기도 하였다.

이후 Solaris의 컨테이너 기술, AIX의 워크로드 파티션 기술 등 비슷한 개념들이 출시되었지만 별로 주목받지 못하였다가 2008년 IBM에서 LXC(Linux Container)를 발표하면서 현재의 컨테이너가 제공하는 cgroup과 Namespace를 활용하여 단일의 호스트에서 여러 개의 격리가 보장된 컨테이너들을 운영할 수 있는 가상화를 제공하기 시작했다.

LXC를 통해 현재의 컨테이너 엔진의 체계가 갖추어진 만큼 업계에서는 이를 컨테이너 기술의 시초라고 주장하는 이들이 더 많기도 하다.

그러나 LXC가 현재 컨테이너 엔진 체계를 갖추기는 하였지만 기술의 보편화에는 성공하지 못했다. 하지만 2013년 선보인 오픈소스 프로젝트인 도커가 탄생하면서 기술의 보편화에 크게 기여하게 된다. 도커는 '한번 만들면 어디서나 실행 (Build once, Run anywhere)'이라는 슬로건 아래 2008년 솔로몬 하익스가 설립한 닷클라우드(.Cloud)에서 PaaS로 서비스를 오픈하면서 시작하게 되었으며, 여기서 기동할 기반 기술에 대한 여러 요구사항을 반영하여 쉽게 컨테이너 기술을 사용할 수 있는 2013년 도커를 출시하게 된다.

당시의 도커는 LXC기반에 새롭게 계층화된 이미지를 실행하고 구축할 수 있는 편리한 CLI와 데몬, 애플의 앱스토어 개념과 비슷한 도커허브를 이용하여 사전 생성한 컨테이너 이미지 라이브러리와 저장소를 통해 누구나 쉽게 컨테이너 이미지를 내려받을 수 있는 서비스를 선보이면서 개발자들을 중심으로 큰 반향을 불러일으키게 되었고 대형 IT기업인 MS, IBM, Redhat 등이 이에 동참하면서 컨테이너의 혁명이 시작되었다.

▶▶ 2.2.2 컨테이너의 역사

컨테이너는 명칭 그대로 물류 혁명을 가져온 항만에서 흔히 볼 수 있는 컨테이너에서 그 아이디어를 따왔다. 컨테이너는 꽤 오래전에 발명된 것으로 보이지만 실제로 그 역사를 보면 60여 년밖에 되지 않았다. 컨테이너를 처음으로 발명한 사람은 미국의 사업가인 말콤 맥린(1913~2001)이며, 그는 고등학교를 졸업한 뒤 화물 운송사업을 시작하였다. 화물의 크기, 무게, 부피가 다양했던 만큼 당시 각각의 화물 배송을 위한 다양한 숙련된 노동자들이 필요했으며 선적과 하역에 비효율성이 발생하고 다양한 부피와 모양으로 인해 선박에 빈 공간이 많이 생겨 막대한 물류비용이 발생할 수밖에 없었다.

이에 그는 규격화된 용기에 화물을 넣고 유조선을 개조하여 화물 용기를 적재하기 좋은 선박을 만든 뒤 1956년 뉴저지와 휴스턴까지 첫 운항에 성공을 거두게 된다. 이 용기를 컨테이너라 명명하게 되고 그의 아이디어는 대성공을 거두게 된다.

▶▶ 2.2.3 컨테이너가 클라우드 인프라의 핵심으로 각광받는 이유

2006년 아마존이 아마존 웹서비스를 시작으로 클라우드 서비스를 시작하였을 때부터 지금까지 퍼블릭 클라우드는 IaaS 위주로 성장을 해왔고 지금도 시장의 절반 이상을 차지하며 PaaS보다 10배 이상의 시장 규모를 형성하고 있지만, 컨테이너가 클라우드의 핵심으로 떠오르는 이유는 앞서 기술하였듯이 민첩성, 효율성, 비종속성, 자동화 등의 관점에서 VM보다 유리하기 때문이다. 이로 인해 현재의 클라우드는 서서히 VM 기반의 IaaS에서 컨테이너 기반의 PaaS로 무게 중심이 이동하고 있다.

좀 오래된 통계이긴 하지만 2018년 ClearPath Strategies에서 조사한 'PaaS와 컨테이너를 사용하거나 사용할 계획이 있는가'에 대한 설문에서 PaaS와 컨테이너가 동반성장하고 있는 추이를 엿볼 수 있다.

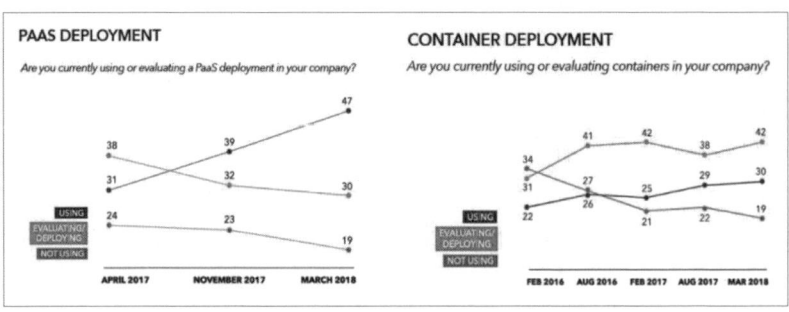

[그림 2-9] PaaS와 컨테이너 구축 추이 (출처 : ClearPath Strategies)

현재 클라우드 시장의 흐름을 보면 멀티/하이브리드 클라우드가 자리잡혀가고 있는 형국이다. 고객들은 여러 가지 이유로 Private이나 Public 클라우드만 고집하거나 특정 CSP 사업자의 단일 클라우드만 사용하지 않고, 여러 형태의 클라우드를 사용하고자 한다. 이 이유에 대하여는 3장에서 더 상세히 다루어 볼 예정이다.

기업이나 기관에서 멀티 클라우드 전략을 펼치겠다고 했을 때 가장 고심이 되는 부분은 애플리케이션의 호환성일 것이다. Private 클라우드에서 개발되었고 아무런 문제없이 작동되었던 애플리케이션이 AWS, Azure, Naver 등의 Public 클라우드로 이관했을 시 호환성에 문제없을 거라고 장담할 수 없다. 개발자 입장에서 다른 인프라로의 마이그레이션은 항상 추가적인 개발과 검증의 부담을 안을 수밖에 없다.

컨테이너는 하이퍼바이저나 OS에 대하여 비종속성을 지향하기 때문에 애플리케이션을 컨테이너화하였을 때 서로 다른 종류의 하이퍼바이저나 리눅스 OS 배포판 간 호환성이나 이식성을 따로 검증하거나 코드를 수정하지 않아도 된다. 이러한 큰 이점과 이후 기술할 컨테이너의 특징과 장점 및 비즈니스적인 이점으로 인해 클라우드 인프라의 핵심으로 자리잡고 있다.

▶▶ 2.2.4 컨테이너의 특징

컨테이너도 가상화 기술의 한 부분인 관계로 흔히 하이퍼바이저에서 제공하는 VM과 자주 비교되곤 한다. VM과 마찬가지로 애플리케이션에 독점적으로 필요한 환경변수를 위해 상호 격리된 공간을 제공한다는 목적은 같지만 컨테이너는 VM과 달리 다음의 특징이 있다.

- 가상화 내 OS가 없으며, 여러 개의 컨테이너는 Host OS를 공유한다.
- 컨테이너는 물리, VM, 클라우드 인프라에 모두 기동이 가능하며 하이퍼바이저의 호환성에 대한 제약이 없다.
- VM은 Host OS의 커널에 비종속적인데 반해 컨테이너는 Host OS의 커널에 종속적이다. 따라서 VM 내부의 애플리케이션과 OS는 Host OS와 달라도 되지만 컨테이너 내부의 앱은 Host OS와

동일한 OS 계열만 실행할 수 있다. 즉, Host OS가 리눅스면 리눅스 계열의 애플리케이션만 실행 가능하고 Windows면 Windows 계열의 애플리케이션만 실행 가능하다.

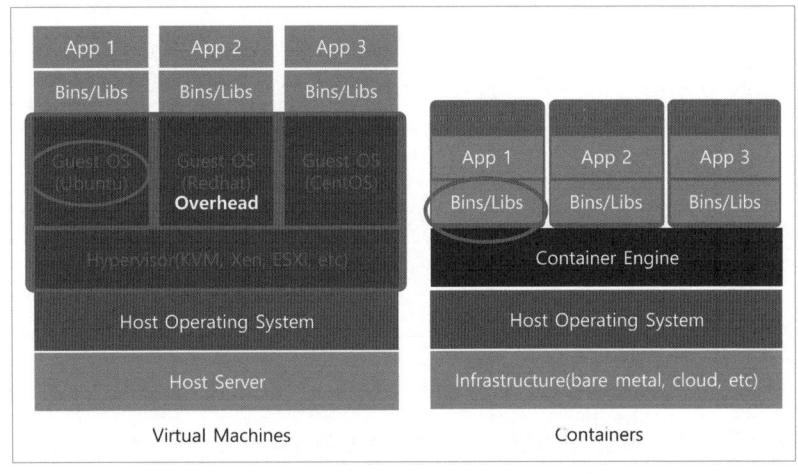

[그림 2-10] VM과 컨테이너의 아키텍처 비교

- 컨테이너 내부에는 애플리케이션의 실행에 필요한 종속적인 바이너리, 라이브러리, 환경변수 들을 포함할 수 있다. 이는 OS도 마찬가지로 특정 배포판 리눅스의 바이너리와 라이브러리를 내포하여, 격리된 컨테이너 내부에 마치 다양한 리눅스 OS가 기동되는 것처럼 표현할 수 있다. 아래의 그림 2-16의 예제처럼 서버의 OS는 CentOS로 구성하였지만 App2는 우분투 리눅스 환경에서 개발되었을 경우 우분투의 바이너리와 라이브러리만 컨테이너로 패키징하여 App2가 마치 우분투에서 운영되는 것처럼 표현할 수 있다.

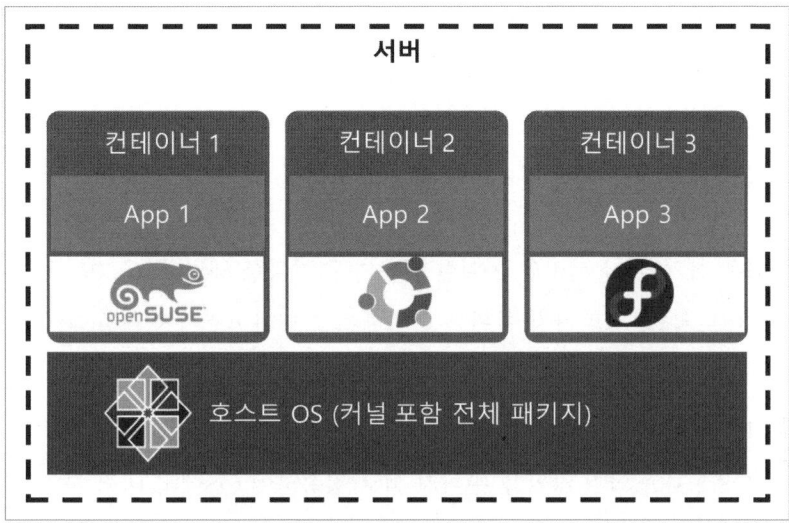

[그림 2-11] 컨테이너 내 다양한 OS 환경 구성

- 레이어 구조로 기존 이미지에 다른 이미지가 병합되어 새로운 이미지를 생성할 수 있고 새로이 생성된 이미지에 대한 용량이 증가하지 않는다.

- 컨테이너의 이미지는 불변성(Immutable)이란 특성이 있어 한번 생성되면 수정할 수 없다.

컨테이너가 VM과 항상 비교되다 보니 우리가 생각해 볼 사항은 컨테이너는 애플리케이션 영역인지, VM과 같은 인프라 영역인지이다. 이 부분은 늘 갑론을박으로 결론이 나지 않고 있고 이러한 이유로 컨테이너나 PaaS 등을 검토할 때 인프라 운영팀에서 해야 하는지, 개발팀에서 해야 하는지 애매한 상황이 발생하며 도입 이후에도 관리 주체를 놓고 논쟁이 벌어지기도 한다. 물론 조직이 DevOps로 통합되면 이러한 논쟁은 필요 없겠지만 적어도 국내 대기업, 금융, 공공기관 등 여전히 전통적으로 개발과 운영이 분리된 채 유지되어온 조직체계에서는 컨테이너의 정체성에 대한 논란은 사라지지 않을 듯하다.

VM은 과거 물리 서버와 동일한 사용자 경험치를 제공하고 CPU, 메모리, 네트워크, 스토리지 자원과 하드웨어의 디바이스까지 에뮬레이션[15]하여 관리하기 때문에 확실히 인프라 영역이라 할 수 있다. 컨테이너도 VM과 같이 CPU, 메모리, 네트워크, 스토리지 등의 자원 할당이 가능하며 OS가 내포되지 않았을 뿐이지 셸로 접속하여 OS에서 내릴 수 있는 명령어 실행이 가능하다. 그러나 컨테이너는 VM처럼 하드웨어 에뮬레이션 없이 Host OS의 커널을 사용하고 해당 OS가 관리하는 하드웨어 자원을 곧바로 사용하여 프로세스를 실행한다.

그리고 VM의 경우 소프트웨어를 탑재하지 않은 빈껍데기 VM을 만들 수 있지만 컨테이너는 그렇지 않다. 앞서 컨테이너를 정의하였을 때 '애플리케이션을 실행하는 데 필요한 모든 종속적인 요소들을 함께 포함한 패키지'라고 정의하였듯 컨테이너는 기동시킬 애플리케이션으로 이미지를 만드는 관계로 VM처럼 빈껍데기를 만들 수 없다. 프로세스로 실행되고 애플리케이션으로 패키징해서 만든다는 관점에서 보면 애플리케이션의 영역으로 볼 수 있다.

---

[15] 컴퓨터의 물리적인 CPU, Memory, Disk, Network 등의 자원들을 소프트웨어적으로 구현하는 방식

이렇듯 컨테이너는 인프라와 애플리케이션의 영역에 걸쳐 있으며, 이러한 부분을 감안하여 다시 정의하면 다양한 애플리케이션을 표준 이미지로 인프라화한 가상화 솔루션이다. 해당 애플리케이션의 특성을 알아야 컨테이너 이미지를 만들 수 있고 수만 가지의 이미지가 업로드되어 있는 도커허브(https://hub.docker.com)에 접속하여 보더라도 각각의 소프트웨어 제작사들이 컨테이너 이미지를 제작하여 업로드했고, 개발자들이 개발된 산출물의 도커 파일들이나 이미지를 주로 제작하는 것으로 보더라도 컨테이너는 인프라 솔루션으로 간주할 수 있지만 그 특성은 애플리케이션에 가깝다.

	물리 서버	가상서버	컨테이너
성능	100	70~80	98
부팅 속도	Minutes ~ Hours	Seconds ~ Minutes	Seconds
앱 간 자원 격리	No	Yes	Yes
평균 구축 기간	Weeks ~ Months	Hours ~ Days	Minutes
이기종 간 호환성	No	No	Yes
타 플랫폼 간 이식성	어려움	어려움	매우 쉬움

[표 2-3] 플랫폼 간 비교

2.2.5 도커 이미지, 컨테이너와 런타임

컨테이너 이미지는 서비스에 필요한 소프트웨어, 라이브러리, 바이너리, 환경변수 등을 패키지로 묶어 생성한 형태를 의미하며 파일 형태로 존재한다. 이 이미지를 실행한 상태를 컨테이너라고 부른다.

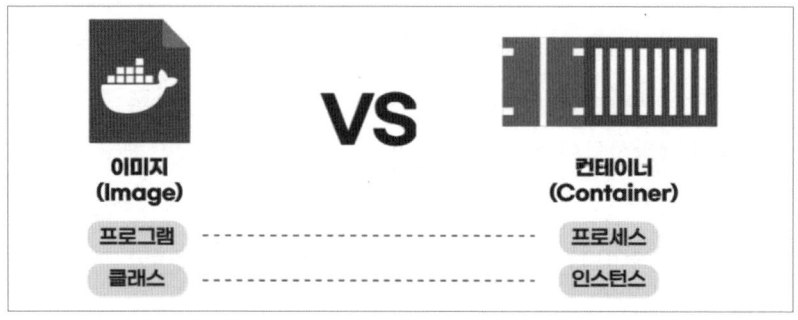

[그림 2-12] 이미지와 컨테이너 차이점

일반적으로 이미지는 도커 이미지를 가장 흔히 접할 수 있으며, 도커허브(https://hub.docker.com)를 통해 쉽게 내려받거나 자체석으로 컨테이너 레파지토리를 구성하여 이미지 관리를 할 수 있다.

컨테이너 이미지는 VM과 달리 독특한 두 가지의 특성을 가지고 있는데, 하나는 레이어 구조이고 다른 하나는 불변성(Immutable)이다.

기존 파일에 내용을 추가한 뒤 파일 이름을 바꾸어 재저장을 하게 되면, 용량이 더 늘어난 새로운 파일이 생성될 것이다. 그리고 디스크에는 두 개의 파일이 존재하며, 용량은 두 배 이상 늘어나 있을 것이다. 예를 들어 A라는 파일이 1MB이고 여기에 내용을 더 추가한 뒤 파일명을 B로 바꾸어 저장하여 1.2MB가 되었다면, 디스크에는 A와 B 파일 두 개가 총합 2.2MB의 용량을 차지하게 될 것이다.

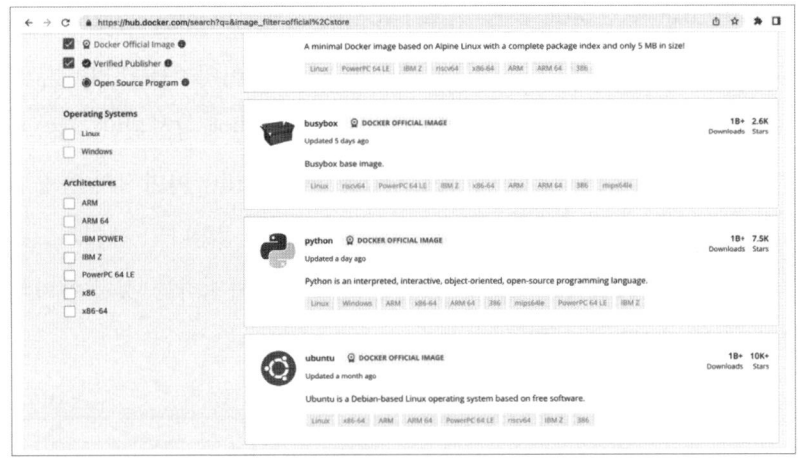

[그림 2-13] 도커허브

스토리지 솔루션에서는 기존 파일과 신규 생성된 파일의 중복되는 부분을 제거하여 전체의 용량을 1.2MB로 줄이는 기술을 2000년대 중반에 처음으로 선보인 적이 있다. 컨테이너의 레이어 구조는 이와 비슷한 개념으로 기존에 사용 중인 컨테이너(예를 들어 용량이 1MB) 이미지에 추가적인 파일(예를 들어 용량이 0.2MB)이 필요할 때, 기존의 컨테이너 이미지와 추가적인 파일이 병합된 이미지의 용량(예를 들어 용량이 1.2MB)을 다운로드받을 필요 없이, 필요한 파일만 추가되는 구조이다. 이미지는 다수의 읽기 전용 레이어로 구성되고 파일이 추가되면 새로운 레이어가 생성된다.

컨테이너의 레이어 구조를 예로 들어보자. 아래의 그림처럼 Ubuntu 이미지가 A+B+C 레이어의 집합체로 구성되어 있을 경우 Ubuntu를 기반으로 만든 nginx(오픈소스 기반의 웹서버 종류) 이미지는 A+B+C+nginx

의 레이어로 구성되며, 이때 기존 Ubuntu 이미지가 있는 상태에서 도커허브에서 nginx 이미지를 내려받게 될 때 전체 이미지를 내려받지 않고 nginx 레이어만 내려받아 기존 ubuntu 이미지에 병합된다. 게다가 사설 컨테이너 레지스트리를 구성하였을 시 ubuntu 이미지의 용량이 1GB이고 nginx 이미지의 용량이 1.2GB라고 가정한다면 레지스트리에는 두 개의 이미지를 합산한 용량인 2.2GB를 차지하는 것이 아니라 1.2GB를 차지하게 된다.

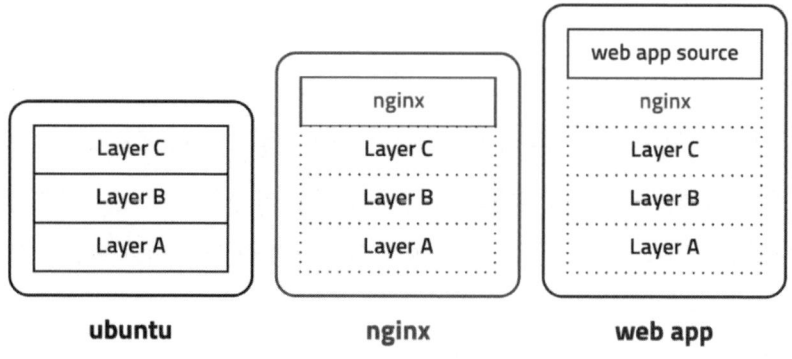

[그림 2-14] 컨테이너 이미지의 레이어 구조

따라서 위의 그림의 예제와 같이 ubuntu OS 기반에서 운영될 nginx 상에 웹서버를 구성한다고 가정할 때 지속적으로 변경되고 빌드 및 배포가 일어나는 부분은 web app source 부분이 될 것이고 Web app이 초기 버전이 발행된 뒤 지속적으로 버전 발행이 이루어질 때 web app source 부분만 배포되어 다수의 web app 컨테이너에 대한 버전을 유지하더라도 용량이 크게 늘어나지 않는다.

또한 이러한 레이어 구조는 불변성의 특성과도 연관되어 있으며, 컨테이너 이미지의 이러한 독특한 특성이 VM이나 물리 서버와는 확연히 다르고 생소한 구조인 관계로 많은 인프라 운영자들이 이를 난해하다고 여기기도 한다.

컨테이너의 불변성이란 한번 만들어진 이미지는 수정이 불가능하며, 수정이 필요한 경우 새로운 레이어에 추가하여 이미지를 새로 생성해야 한다는 것이다. 또한 새로 생성한 이미지 또한 불변성을 가지며 수정이 불가능하다. 불변성의 특성은 어찌 보면 상당히 불편한 것으로 인식될 수 있고 사실 이 부분 때문에 컨테이너의 운영 관리가 어렵다고 인식하는 경우도 많다.

하지만 컨테이너의 불변성이란 특성은 지금까지 사용해왔던 변경 가능한 시스템인 레거시의 여러 문제점을 해결할 수 있다. 물리 서버나 가상 서버의 경우 OS부터 애플리케이션까지 업데이트, 패치, 환경설정 수정을 통해 잦은 변경이 발생했다. 그리고 이러한 잦은 변경은 서비스 안정성과 성능에 지대한 영향을 미치고 있다(PC를 1년 이상 사용하다 보면 원인 모를 성능 저하가 발생하고 결국 새로 포맷하고 OS 설치부터 다시 시작하여 이를 해결하는 경우를 많이 접해 보았을 것이다).

더 큰 문제는 변경 이력에 대한 관리가 전혀 이루어지지 않아 시스템 간 표준 운영에 대한 일관성 유지가 어렵고 시스템에 문제가 발생하여 복구를 하고자 할 때 제대로 복구하지 못하는 경우가 발생하기도 한다는 것이다. 일례로 재해복구를 구축한 경우, 1년 이상 시간이 경과되었을 때 운영과 재해복구 시스템 간 갭 차이가 커져 복구 자체가 안 되는 경우가 허다하게 발생하기도 하며, 주기적인 모의훈련 때 다수의 변경 사항을 맞추기 위해 많은 어려움을 겪는 IT 운영자들의 고충이 목격되기도 한다.

인프라를 변경 불가능한 최적 상태의 컨테이너 이미지로 만들고 변경 사항이 생길 때마다 이 부분만 별도의 레이어로 기존 이미지에 쌓아 올린 후 버전 관리를 별도로 한다면 아래의 이점이 생긴다.

- 모든 시스템에 대해서 일관된 애플리케이션을 배포할 수 있다.
- 수정본에 문제가 발생하였을 시 이전 최적 버전의 이미지로 서비스를 복구할 수 있다.
- 최적의 이미지를 서버, VM, OS 등의 영향 없이 일관된 성능을 유지하며 운영이 가능하다.
- 서비스 장애 발생 시 굳이 복구하지 않고 문제가 발생한 컨테이너를 삭제하고 이미지를 재시작함으로써 클린한 상태의 서비스 재개가 가능하다.

물론 변경 사항이 발생하였을 시 이를 반영하여 컨테이너 이미지를 다시 만들어 배포하고 기존 이미지들에 대한 버전 관리를 해야 하는 것 자체가 또 다른 관리의 짐이 될 수 있는 것은 엄연한 사실이다. 또한 이 부분은 과거 물리 서버에서 VM으로 넘어갈 때 사용자 경험치가 거의 같왔던 관계로 거부감이 없었던 것과는 달리 전혀 경험하지 못한 생소한 부분이라 VM에 익숙한 IT 운영자들에게는 상당한 거부감으로 다가온다. 이러한 관리의 짐을 어떻게 해결할 것인가에 대해서는 이후 컨테이너 오케스트레이션과 DevOps 영역에서 상세히 다루도록 하겠다.

▶▶ 2.2.6 컨테이너의 장점과 단점

컨테이너는 다음과 같은 장점과 단점을 제공한다.

- 아주 작은 사이즈
- 아주 빠른 기동
- 매우 뛰어난 이식성
- 매우 뛰어난 호환성
- 보안 취약성
- 까다로운 패키징

먼저 장점을 자세히 살펴보자. 사이즈적인 측면에서 컨테이너는 OS를 포함하지 않고 다수의 컨테이너가 호스트 OS의 커널을 공유하는 구조이다. 패키징된 가상의 공간에서 가장 많은 디스크 용량을 차지하는 요소 중 단연 1위는 OS일 것이다. 앞서 'PaaS에 적합한 플랫폼은 무엇인가?'에서 언급하였듯 OS는 일반적으로 20GB 정도의 디스크 용량을 할당하며, 여기에 호스팅되는 애플리케이션의 사이즈는 기껏해야 평균 수

백 MB 정도이다. 이 정도의 애플리케이션의 기동을 위해 바닥에 20GB
의 용량을 깔고 간다는 것이 얼마나 비효율적인지는 삼척동자도 알 수
있다.

사이즈가 작다는 의미는 기동 속도가 매우 빠르다는 것이다. 시스템이
부팅될 때 가장 많은 시간이 소요되는 부분은 하드웨어 디바이스를 구
동시킬 때이다. 만약 비정상적으로 종료되어 재부팅될 경우 파일 시스
템 체크가 실행되기라도 한다면 수십 분에서 수 시간이 걸릴 수도 있다.
컨테이너는 VM처럼 하드웨어를 에뮬레이션하여 가상의 디바이스를 구
동하지 않으며 OS 또한 내포하지 않는다. 컨테이너는 Host OS의 디바
이스들을 직접 사용하며, 이러한 디바이스들은 이미 사전에 구동된 상
태이고 단순히 컨테이너 내 애플리케이션의 실행만 필요하므로 VM 대
비 상당히 빠른 속도로 부팅된다.

이식성과 호환성의 측면에서 기존 애플리케이션을 단 몇 줄의 명령어
로 쉽게 컨테이너화할 수 있으며, 제약이 거의 없다. 또한 컨테이너화
를 할 때 애플리케이션에 필요한 바이너리, 라이브러리, 환경변수 등 의
존성이 있는 요소들을 이미지에 모두 포함하기 때문에 서로 다른 리눅
스 OS 배포판이나 하이퍼바이저 및 클라우드 환경에 구동하는 데 문제
가 없다.

컨테이너의 단점으로 지적되고 있는 것 중 가장 많이 공격받는 부분은
보안 취약성이다. 사실 이런 공격 포인트는 2000년대 초반 Unix에서

x86으로 플랫폼 이관의 조짐이 보였을 때 그리고 2000년대 중반 이후 x86 물리 환경에서 가상화 환경으로 이관의 조짐이 보였을 때, 늘 기존 플랫폼의 기득권을 쥐었던 레거시들이 새로운 플랫폼에 대하여 공격할 때 던졌던 주제이기도 하다.

현재는 VM 진영에서 이 부분에 대한 공격을 가장 많이 하고 있다. 필자도 2019년 한 세미나에서 VM 진영에서 컨테이너가 VM 대비 보안이 취약한데 어떻게 보완할 생각이냐는 공격적인 질문을 받았을 때, '보안이 훌륭한 VM에 컨테이너를 기동하면 됩니다.'라고 답변했던 기억이 난다. 현재는 컨테이너가 클라우드 인프라의 대세로 자리잡은 상황이라 이러한 보안 취약성을 보완할 여러 솔루션들이 나오고 있다.

컨테이너는 VM과는 달리 다수의 컨테이너가 Host OS의 커널을 공유하는 구조이므로 만약 한 개의 컨테이너가 불량한 악성코드나 보안 취약한 상태로 오염되면 Host OS가 공격당하고 이로 인해 Host OS의 보안 취약점이 노출될 경우 실행되는 모든 컨테이너가 영향을 받을 수 있다. 게다가 도커허브나 인터넷에서 떠도는 악성코드가 내포된 컨테이너를 다운로드받아 사용함으로써 보안에 위협을 받을 수 있다.

따라서 보안 취약성에 노출되지 않도록 애플리케이션 빌드 전 소스 코드에 대한 보안 취약성 검사, 배포하기 전 컨테이너 이미지에 대한 보안 취약성 검사, root 계정으로 컨테이너를 실행 안 하기 등의 보안 운영을 위한 규정 마련과 준수가 필요하다.

또 다른 단점으로 지목되고 있는 까다로운 패키징 부분에 대해서 살펴보자. 기존 애플리케이션을 컨테이너화하기 위해서는 해당 소프트웨어 패키지 이외 종속적인 환경변수 등의 파일들도 모두 포함해야 한다. VM은 운영자 관점에서 보았을 때 요청자에게 빈껍데기의 VM이나 혹은 최소한 OS까지 설치된 VM을 할당해 주면 자신의 역할을 다했다고 볼 수 있지만, 컨테이너는 애플리케이션까지 포함된 이미지를 할당해 주는 관계로 변화되는 애플리케이션에 따라 주기적인 이미지 패치와 관리가 뒷받침되어야 한다.

또한 이미지 제작을 위해서는 애플리케이션이 필요한 바이너리와 라이브러리를 포함한 환경변수 값 등을 알아야 하므로 해당 애플리케이션의 전문가가 아니면 불량 이미지를 양산할 수 있다. 즉, 이미지의 유지관리에 있어 VM보다 더 많은 비용이 소요될 수 있다.

▶▶ 2.2.7 컨테이너의 비즈니스적인 이점

컨테이너는 단점보다 장점의 효용성이 훨씬 크다는 판단 아래 급속도로 기존 레거시와 클라우드 인프라를 잠식해 나가고 있다. 이러한 장점이 기능적인 부분에만 국한된다면 확산 속도가 더디게 진행되겠지만 확실한 비즈니스적인 이점을 제공하기 때문에 VM 시장마저 대체해 나가고 있다. 애플리케이션을 컨테이너에 호스팅함으로써 크게 다음의 4가지의 이점을 얻을 수 있다.

- 환경의 일관성
- 개발자 생산성 증대
- 효율적인 인프라 운영의 제고
- 쉬운 하이브리드 클라우드 전략

첫째 환경의 일관성을 유지할 수 있다. 앞서 IaaS에서 PaaS로 진화하고 있는 배경에서도 언급했듯 소프트웨어는 개발계에서 테스트계, 테스트계에서 운영계로 이관되면서 예상치 못한 오류들이 생겨난다. 이는 대부분 환경의 격차에서 발생하는 오류들이다.

일반적으로 개발계에는 소프트웨어가 개발될 때 필요한 모든 환경적 요소들이 잘 갖추어져 있지만 이를 다른 환경에 설치할 경우 필요한 라이브러리가 없거나 JDK 버전 등 필요한 환경들이 맞지 않는 경우가 많다. 마치 우리가 나무를 다른 지역으로 옮겨심기할 때 나무만 뽑아서 옮기지 않고 자라온 환경이 포함된 흙까지 포함해 옮겨 심어야 건강하게 잘 자랄 수 있듯이 애플리케이션을 다른 환경에 배포할 때 컨테이너에 해당 애플리케이션과 필요한 환경변수들이 포함되어 잘 패키징된 컨테이너를 통해 환경의 격차에서 발생하는 오류를 대부분 제거할 수 있다.

2014년 필자가 현재 재직하고 있는 조직에서 환경의 일관성에 대한 도전을 받은 적이 있다. 당시 HA로 구성된 서버들을 통합 관제할 수 있는 솔루션을 우분투 리눅스상에서 개발을 하였는데, 이미 도입이 예정된 고객 측에 솔루션을 납품할 때 문제가 발생하였다. 해당 솔루션을 설치하기 위해서 고객 측에 우분투 리눅스가 사전에 설치되어야 하는데, 대부분의 고객들이 우분투가 아닌 레드햇, 오라클, 수세, Cent OS 등만 가능하였으며, 우분투는 운영할 엔지니어가 없다는 이유로 당시 개발한 솔루션을 다른 리눅스 OS에서 운영할 수 있도록 수정하여 납품하라는 요청을 받게 된 것이다.

우분투가 아닌 다른 리눅스 OS로 이식하는 것 자체는 크게 문세될 것이 없었지만 윈도즈와 유닉스와는 달리 이식해야 할 OS 종류가 너무 많았으며 기간도 문제가 되었다. 대략 QA 기간까지 본다면 다른 배포판으로 이식하는 데 6개월은 족히 소요된다. 게다가 OS가 패치를 발행하거나 버전 업그레이드를 한다면 그에 맞게 지속적으로 해당 솔루션에 대한 패치와 테스트를 지속해야 하는 부담감이 가중될 수밖에 없다. 어떻게 보면 고객들이 사용할 OS 환경을 제대로 조사하지 않고 개발자가 편하다는 이유로 개발환경을 구성했던 과오로 해당 솔루션 개발 프로젝트는 ROI가 나오지 않을 경우 실패할 가능성이 커졌다.

그러나 세상사 전화위복이라고 했던가? 당시 회사 내부에 오픈소스 사업부서가 새로이 만들어지면서 여러 오픈소스 솔루션들을 검토하고 있었는데, 당시 출시된 지 1년도 채 안 된 도커 컨테이너에 대한 내부 스터디 세션이 있었고 컨테이너 내부에 애플리케이션에 종속적인 여러 환경들을 패키징하여 어떠한 다른 환경에서도 애플리케이션의 정상적인 실행이 가능할 것이라는 추론을 내리면서 HA 통합 관제 솔루션의 운영에 필요한 종속적인 요소들 즉, 우분투 리눅스의 API, 라이브러리, JDK 등을 포함한 환경변수들을 포함해 컨테이너로 패키징하였고 이를 고객사 측에서 요구하는 다른 리눅스 배포판에 실행해 본 결과 대성공이었다.

이러한 경험은 곧바로 개발자의 생산성 증대로 연결되었다. 소프트웨어 패키지를 개발함에 있어 더 이상 다른 리눅스 배포판으로 추가 개발할 필요가 없어졌고 이로 인해 QA에 소요된 기간과 비용이 1/7로 감소하였다. 또한 환경의 격차로 인해 발생되는 소프트웨어의 수정 및 기술지원 비용 또한 40% 이상 감소하였다.

일반적으로 고객사 현장에서 발생되는 소프트웨어의 오류들을 수정하기 위해서는 개발사 내부에서 재현이 되어야 하는데, 오류의 수정보다 더 힘든 것이 재현이다. 이러한 재현을 위해서는 고객사의 환경과 동일한 환경이 구비되어야 하지만 수천, 수만의 다양한 고객사의 환경을 갖추기는 불가능하다. 컨테이너가 이러한 문제의 해결을 통해 개발 생산성을 혁신적으로 높여줘서 비용 절감이 상당히 되었으며 소프트웨어의 출시 일정과 관리 비용을 현격히 낮출 수 있게 되었다.

다음으로 효율적인 인프라 운영 측면에서 살펴보자. 운영자 입장에서 시스템을 운영함에 있어 어려운 일이 무엇이냐 물어보면 OS 패치와 업그레이드를 우선순위로 꼽는다. 이를 위해서는 다운타임 확보도 필요하지만 이를 확보하였다고 해도 무작정 진행할 수가 없다. 이유는 해당 패치와 업그레이드가 애플리케이션의 호환성에 지대한 영향을 끼치기 때문이다. 최악의 경우 애플리케이션 개발사가 사라지거나 단종된 경우 해당 서비스를 중단할 때까지 보안 패치나 업그레이드를 포기하는 경우도 허다하다. 지역의 생산라인 자동화 쪽 영역을 보면 이미 10~20년 전에 구축한 OS를 업그레이드하지 않고 사용하는 곳을 심심치 않게 볼 수 있다.

컨테이너를 통해 이러한 Host OS의 패치나 업그레이드 문제를 해결할 수 있다. 또한 OS는 용량도 용량이지만 일단 부팅되는 순간부터 기본적으로 2GB 징도의 메모리를 점유한다. 이런 부분에서 VM이 얼마나 비효율적으로 상대적으로 고가인 메모리를 낭비하는지 알 수 있다. 컨테이너는 이렇듯 인프라 운영의 효율성과 비용 절감을 끌어 올릴 수 있다.

마지막으로 멀티/하이브리드 클라우드 전략을 매우 쉽게 수립할 수 있다는 이점을 제공해 준다. 멀티/하이브리드 클라우드 전략은 2010년 오픈스택 출시 후 오픈스택 재단이 가장 먼저 펼치게 된다. 딩시 시장 현황을 보면 Vmware의 Private Cloud와 AWS의 Public Cloud가 시장을 양분하고 있었는데, 오픈스택은 이들과 차별화된 방안으로 두 시장을 동시 공략하여 시장을 점유하고자 하이브리드 클라우드 전략을 펼쳤지만 결과는 실패했다. 이 전략이 먹히기 위해선 Private과 Public 모두 동일한 아키텍처의 IaaS를 구축해야 하는데 이미 각각 Vmware와 AWS가 구축한 시장을 오픈스택의 전략으로 교체하고자 하는 위험성을 받아들일 고객이 거의 없었기 때문이다.

현재도 Private Cloud 개발사들이 자사의 하이퍼바이저를 CSP의 베어메탈[16] 서버상에 탑재하여 멀티/하이브리드 클라우드 서비스를 제공하는 제휴를 맺고 열심히 영업활동을 하고 있지만 비용 대비 효율성과 특정 제조사의 Lock in의 문제로 시장 반응은 차갑기만 하다.

이렇듯 10여 년 전 실패한 멀티/하이브리드 클라우드 전략은 이기종의 IaaS 환경에서도 이동성, 호환성, 확장성에 아무런 문제가 없는 컨테이너로 인해 다시 대두되기 시작하였으며, 기존에 구축된 IaaS의 아키텍처를 허물지 않고 단순히 컨테이너와 쿠버네티스 기반의 PaaS 솔루션을 추가 구성함으로써 이를 쉽게 구현할 수 있게 되면서 수많은 기업과 기관들이 이 전략을 수용하고 있다. 이 부분은 3장의 쿠버네티스의 실전 활용법에서 상세히 다루도록 하겠다.

[그림 2-15] 컨테이너를 통한 비즈니스적 이점

---

16 베어메탈이란 하드웨어 상에 어떤 OS나 소프트웨어도 설치되어 있지 않은 상태를 뜻하는데, 클라우드 환경에서는 가상화를 위한 하이퍼바이저의 설치 없이 물리 서버에 OS만 설치하여 사용하는 형태를 의미함.

≫ 2.2.8 컨테이너의 표준화

2013년 도커의 출현 이후 컨테이너 이미지 생성과 관리가 간편해지면서 컨테이너가 부상하게 되었다. 이후 도커 이외 타 경쟁사에 의한 표준 규격화 시도로 표준 정립에 대한 이슈가 대두되기 시작했다. 이에 2015 도커와 현재는 레드햇으로 인수된 CoreOS가 주축이 되어 Open Container Initiative(OCI)라는 단체를 설립하여 컨테이너 런타임과 이미지 관련 개발형 표준을 정립하게 되면서 컨테이너 시장은 OCI의 런타임 스펙과 이미지 스펙을 준수하는 방향으로 흐르게 되고 이후 쿠버네티스는 2017년 7월에 컨테이너 런타임과 이미지의 표준을 처음으로 발표했다. OCI의 컨테이너 런타임에 대한 상세한 내용은 OCI에서 운영하는 홈페이지 주소[17]에서 참고할 수 있다. 2022년 현재 도커, 구글, 레드햇, 아마존, Vmware, 마이크로소프트 등 주요 클라우드 기업을 중심으로 29개 회원사들이 활동하고 있다.

OCI에는 현재 런타임 사양과 이미지 사양에 대한 표준이 정립되어 있으며, 표준의 핵심은 RunC라고 명칭된 Container Runtime에 대하여 표준을 준수하는지에 있다. RunC는 원래 도커가 개발하여 OCI에 기증하였으며, 현재는 OCI가 지적재산권을 보유하고 있다. 현재 OCI 표준을 준수하고 있는 대표적인 컨테이너는 도커, Containerd, CRI-O, rkt 등이 있다. 3장의 쿠버네티스 편에서 자세히 다루겠지만 컨테이너의 오

---

17 www.opencontainers.org

케스트레이션 툴 중 사실 업계 표준이 된 쿠버네티스가 초기에는 도커 컨테이너를 사용하였지만, 이후 OCI를 준수하는 다양한 컨테이너 기술이 나오면서 이를 원할히 지원할 수 있는 인터페이스를 통일화할 필요성을 느껴, 2016년 12월 CRI(Container Runtime Interface)를 발표하였다. 이후 컨테이너 시장을 장악한 도커의 위상이 크게 흔들리는 지각변동이 발생되게 되는데, 2-3장 3절의 '쿠버네티스 개요' 편에서 이 부분을 다루도록 하겠다.

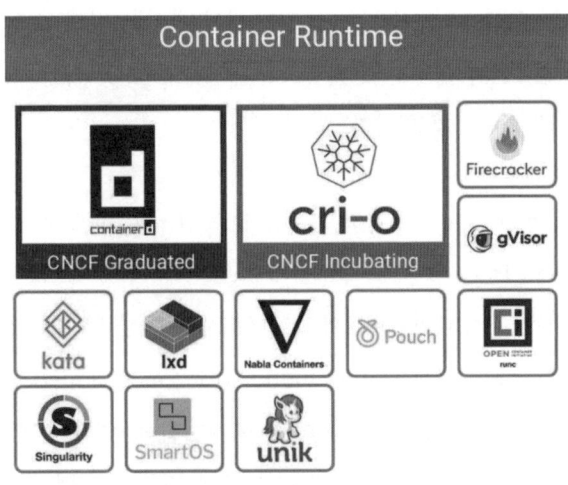

[그림 2-16] 다양한 컨테이너 런타임

2.3 컨테이너 오케스트레이션의 역할

▶▶ 2.3.1 컨테이너 오케스트레이션은 왜 필요한가?

다수의 서버를 포함한 인프라를 통합으로 관리하기 위한 솔루션들은 NMS, ESM, ITSM 등의 이름으로 늘 존재해 왔었다. 그런데 언제부터인가 오케스트레이션이라는 용어가 나타나기 시작했다. 필자의 경우 2016년 이 용어를 처음 접했으며, 업계에서 내리는 정의는 '컴퓨터 시스템, 애플리케이션과 서비스를 자동으로 구성, 관리 및 제어'이다. 여기서 중요한 단어는 바로 '자동'이다.

과거로부터 현재까지 구축해왔던 인프라 통합 관리 솔루션들은 이미 구성된 인프라에 대한 관리에 집중되어 있었고 구축과 제어는 대부분 전문인력에 의한 수작업이었다. 예를 들어 자바 애플리케이션에 대한 성능관리를 제공하는 APM(Application Performance Monitoring)의 경우 성능에 대한 모니터링을 통해 문제점을 가시화해 주지만 WAS에 대한 구축과 문제해결에 관여하지 않고 이 부분은 전문 미들웨어 엔지니어의 역량에 좌지우지되곤 한다.

특히 오픈소스 생태계로 들어가면 WAS와 DB 같은 시스템 소프트웨어의 구축, 운영, 문제해결의 품질은 철저히 인력의 능력에 따라 편차가 심한 관계로 고객은 늘 특급의 엔지니어가 지원해 줄 것을 요구하고 공급사는 비용 문제로 초·중급 위주의 엔지니어 중심으로 지원 인력을 유지할 수밖에 없는 현실에 처해있다. 실제로 장애가 생겨 긴급히 문제해결을 해야 할 때 특급 엔지니어가 필요한데 정작 당장 지원 가능한 인력은 초·중급일 경우가 대부분이다. 이로 인해 문제해결이 지연되어 서비스가 장시간 중단된 사례가 허다하다.

따라서 서비스의 구축, 운영, 문제해결을 더 이상 인력에 의존하지 않고 애플리케이션과 서비스를 단일 이미지 형태로 표준화하여 이를 자동화함으로써 인력의 기술 수준에 관계없이 동일한 레벨의 서비스 품질을 확보할 필요성이 생기게 되었다. 특히 VM과 컨테이너로 인해 가상자원의 수가 수천수만 대로 증가되고 있는 상황에서 이에 대한 오케스트레이션 체계 없는 운영 관리는 불가능하다.

그렇다면 오케스트레이션은 IT automation, 즉 자동화와 같은 개념인가? 오케스트레이션의 키워드가 자동화이긴 하지만 이보다 좀 더 범위가 넓다. 자동화의 목적 자체가 인력에 의한 단일의 작업을 소프트웨어를 사용하여 수행함으로써 IT 서비스 운영을 효율적으로 만드는 데 큰 기여를 한다는 관점에서는 동일하지만, 자동화는 단일의 작업에 국한되는 반면 오케스트레이션은 다수의 인프라 자원과 소프트웨어 간 상호 의존 관계를 정의하고 이들 간의 워크플로우를 연결하여 전체적인 프로세스를 자동화하는 개념이다.

예를 들어 조직 내에 DevOps 구현을 위해 CI/CD pipeline을 구축한다고 할 때 개발 형상 관리, 빌드, 빌드 레파지토리, 배포 등의 워크플로우를 정의해야 할 것이고 각각의 작업별로 서버, 스토리지, 네트워크 등의 인프라를 구성해야 할 것이다. 또한 이들을 개발계, 테스트계, 운영계로 분리하여 구축할 수도 있다. 각각의 작업들은 자동화 툴을 통해 형상 관리나 빌드 서버를 자동으로 구성할 수 있다. 그런 뒤 이들 작업들이 형상 관리→빌드→빌드 버전 관리→승인→배포의 순서대로 작업 흐름이 정의될 것이고 이러한 작업 흐름이 개발계→테스트계→운영계로 나누어진 그룹 간 작업 흐름을 탈 수도 있을 것이다.

오케스트레이션은 이들의 각각 테스크별 의존 관계와 정의된 작업 흐름을 자동화하는 영역까지 포함한다. 이러한 오케스트레이션을 통해 가상 자원의 프로비저닝, 운영 관리, 문제해결, 애플리케이션 배포와 장애 처리의 자동화와 다수의 테스크 간 워크플로우를 자동화할 수 있다.

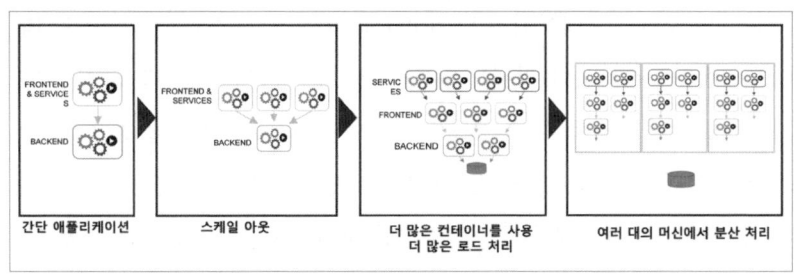

[그림 2-17] 컨테이너 증가에 따른 오케스트레이션 필요성

물리 서버에서 VM으로 전환되면서 1명의 IT 운영자가 관리해야 할 가상 객체가 100이라면 컨테이너의 경우 10,000 정도로 100배 이상 늘어난다. 따라서 컨테이너의 경우 오케스트레이션은 필수 불가결한 요소인 셈이다.

컨테이너 오케스트레이션의 목적은 컨테이너의 배포와 운영 프로세스를 최적화하는 데 있으며, 다음과 같은 다양한 역할을 수행한다.

- 컨테이너 자동 배치 및 복제
- 컨테이너의 제어와 모니터링
- 컨테이너 그룹에 대한 로드밸런싱
- 컨테이너 장애 복구
- 컨테이너의 수평 확장과 축소
- 컨테이너 서비스 간 인터페이스를 통한 연결 및 네트워크 포트 노출 제어

[그림 2-18] 컨테이너 오케스트레이션의 중요성

이렇듯 컨테이너 오케스트레이션은 초기 컨테이너 배포, 배치, 확장, 장애 복구, 롤백, 네트워킹, 삭제 등의 전체적인 라이프사이클을 자동화하고 제어의 역할을 담당하는 클라우드 세상의 OS와 같은 존재로 그 위상이 높아졌다.

≫ 2.3.2 오케스트레이션을 독식하게 된 쿠버네티스

컨테이너 오케스트레이션 도구는 현재는 쿠버네티스가 사실상 업계 표준으로 자리잡았지만 초기 2015년만 하더라도 3가지의 도구가 경합을 벌이는 상황이었으며, 그 특징은 아래 표와 같다.

Kubernetes	(kubernetes 로고)	• 구글에서 개발하여 CNCF로 기증 • 기능이 가장 많고 범용성이 높음 • 베어메탈, VM, 퍼블릭 클라우드 등의 다양한 인프라 수용 • 컨테이너의 롤링 업그레이드 지원
Docker Swarm	(Docker Swarm 로고)	• 다수의 노드를 클러스터링하여 단일의 가상 노드 생성 • 노드에 Agent만 설치하면 간단하게 작동하고 설정이 쉬움 • 도커 명령어와 컴포즈를 그대로 사용 가능
Apache Mesos	(MESOS 로고)	• 수만 대의 물리적 시스템으로 확장 가능 • 하둡, MPI, 하이퍼스케일, 스파크와 같은 대규모 노드가 필요한 환경에서 리소스 공유와 분리를 통해 자원 최적화 가능

[표 2-4] 오케스트레이션 도구들의 특징

위의 3가지 오케스트레이션 도구는 설정 방법과 동작 방식이 상당히 다르며, 이 중 컨테이너 배포와 관리의 측면에서는 쿠버네티스가 가장 큰 이점을 가지고 있었다. 2015년 오케스트레이션 시장 초기에는 빅데이터 플랫폼의 관리에 최적화된 Mesos가 각광을 받고 있었고 도커 또한 컨테이너의 막강한 시장 점유율을 기반으로 야심차게 도커스웜을 출시하면서 이 시장의 최강자의 자리를 노렸으며, 당시 갓 출시한 쿠버네티스와 대척점에 서 있기도 했다.

필자가 2016년경 컨테이너를 관리할 오케스트레이션 도구를 6개월간 다각도로 검토하고 테스트할 당시만 하더라도 도커스웜이 도커 컨테이너 관리 측면에서 훨씬 더 유리한 위치에 있었고 쿠버네티스가 초기 출시임에도 상당한 기능과 가능성을 보여주었지만 과거 마이크로소프트가 윈도즈 운영체제 시장 지배력을 기반으로 웹브라우즈 시장을 독식한 것처럼 도커도 독점적 컨테이너 시장을 기반으로 이 부분을 독식하지 않겠냐는 전망을 하였었다.

그리고 당시 오케스트레이션 시장의 강자는 Apache의 Mesos였다. Mesos는 빅데이터 플랫폼에서 주로 사용하는 애플리케이션들의 관리에 최적화되어 있어 당시 한창 유행이었던 하둡 기반의 빅데이터 플랫폼 도입 열풍의 수혜를 누리고 있었으며, 이에 전망이 밝아 보인 대규모 컨테이너 노드 클러스터를 관리할 수 있는 영역까지 확장하기는 했지만 한계는 분명해 보였다.

그렇다면 어떻게 도커스웜은 유리한 시장 상황에서 주저앉고 쿠버네티스는 광풍을 일으키며 이 시장을 독식하게 되었는가?

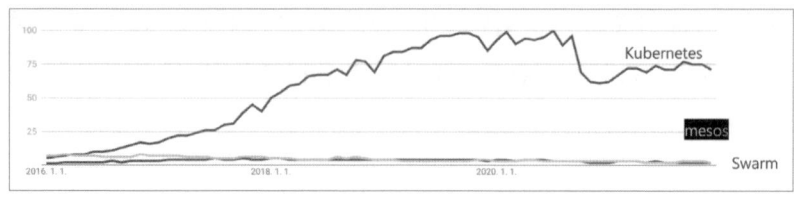

[그림 2-19] 컨테이너 오케스트레이션 도구의 구글 트렌드(전 세계)

여러 가지 변수들이 있겠지만 가장 큰 이유 세 가지를 들 수 있다.

첫째는 구글의 막강한 기술력이다. 쿠버네티스는 2015년 첫 탄생을 하였지만 실제로 10여 년 전 구글의 클라우드 서비스인 지메일, 구글 검색, 구글 맵 등을 위해 대규모 인프라 클러스터들을 구축하여 인프라의 자동화된 관리를 위해 표준 이미지로 컨테이너를 채택하고 있었다. 당시에는 컨테이너 오케스트레이션 도구가 없었기에 이러한 역할을 담당할 보그(Borg)와 오메가(Omega)를 개발하여 10년 이상 안정적인 서비스를 제공하였다. 이러한 경험이 축적된 쿠버네티스를 오픈소스로 공개하고 이를 CNCF(Cloud Native Computing Foundation)로 기증하게 된다.

대부분의 신규 출시한 솔루션들, 특히 오픈소스 소프트웨어들은 상당히 부실한 경우가 많은데, 쿠버네티스는 이미 구글의 경험들이 내재화되었던 관계로 공개 초기 버전이 상당히 안정적이었으며, 무상 배포가 가능하고 상용화에 큰 제약이 없다는 큰 장점을 통해 이를 채용하는 사례가 급속도로 증가하게 되었다.

둘째는 도커의 비즈니스적인 오판이다. 도커 컨테이너는 2013년 오픈소스로 출시되면서 개발자들 중심으로 폭발적인 지지를 얻으며, 급속도로 확산하였고 컨테이너 시장의 지배자가 되었다. 대부분의 이미지와 컨테이너 런타임이 도커였던 관계로 이를 중심으로 한 부가서비스와 도구들을 개발하여 시장에서 유리한 고지를 점할 수 있었지만 도커스웜을 오픈소스화하지 않고 도커 컨테이너의 상용화 버전인 도커 엔터프라이즈에 번들하여 오케스트레이션 도구를 제공함으로써 비용적인 측면에서 쿠버네티스 쪽에 밀릴 수밖에 없었다.

게다가 2016년 레드햇이 오리진으로부터 인수한 오픈쉬프트의 오케스트레이션 도구를 기어에서 쿠버네티스로 변경한 뒤 기업용 Private Cloud시장에서 쿠버네티스를 상용화하는 데 성공을 거두게 되자 2017년 말경 도커가 레드햇을 자극하는 도발을 하게 된다. 당시 대부분의 컨테이너 기반 PaaS 솔루션 제조사들은 컨테이너 런타임으로 도커를 사용하고 있었고 이는 레드햇도 마찬가지였는데, 도커가 커뮤니티 버전의 Cent OS나 Ubuntu OS상에서는 도커 커뮤니티 버전을 허용하였지만 Redhat Linux의 경우 도커 상용 버전인 도커 엔터프라이즈만 허용하게 하면서 레드햇으로 하여금 비용 상승의 부담을 안게 하고 이에 대한 반발로 레드햇은 자체적으로 CRI-O라는 컨테이너 런타임을 개발하고 도커를 배제하게 된다.

쿠버네티스 입장에서도 경쟁이 되는 도커스웜이 포함된 엔터프라이즈 버전이 기업용 Private Cloud 시장에 도입되는 것을 반길 리가 없었기에 도커와 대척점에 서게 되고 도커 입장에서는 쿠버네티스의 든든한 배후인 구글과 상용 오픈소스계의 공룡인 레드햇을 당해낼 재간이 있을 리 없었다. 결국 도커의 상용 버전 서비스는 시장에서 외면받고 도커 엔터프라이즈 플랫폼은 오픈스택 배포 및 솔루션 제공 업체인 미란티스에 2019년 인수되어 버리고 만다.

실상가상으로 2020년 12월 8일 쿠버네티스가 1.20 버전을 발표하면서 더 이상 도커 런타임을 지원하지 않겠다고 하자 도커는 사실상 쿠버네티스 생태계에서 퇴출되는 수순을 밟게 된다. 2022년부터 공식적으로 쿠버네티스는 더 이상 도커를 지원하지 않지만 도커 이미지는 쿠버네티스에서 여전히 사용할 수 있다. 이 부분에 대한 상세한 설명은 이 책의 CRI 부분을 참조하기 바란다.

셋째는 막강한 우군들의 지원이다. 쿠버네티스가 구글이라는 든든한 배경 하나만 놓고 보더라도 시장에서 어느 정도 지배력을 갖출 수 있었겠지만 퍼블릭 클라우드 세계의 강력한 경쟁자인 AWS와 마이크로소프트, 프라이빗 클라우드 세계의 독과점 위치를 차지한 Vmware와 경쟁을 하기엔 역부족이었다. 이에 리눅스 재단과 협력하여 CNCF(Cloud Native Computing Foundation)를 설립한 뒤 쿠버네티스에 대한 소스 코드와 지식 재산권까지 모두 넘기고 공공의 위대한 유산으로 공개하게 되었다.

이로 인해 IBM, Redhat, MS, AWS, HP 등 공룡 클라우드 기업들이 쿠버네티스를 채용하면서 시장에서 압도적인 지지를 받으며 2017년 말 컨테이너 오케스트레이션 시장을 완전 평정하게 되고 현재는 사실상 업계 표준으로 자리잡았다.

2.3.3 쿠버네티스의 개요

쿠버네티스(Kubernetes)는 지금은 익숙해졌지만 철자도 복잡하고 발음도 어렵다. 사실 철자를 잘 몰라 첫 글자인 K와 마지막 글자인 S의 사이 알파벳이 8개 있어서 K8s로 명기하거나 Kube로 축약해서 부르기도 한다(의외로 Kubernetes를 K8s로 명기하는 이유를 모르는 사람들이 많더라). 쿠버네티스는 조타수 또는 조종사를 의미하는 그리스어에서 유래하였다. 배의 조종키가 배의 나아갈 방향을 정하는 아주 중요한 역할을 하는 것처럼 쿠버네티스는 컨테이너에 대한 오케스트레이션을 수행하며 다음의 주요 기능을 제공한다.

- 다중의 호스트를 클러스터로 묶어 관리
- 대규모 컨테이너에 대한 배포와 관리
- 컨테이너에 대한 스케줄링, 롤링 업데이트, 롤백, 동적 배치, 자동 스케일 아웃, 자동 장애 복구 등의 라이프사이클 관리

그리고 이러한 기능을 통해 다음의 비즈니스적인 이점을 제공한다.

첫째, 비즈니스 변화에 따른 IT 서비스 다운타임을 없앨 수 있다. 일반

적으로 비즈니스의 변화는 애플리케이션의 업그레이드, 신규 배포 및 수정 작업과 연결되며, 이로 인하여 다운타임이 발생하게 된다(우리가 흔히 접하는 금융, 통신, 인터넷 서비스들이 어느 새벽에 서비스 개선을 위해 일시 중단된다고 했던 안내문을 기억하시라). 하지만 쿠버네티스를 통하여 무중단 배포 전략을 세움으로써 배포에 소요되는 시간과 노력을 획기적으로 줄일 수 있다.

쿠버네티스는 기본적으로 롤링 업데이트를 통해 무중단 배포를 지원한다. 예를 들어 기존 배포된 컨테이너(POD)는 3개가 클러스터로 묶여 실행되고 있는 상태에서 신규 버전의 애플리케이션을 배포하게 될 시 기존 배포된 POD와 동수의 POD가 실행되고 신규 버전이 준비 완료가 되면 이전 버전의 POD를 순차적으로 종료시키면서 네트워크 연결을 신규 버전의 POD로 라우팅시킨다. 이 외 기존 버전과 신규 버전 간 서비스 접속에 대한 비율을 지정하여 카나리 배포나 블루/그린 배포의 전략 또한 매우 쉽게 구현할 수 있다.

또한 배포된 애플리케이션에 오류가 있어 다시 이전 버전으로 원복할 필요가 있을 때 롤백 명령을 수행함으로써 단 수 초~수 분 내로 이전 버전의 이미지로 되돌릴 수 있으며, 롤백 시에도 롤링 업데이트와 동일한 과정을 통해 무중단으로 진행이 가능하다.

사실 애플리케이션을 배포할 때 야간작업을 하는 주된 이유가 다운타임의 확보를 위해 사용자의 접속률이 가장 낮은 시간대를 선택하는 것도 있지만 배포된 서비스가 원인 모를 오류를 만났을 때 다시 롤백하는 시간을 확보하기 위해서이기도 하다. 신규 및 업데이트된 애플리케이션을 배포하는 과정에서 발생되는 다운타임만큼 롤백 과정 또한 비슷한 혹은 그 이상의 다운타임이 발생하며 무엇인가 잘못되어 롤백을 수행하는 것이므로 실패 확률이 의외로 높아 스트레스가 극에 달하는 과정이기도 하다.

필자의 경험에 비추었을 때, 과거 모 대기업에서 애플리케이션의 업데이트 본을 배포하는 과정에서 오류가 발생하여 이전 애플리케이션의 백업 본으로 원복을 시도하였지만 백업 본 자체에 문제가 있어 결국 필요한 소프트웨어를 새로 설치하고 애플리케이션 소스 코드를 다시 빌드하고 배포를 진행하는 바람에 이틀 정도 서비스 중단 사태가 발생한 사례가 있었다(좀 오래된 기사이긴 한데, 2015년 베타뉴스의 기사를 참고하면 백업 본의 실패율이 40%에 육박한다고 한다. https://betanews.com/2015/12/09/myths-and-facts-about-backup-restore-and-disaster-recovery/).

특히 모바일과 디지털혁명으로 인해 애플리케이션 배포의 빈도가 2~3년 전에 비해 3~4배 높아졌고 인터넷 서비스 기업의 경우 하루에도 수십~수백 건의 배포가 일어나는 상황에서 무중단 배포와 롤백을 위한 방안의 수립은 기업의 영속성과도 직결된다고 볼 수 있다.

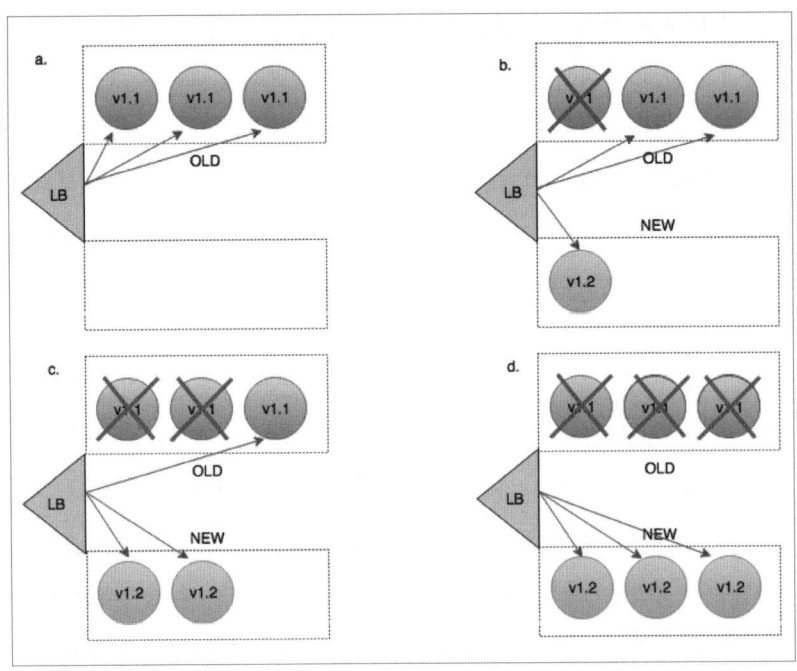

[그림 2-20] 롤링 업데이트를 통한 애플리케이션의 무중단 배포

또한 POD에 예기치 못한 장애가 발생할 경우 다른 노드에 복제된 POD를 즉시 활성화함으로써 장애로 인한 다운타임을 최소화할 수 있다. 그리고 일반적으로 서비스 절체를 위해 HA 솔루션을 주로 구축하는데, 여기에 소요되는 비용을 줄일 수 있다. 전통적인 HA 솔루션의 경우 서비스 절체와 원복 시 기존의 물리 혹은 가상서버를 그대로 사용하는 반면, 쿠버네티스는 장애가 발생한 POD를 삭제한다.

둘째, 서버 접속의 폭주에도 원활한 서비스 유지가 가능하다. 특정 이벤트나 사건이 발생할 때 서버 접속의 폭주로 인한 서비스 지연 및 다운이 발생하는 경험은 누구나 다 겪어 봤을 것이다. 특정 시간에 예약이 오픈 되는 서비스의 경우 일반적으로 한꺼번에 접속이 몰린다. 이렇게 될 경우 서비스 지연이 발생하고 클라이언트 입장에서는 웹 브라우저에서 바람개비가 돌아가는 것을 참지 못하고 페이지 새로고침이나 해당 메뉴를 지속적으로 클릭하므로 대규모의 세션을 유발해 서비스가 다운되기도 한다.

이러한 문제를 해결하기 위해 그동안 사용했던 방법은 접속이 몰릴 것으로 예상되는 시기에 서버를 미리 증설해 놓거나 서비스 피크 시 최대 동시 접속자를 예측하여 사전에 대규모의 인프라를 구축해 놓는 것이었다. 물론 상당한 비용과 인프라 엔지니어들의 노고가 부담되기는 하지만 서비스 폭주로 인한 다운과 불편함으로 고객 이탈이 발생하는 것을 막을 수는 있었다.

그러나 이러한 방법은 과거 인터넷 접속 환경이 집, 사무실, 게임방처럼 한정된 장소와 시간에 국한되어 피크치가 예측 가능할 때 먹혔지, 현재처럼 모바일 단말기를 통해 시도 때도 없이 서비스 접속이 가능한 환경에서는 통하지 않는다. 즉, 현재는 서비스 접속에 대한 피크치 예측이 불가능하다.

이럴 경우 사용했던 또 다른 방법은 서비스가 처리 가능한 세션 수가 증가 하였을 때 세션 대기를 시키는 것이다. 이는 우리가 맛집에 갔을 때 자리가 없을 경우 번호표를 받고 대기하는 것을 생각하면 된다. 이 방법은 서비스 폭주로 인한 다운을 방지할 수 있지만 여전히 대기를 해야 하는 클라이언트들의 불만과 이탈을 막을 수는 없다(일반적으로 웹서비스의 응답 지연을 참을 수 있는 한계 시간은 3초다).

쿠버네티스는 CPU나 Memory가 설정한 임계치에 도달했을 때 POD를 자동으로 확장한다. POD에 대한 최소치와 최대치를 미리 설정해 놓으면 임계치 이하로 떨어질 때까지 POD를 최대치까지 확장하였다가 부하가 임계치 아래로 내려가면 최소치까지 축소한다. 물론 POD가 확장될 시 이에 대한 로드밸런싱까지 자동으로 수행한다.

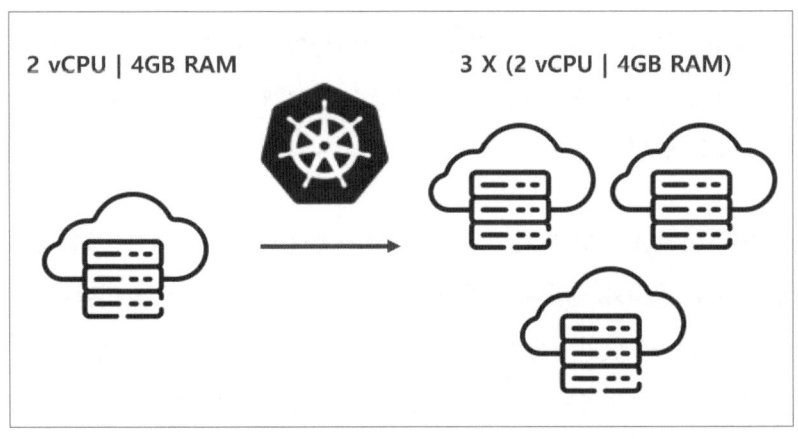

[그림 2-21] 쿠버네티스의 수평 POD 스케일 아웃

이러한 자동 확장의 경우도 POD가 기동될 노드들의 집합체 내 CPU나 Memory의 여유 자원이 존재해야 가능하며, 부족할 경우 자동 확장이

멈추기도 한다. 이럴 경우 퍼블릭 클라우드와 연계하여 POD를 확장한 후 글로벌 로드밸런싱을 수행하는 구성 전략까지 쉽게 구축할 수 있다.

셋째, 서비스 다운타임으로 인한 손실 방지이다. 쿠버네티스 환경에서의 고가용성은 다수 POD를 병렬로 배치하여 로드밸런싱하는 방법과 POD에 대한 복제본을 생성하여 운영 POD의 원인 모를 장애 시 복제본 POD를 활성화해 서비스를 재개하는 방법으로 다운타임을 최소화할 수 있는 데서 드러난다. 일반적으로 VM이나 컨테이너는 물리적 서버보다 가용성이 떨어진다는 선입견이 존재하는데, 틀린 말은 아니다. 앞서 기존 레거시 대비 클라우드의 특징에 대해서도 언급하였듯이 물리 서버의 경우 장애 시 이를 대체할 서버를 당장 구축하기가 쉽지 않기 때문에 웬만하면 장애가 발생하지 않도록 고가용성 설계를 하거나 예기치 못한 장애 발생 시 복구에 혼신의 힘을 기울여야 한다.

하지만 쿠버네티스의 설계 사상은 카오스 엔지니어링을 따르고 있으며, 컨테이너를 포함한 리소스는 늘 장애가 발생하거나 다운될 수 있다는 전제하에 평소에 동일한 서비스를 제공하는 컨테이너를 준비하였다가 가용한 컨테이너로 서비스를 즉시 라우팅시키는 방법으로 서비스의 연속성을 제공한다. 또한 최소 POD를 설정해 놓으면 POD가 다운되더라도 서버 자원의 용량이 허용하는 범위 내에서 자동으로 최솟값의 POD를 항상 기동시킨다. 즉, POD의 장애 발생 시 운영자가 이를 복구하기 위해서 신경 쓸 필요가 없다.

실제로 사용자들의 경험담을 들어보아도 간혹 대시보드에 들어와보면 컨테이너가 수시로 재기동된 이력은 있는데, 서비스는 다운타임이 발생한 적이 없다고 언급하는 것을 자주 접하며, 정확한 통계는 없지만 서비스 복구율도 전통적인 HA솔루션보다 의외로 높다라는 의견이 지배적이다.

넷째, 무엇보다도 생산성 향상과 비용 절감이 뛰어나다. 개발자 관점에서 더 이상 개발 인프라 구성에 수 주에서 수개월의 시간을 허비하지 않아도 된다. 앞서 2장의 IaaS에서 PaaS로 진화하고 있는 배경에서도 언급하였듯이 개발에 필요한 다양한 시스템 소프트웨어와 개발 도구들을 설치, 구성, 연계하는 데 많은 시간과 인력이 소요된다. 개발자 스스로 이러한 소프트웨어들에 대하여 경험이 많아 외부 전문 엔지니어의 도움 없이 구성이 가능하다면 이에 대한 비용을 줄일 수 있지만, 대부분은 전

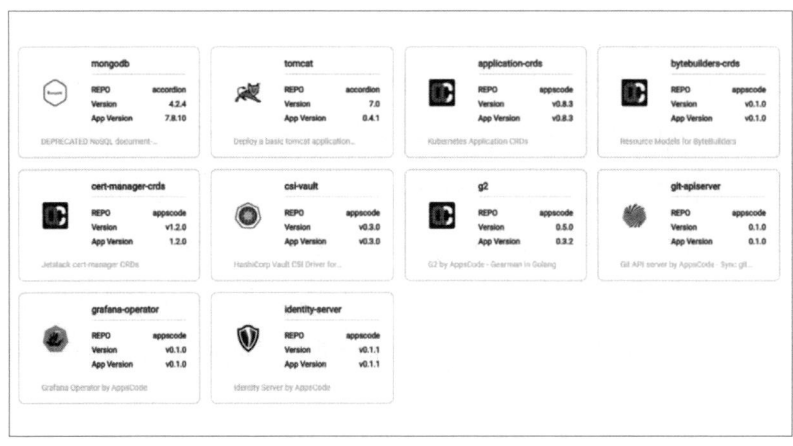

[그림 2-22] 컨테이너 레지스트리를 이용한 서비스 카탈로그

문 엔지니어에게 비용 지불을 하고 구성한다.

쿠버네티스 환경에 컨테이너 저장소나 Helm 저장소를 구성하여 필요한 컨테이너 이미지를 등록해 놓고 필요한 소프트웨어를 마치 앱스토어에서 애플리케이션을 스스로 내려받아 스마트폰에 쉽게 설치하는 것처럼 개발환경에 수 분 내로 구축할 수 있다.

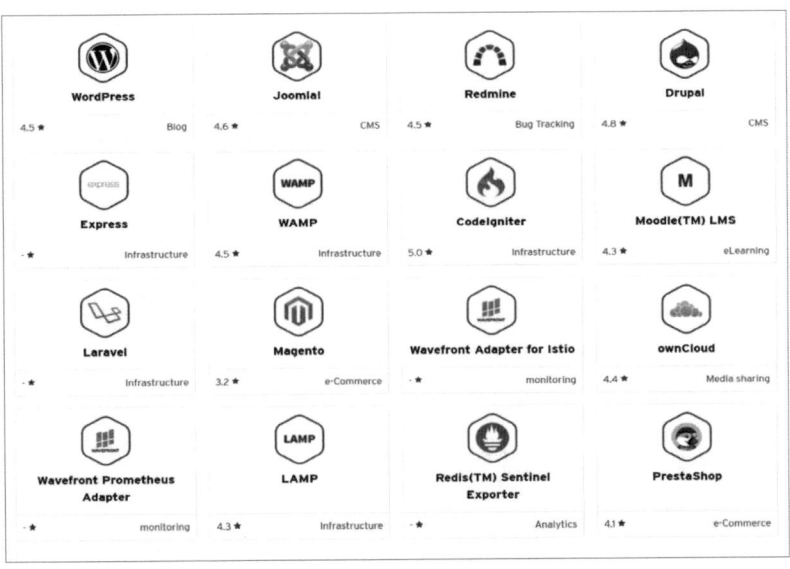

[그림 2-23] Helm을 이용한 패키지 관리

그리고 기업과 기관 내의 소프트웨어에 대한 지출내역을 보면 응용프로그램 개발보다 미들웨어나 데이터베이스 같은 시스템 소프트웨어에 많은 비용을 소모하고 있다. 꽤 훌륭하고 안정적인 오픈소스 기반들이 즐비함에도 상용소프트웨어에 막대한 지불을 하고 있는 가장 큰 이유는 전문 엔지니어를 통한 지속적이고 안정적인 기술지원을 받기 위해서이다.

오픈소스의 경우 다수의 수정본들이 존재하고 기술문서도 빈약하며, 설치와 구성 및 운영에 있어 딱히 정해진 표준이 없다 보니 인력의 내재화 수준에 의해서 품질이 좌우되기도 한다. 조직 내의 기술 내재화가 부족하여 외부 전문가의 도움으로 초기 구축을 잘하였음에도 구축한 내용을 이해하지 못해 원활한 운영을 못 하고 결국 상용소프트웨어로 교체되는 사례 또한 자주 목격되기도 한다. 쿠버네티스를 통해 정형화되지 못한 오픈소스를 표준 컨테이너 이미지로 만들어 이에 대한 배포와 운영을 자동화함으로써 안정적인 운영 기반을 구축할 수 있고 이에 따라 시스템 소프트웨어에 대한 막대한 비용을 절감할 수 있다. 또한 스케일 아웃으로 인한 라이선스 분쟁의 원인도 미리 차단할 수 있어 이에 대한 법적 리스크와 비용도 제거할 수 있다.

▶▶ 2.3.4 쿠버네티스의 아키텍처

쿠버네티스는 크게 Master와 Node들로 구성된 최소 2대 이상의 서버들의 집합체로 구성되며, 이를 쿠버네티스 클러스터라 부른다. 서버는 물리, 가상, Public Cloud 등 리눅스 OS와 컨테이너 런타임의 설치와 실행이 가능하면 구성되는 데 별다른 제약은 없다.

Master는 클러스터를 관리하는 역할을 담당하고 실제 애플리케이션들은 컨테이너 형태로 Node에서 실행된다. 일반적으로 고가용 구성을 감안하면, Master는 3대 이상의 홀수 개로 구성하고 Node 또한 2대 이상으로 구성하며, 기본적으로 클러스터 내의 모든 서버들은 대기 없이 모두 운영상태로 작동된다. Master의 고가용을 3, 5, 7의 홀수 개로 구성하는 이유는 고가용 구조가 Majority Node Set이라 불리는 방식을 채택하기 때문이다.

참고로 Majority Node Set은 고가용 클러스터에 참여한 노드들 중 특정 노드에 장애 등으로 인한 이벤트 발생 시 정상적인 수행이 불가능할 경우 나머지 노드들이 투표를 통하여 다른 노드로 페일오버[18]를 수행할지 이벤트가 발생된 노드를 클러스터에서 탈락시킬지 결정하는데, 무조건 다수 이상이어야 한다. 따라서 3노드로 고가용 구성 시 2노드에 장애 발생이 되면 Master 자체가 정상적인 수행을 할 수 없으며, 5노드의 경우 2대까지, 7노드의 경우 3대까지 장애가 허용된다. 따라서 규모가 어느 정도 있고 중요한 업무가 기동될 경우 해당 클러스터의 Master를 5대 혹은 7대로 구성하는 경우도 있다.

Master는 세부적으로 Contoller Manager, API Server, Scheduler 등의 요소들을 가지고 있다. Node는 세부적으로 Pod, Kubelet, Kube Proxy, Container Runtime, Label 등의 요소들로 구성되어 있다.

---

18 페일오버(Failover)는 운영 중인 서버가 예기치 못한 원인으로 장애가 발생하여 서비스 제공이 불가능할 시 다른 대체 가능한 서버로 서비스를 이전하는 것을 의미함. 고가용성 소프트웨어를 이용할 경우 자동으로 페일오버를 수행함.

Master에 포함된 각 요소들은 다음의 역할을 수행한다.

- API Server: API는 내부 및 외부의 요청을 처리하는 역할을 담당한다. 대시보드와 CLI등 은 모두 API Server를 통해 쿠버네티스와 연결되며, API를 이용하여 프로그램 개발이 가능하다. 쿠버네티스 구성 요소들의 허브 역할이라 볼 수 있으며, HTTP, HTTPS 기반의 RestFul API를 제공한다.

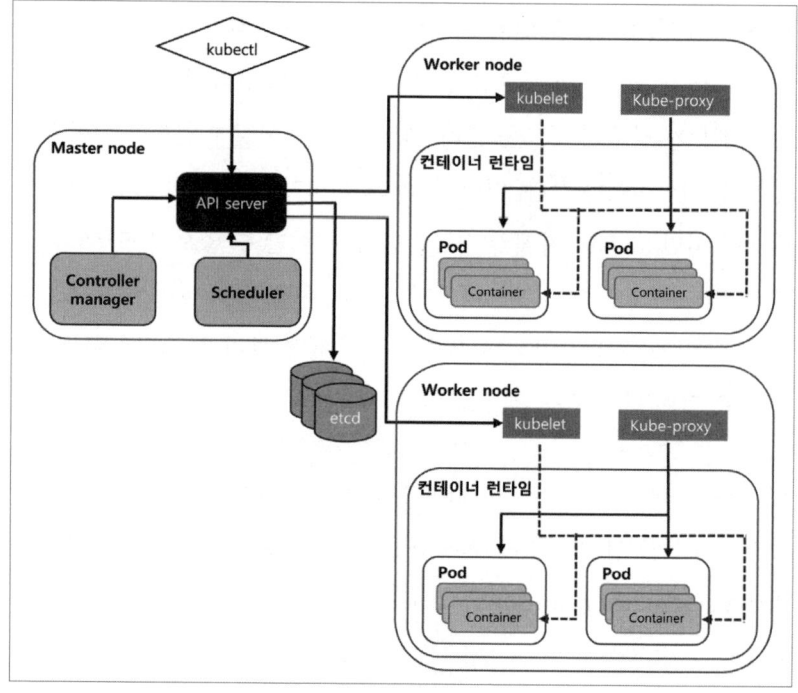

[그림 2-24] 쿠버네티스의 아키텍처

- Scheduler: 새로 생성한 POD가 기동될 노드를 선택하고 감시하는 역할을 담당한다. 또한 자원의 요구, 하드웨어, 소프트웨어, 정책의 억제(Constraint), 친화(affinity)와 비친화(anti-affinity)의 명시, 데이터의 위치, 워크로드 간 간섭(interference)과 데이라인 등의 내용들을 수집한다.

- Controller Manager: 클러스터를 실행하고 스케줄러를 참고하여 기동해야 할 POD를 항상 실행될 수 있도록 보장한다. 만약 POD에 문제가 생기면 또 다른 컨트롤러가 이를 감지하고 대응한다.

- Etcd: etcd는 key/value 타입의 저장소이며, 쿠버네티스 마스터와 노드들의 설정값, namespace, replication, POD, Service 등의 다양한 상태 정보를 저장하는 역할을 담당한다.

노드는 실제 운영될 애플리케이션이 실행되는 서버를 의미하며, 다음의 요소들을 포함하고 있다.

- POD: 쿠버네티스에서 실행될 앱의 최소 단위이며, 컨테이너화된 앱의 집합체를 의미한다. 도커는 컨테이너를 만들고 이를 실행시키는 반면, 쿠버네티스는 POD를 만들고 이를 실행시킨다. POD는 하나 이상의 컨테이너들이 병합되어 다수의 컨테이너도 실행될 수 있지만 통상적으로 하나의 컨테이너만 포함된다. 쿠버네티스에서는 앱의 배포, 복제, 확장 등을 POD 단위로 관리하며, POD 내

의 애플리케이션이 만약 DB와 같이 데이터 저장소가 필요할 경우는 영구 볼륨(Persistence Volume)을 할당하여 데이터를 저장할 수 있으며, 각각의 POD별로 IP주소 또한 할당할 수 있다.

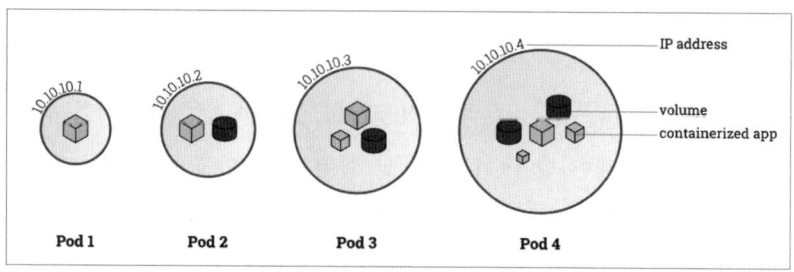

[그림 2-25] POD와 관리 자원들
출처: https://kubernetes.io/ko/docs/tutorials/kubernetes-basics/explore/explore-intro/

- 컨테이너 런타임: 컨테이너를 실행하기 위한 엔진이며, 쿠버네티스 초기에는 도커를 사용했었다. 하지만 1.20버전 이후부터는 도커 지원의 중단을 발표했으며, 현재는 Containerd와 CRI-O를 주로 사용한다.

- Kubelet: 모든 노드에서 실행되는 쿠버네티스의 에이전트이며, 데몬 형태로 실행된다. API 서버를 통해 마스터와 노드 간 통신을 수행하며, POD의 상태를 업데이트하고 스케줄러에서 작업을 요청하는 경우 Kubelet이 이를 실행한다.

- Kube-proxy: 쿠버네티스의 네트워크 동작을 관리한다. 기본 로드밸런싱을 제공하고 특정 서비스를 대상으로 하는 트래픽을 적절한 POD로 연결한다.

2.3.5 쿠버네티스에서 주로 사용하는 용어

쿠버네티스가 차세대 클라우드 OS의 역할을 담당할 것이라는 의견에 대해서는 큰 이견이 없는 듯하다. 이에 수많은 쿠버네티스의 기술 서적들이 있는 만큼 더 세부적인 사항은 기술 서적의 참고를 바라며, 이번 절에서는 PaaS 솔루션을 기획하거나 비즈니스를 계획 중인 사람들이라면 최소한 기본적으로 알아야 할 쿠버네티스에서 주로 사용하는 용어에 대해서 살펴보도록 하겠다.

Kubectl

쿠버네티스 클러스터에 명령을 실행하기 위한 인터페이스이다. 쿠버네티스 대시보드나 상용화된 플랫폼 솔루션들의 경우 GUI 환경을 제공해 주지만 대체로 개발자나 엔지니어들은 CLI를 주로 사용하는 편이다.

```
$ kubectl create -f nginx.yaml
deployment "nginx" created
```

[그림 2-26] Kubectl CLI로 nginx deployment 생성

Namespace

쿠버네티스의 가장 기본이 되는 오브젝트는 4가지가 존재하며 POD, Namespace, Volume, Service가 이에 해당한다. 이중 Namespace는 다수의 노드로 구성된 클러스터상에서, 이를 논리적으로 분리하

는 단위이다. 단일 클러스터 내 POD, Service, Label, Deployment, Statefulset, Secret 등의 다양한 요소들이 존재하며, 비슷한 이름의 요소들이 상당히 많이 생성되는데, 이들이 적절하게 논리적으로 분리되어 있지 않으면 관리에 상당한 어려움이 발생할 수 있다. 따라서 네임스페이스별로 POD, Service 등을 생성 및 관리할 수 있고, 사용자의 권한, CPU나 메모리와 같은 리소스의 할당량, POD를 실행할 노드 역시 네임스페이스별로 부여할 수 있다.

또한 동일한 서비스, 이름, 환경설정 값을 가지는 POD를 여러 다른 용도로 사용할 경우 네임스페이스로 나누어 운영할 수도 있다. 예를 들어 어떤 조직이 개발계, 테스트계, 운영계로 나뉘어진 환경이 있다면 동일한 애플리케이션이 개발, 테스트, 운영 서버에서 기동될 것이다. 쿠버네티스에서는 이러한 개발, 테스트, 운영계를 각각의 네임스페이스로 나누어서 동일한 POD를 기동시켜 각각을 다른 용도로 사용할 수 있다. 네임스페이스는 논리적인 분리 단위일 뿐, 물리적으로 완전히 격리하는 것은 아니다. 따라서 다른 네임스페이스 간 POD들끼리 통신도 가능하고 클러스터 자체 혹은 노드에 장애가 발생할 경우 연관된 네임스페이스 모두 영향을 받을 수 있기 때문에 더 확실히 테넌시(Tenancy)를 구분해야 하고 높은 수준의 격리를 원하는 경우는 쿠버네티스 클러스터 자체를 다수로 분리해야 한다.

실제로 쿠버네티스를 도입하여 운영하는 기업이나 기관들의 실제 환경을 살펴보아도 더 높은 수준의 보안과 가용성을 확보하기 위하여 서비스별 혹은 부서별로 별도의 클러스터를 분리하는 경우가 많으며, 특정 기관의 경우 보안 정책상 개발, 테스트, 운영계를 네임스페이스가 아닌 별도 클러스터로 분리하는 경우를 종종 목격할 수 있다.

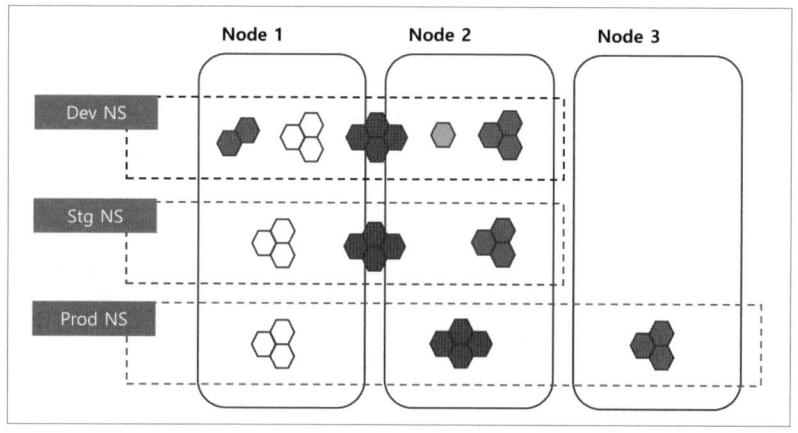

[그림 2-27] 쿠버네티스의 네임스페이스

위의 그림의 예를 들면 3개의 워크노드상에 Dev, Stg, Prod 3개의 네임스페이스가 구성되어 있으며, Dev와 Stg는 2개의 노드가, Prod는 3개의 노드가 할당되어 있다. 그리고 동일한 속성을 가진 흰색, 회색, 검정색의 POD(향후 POD들은 육각형으로 표현)들이 3개의 네임스페이스에 배포되어 다른 용도로 서비스되고 있음을 보여준다. 동일한 속성의 POD들이 Dev에서는 2개의 노드가 할당되어 그 범위 내에서 POD들이 동적으로 배치되지만 Prod에서는 3개의 노드로 분산 배치될 수 있다.

Volume

POD가 기동될 때, 내부의 컨테이너에는 쓰기/읽기 레이어가 생성되어 데이터를 저장할 수 있다. 하지만 이 데이터는 영구적으로 저장되지 못하고 POD가 재기동될 경우 이 레이어가 새롭게 정의되기 때문에 기록된 내용들이 사라지게 된다. 과거 필자의 경우 컨테이너의 이러한 특성을 이해하지 못해 2014년 데이터베이스가 포함된 애플리케이션을 컨테이너로 만들어 DB로 저장하였다가 해당 컨테이너를 재기동하는 과정에서 수개월간 저장된 DB를 날린 경험이 있었다. 따라서 DB와 같이 영구적으로 데이터나 파일을 저장할 경우 별도의 스토리지 볼륨을 만들어 POD에 마운트해야만 한다.

가장 간단하게 구현할 수 있는 볼륨은 hostPath이며, POD가 기동되는 노드의 파일 시스템을 마운트하여 사용하기 때문에 만약 POD가 다른

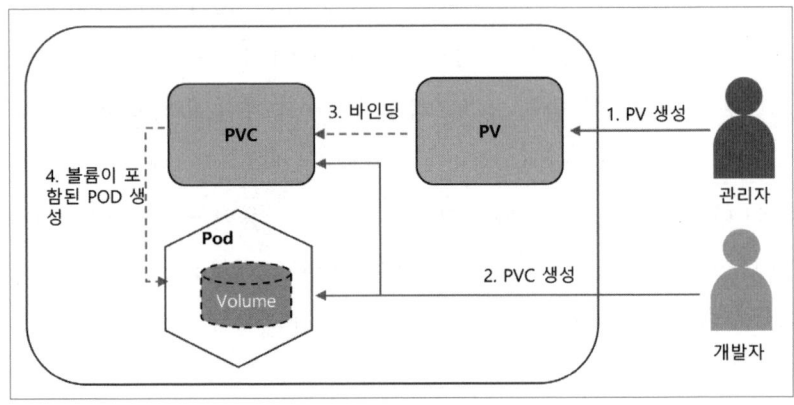

[그림 2-28] 쿠버네티스의 볼륨 생성 과정

노드로 스케줄링될 경우 이전 노드에 저장된 데이터를 볼 수 없다. 따라서 다중 노드에 걸쳐 데이터를 영구적으로 유지하고 접근 가능하게 하려면 별도로 공유 가능한 Persistent Volume(줄여서 PV)을 생성하여 마운트해야 한다. 볼륨은 SAN, iSCSI, NFS와 같은 일반적인 외장 스토리지 이외, 쿠버네티스에서 제공하는 CSI(Container Storage Interface)를 지원하는 대부분의 스토리지를 사용할 수 있다.

Service

POD는 배포되거나 재기동을 할 때 네트워크 정보가 수시로 바뀐다. POD는 자체적으로 IP주소를 가지고 다른 POD와 통신을 할 수 있지만 늘 동적으로 IP를 할당받는 가변성으로 인해 외부에 서비스를 노출해야 할 경우 고정된 통신의 방식이 필요하고 다수의 POD가 로드밸런싱 그룹으로 이루어져 있을 경우 이를 대표할 고정된 IP주소 또한 필요할 것이다. 쿠버네티스의 Service는 고정된 IP주소와 포트를 통해 POD들에 대한 단일의 연결 지점을 제공한다. 외부 클라이언트의 입장에서는 늘 변하는 POD의 IP주소에 상관없이 Service에서 정의된 고정된 IP주소 및 포트를 통해 POD와 통신할 수 있게 된다. Service는 Cluster IP, Node port, Load balancer 타입으로 나뉜다.

- Cluster IP: POD에 대한 고정 IP주소를 제공하며, 클러스터 내의 라벨이 다른 POD들 간에 통신을 할 때, Cluster IP를 참조한다. 또한 동일한 라벨을 가진 POD들이 다수로 기동될 때 이를 대표하

는 IP주소로 묶어 주기도 한다. 클러스터의 내부 IP를 할당받기 때문에 외부에서는 접속이 불가능하다.

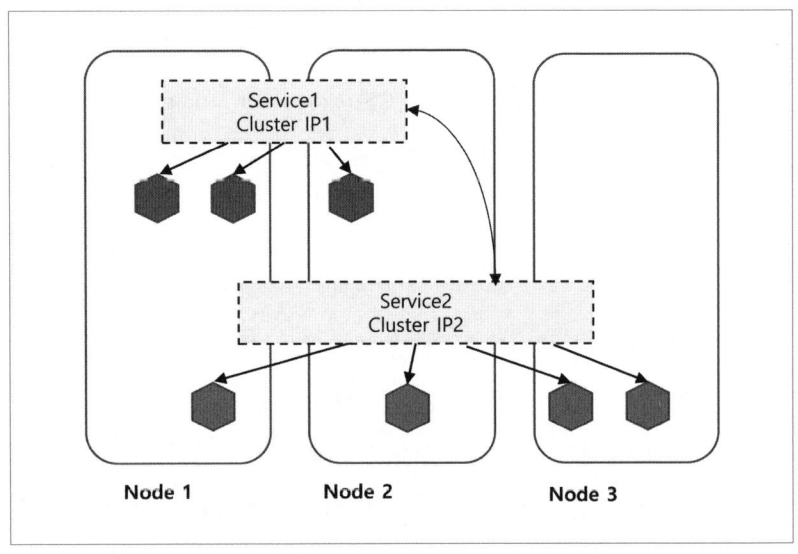

[그림 2-29] 서비스의 Cluster IP

- Node Port: Cluster IP는 클러스터 외부에서는 접근이 불가능하다. 따라서 외부에서 접근 가능한 연결지점이 필요한데 이는 Node Port를 통해서 가능하다. 노드의 네트워크 카드에 할당된 IP주소에 Port 번호를 정의함으로써 외부에서 서비스 접근이 가능해진다. 만약 노드의 IP가 공인 IP일 경우는 인터넷을 통해서도 접속이 가능하게 된다.

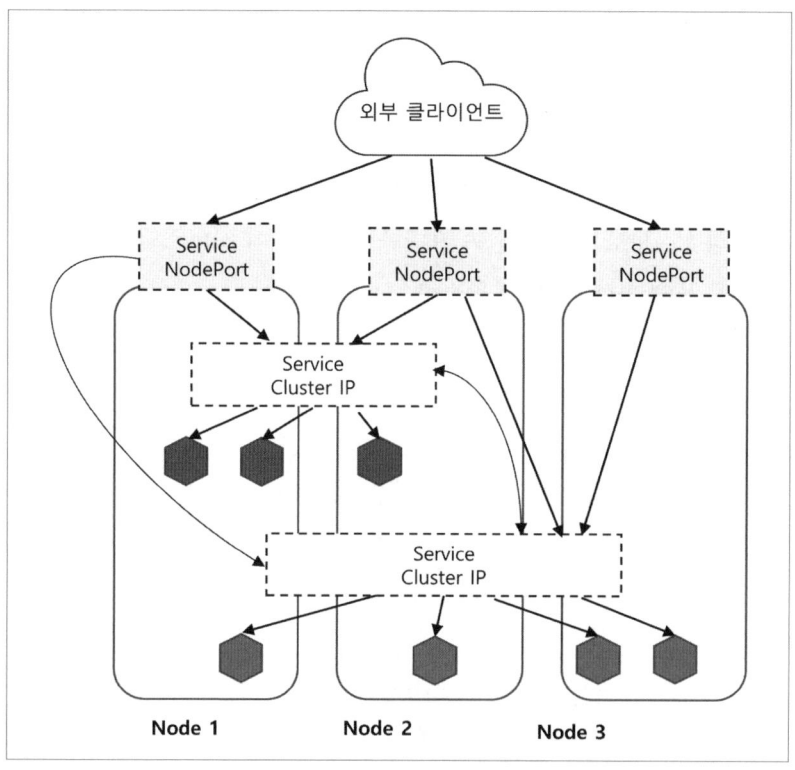

[그림 2-30] 서비스의 Node Port

- Load balancer: NodePort의 경우 해당 노드가 장애로 인해 다운되었을 때 접근이 불가능할 것이다. 또한 다중의 노드에 분산된 POD들이 동일한 서비스를 제공할 경우 클라이언트의 요청에 대해 부하 분산을 해야 할 것이다. 따라서 장애 조치와 부하 분산을 위해 2대 이상의 노드로 구성할 경우 가용한 노드로 접속이 자동으로 이루어져야 하는데, 이럴 경우 NodePort를 사용할 수 없

고 Load balancer 타입을 사용해야 한다. Load balancer는 다중의 노드 간 단일 연결 지점을 제공하는 서비스 타입이다. Load balancer가 설정될 경우 클라이언트는 NodePort로 직접 접근하지 않고 Load balancer로 접근하게 되고 Load balancer가 뒷단의 Node로 알아서 접속 요청을 라우팅하여 서비스의 Cluster IP를 통해 최종 POD로 접속이 이루어진다.

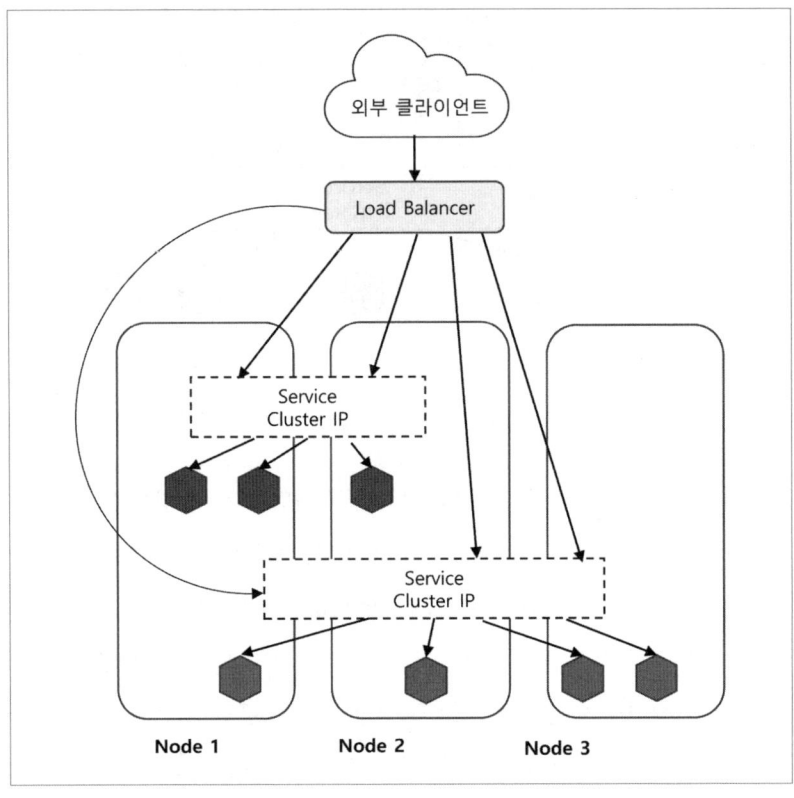

[그림 2-31] 서비스의 Load Balancer

Load balancer의 경우 퍼블릭 클라우드 벤더에서 제공하는 로드밸런서가 별도 필요하며, On-premise 환경일 경우는 별도로 MetalLB라는 로드밸런서를 설치해야 한다.

Ingress

일반적으로 컨테이너를 사용하는 환경은 MSA와 같은 수백~수천 개의 서비스가 존재할 수 있다. 또한 수많은 서비스들은 하부에 다수의 POD로 접속을 라우팅시킬 것이다. 즉, 다수의 노드, 서비스, POD들로 구성된 환경에서 로드밸런서는 반드시 필요한데, 문제는 일일이 서비스마다 대표 IP주소를 설정을 해야 해서 번거롭고 비용이 발생한다는 것이다. 따라서 외부의 접속 요청을 단일의 IP주소를 통해 다수의 서비스로 라우팅해주는 L7 switch가 필요한데, 이를 Ingress라 부른다. Ingress는 URL path를 이용해 다수의 서비스로 라우팅 처리를 하며, 여러 개의 구현체가 존재하는데 쿠버네티스 자체적으로는 제공하지 않고 일반적으로 오픈소스인 Nginx Ingress를 많이 사용한다.

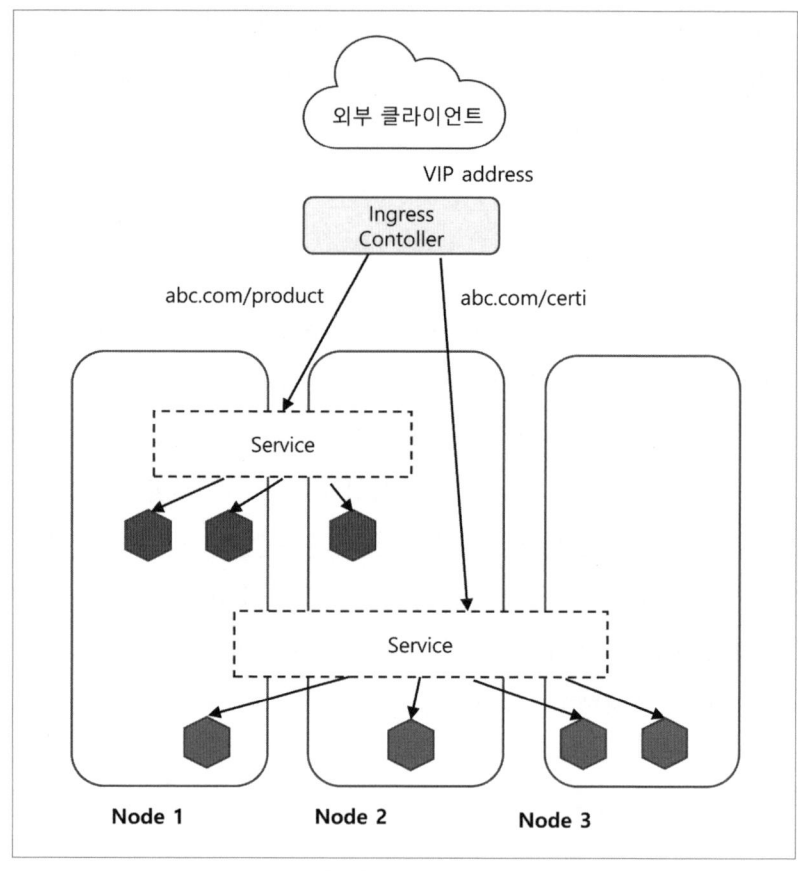

[그림 2-32] Ingress

ReplicaSet

노드, 네트워크, POD 자체의 장애로 인해 POD가 다운될 가능성이 있다. 쿠버네티스에서는 POD만 단독으로 기동시켰을 시 이러한 장애가 발생했을 때 자동으로 복구되지 않는다. ReplicaSet은 설정된 숫자만큼

POD의 기동을 보장하고 관리하는 역할을 담당한다. 즉, ReplicaSet이 1로 설정된 경우 POD가 다운되면 해당 POD를 자동으로 재기동해 주며, 2로 설정된 경우 POD가 항상 2개가 기동될 수 있도록 관리한다. 또한 쿠버네티스의 기능인 Auto Scale을 설정할 경우에는 최솟값과 최댓값의 Replica 수를 정의하여 이 범위 내에서 POD를 기동시키거나 다운시키기도 한다.

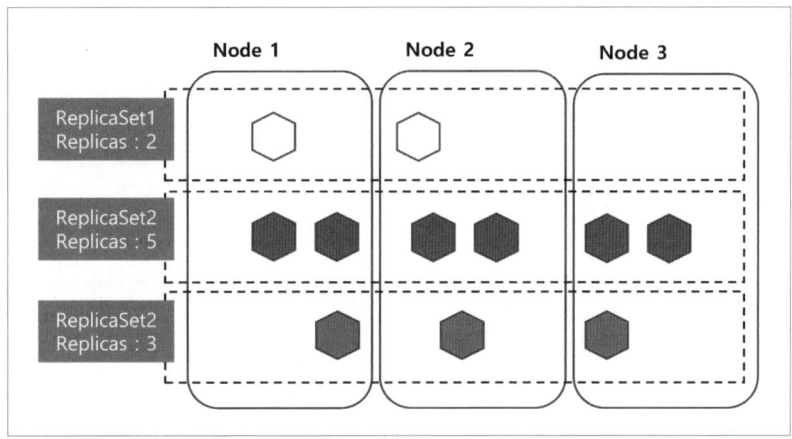

[그림 2-33] 쿠버네티스의 ReplicaSet

일반적으로 WEB, WAS와 같이 데이터를 저장하지 않고 프로세스만 기동되는 POD를 Stateless라고 지칭하는데, 이러한 Stateless는 ReplicaSet과 다음에 소개할 Deployment를 통해서 관리가 된다.

Deployment

Deployment는 우리말로 '배포'로 표현할 수 있으며, ReplicaSet을 추상화한 상위 개념이며, 설정 내용과 실행 결과가 ReplicaSet과 거의 동일한 관계여서 어떤 차이와 편리함이 있는지 의문이 들 때가 있는데, 기존 배포된 POD들을 새로 업데이트할 때 Deployment는 상당한 편리함을 제공한다.

Deployment 없이 ReplicaSet만으로 애플리케이션을 신규 버전으로 업데이트한다고 가정하면 다음의 과정을 거치게 된다. 아래의 예시와 같이 3개의 POD로 서비스되고 있는 V1이 V2로 롤링 업데이트되는 과정을 살펴보기로 하자.

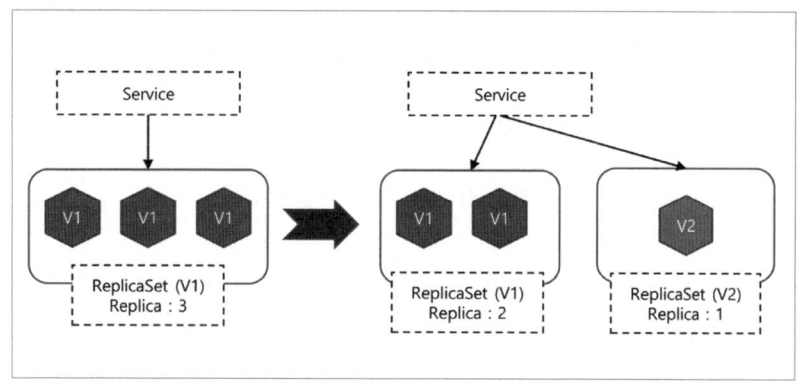

[그림 2-34] 롤링 업데이트 과정 1

신규 V2로 업데이트하기 위해서는 V2 POD에 대하여 ReplicaSet V2

를 생성하고 Replica 수를 1로 설정하여 배포한 뒤, ReplicaSet V1의 Replica 수를 2로 변경하여 POD의 수를 2개로 조정한다. 비슷한 과정으로 V1은 Replica를 1로, V2는 2로 수정하여 POD의 개수를 각각 1개, 2개로 조정한 뒤, 마지막으로 V2의 Replica를 3으로 설정하고 V1의 ReplicaSet를 삭제한다.

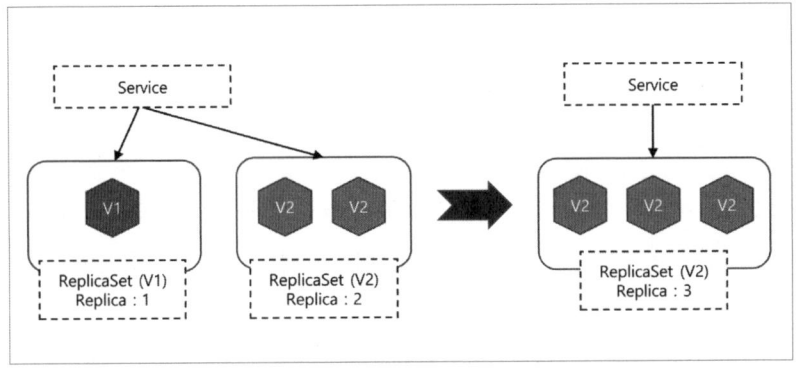

[그림 2-35] 롤링 업데이트 과정 2

위와 같은 과정으로 기존 앱을 업데이트하기 위해서는 ReplicatSet을 신규로 생성하고 POD의 수를 순차적으로 조정해 줘야 하는 불편함이 존재하며, V2에서 V1으로 다시 롤백을 하려면 반대의 순서로 다시 진행해야 한다. Deployment는 이러한 과정을 자동화하며, 변경 사항에 대한 버전 관리를 제공한다. 따라서 POD를 배포할 때 ReplicaSet을 생성하기보단 주로 Deployment를 사용한다.

쿠버네티스에서는 위의 예시와 같은 롤링 업데이트 이외 카나리 배포,

블루/그린 배포 등의 전략도 지원한다.

StatefulSet

데이터와 같이 변경되는 상태가 있는 POD를 관리하는 콘트롤러이다. 다시 말해 데이터베이스와 같은 애플리케이션들은 POD를 재시작 및 재배치를 하더라도 데이터가 지속적으로 존재해야 할 것이다. 따라서 StatefulSet은 Volume과도 연계되어 변경되는 상태들은 영구 볼륨에 저장된다.

Stateless의 경우 POD가 생성될 때, 병렬로 기동되는 반면, StatefulSet은 순차적으로 기동된다. 따라서 데이터베이스를 마스터/슬레이브 구조로 운영할 경우 반드시 마스터가 먼저 기동된 다음 슬레이브를 기동시켜야 할 상황에 적합하게 사용될 수 있다.

DeamonSet

DeamonSet은 특정 노드 혹은 모든 노드에 항상 실행되어야 할 POD를 관리할 때 주로 사용되며, 각 노드당 하나씩만 POD가 실행된다.

위의 예시와 같이 ReplicaSet의 경우 노드의 성능 상태에 따라 POD들이 무작위로 배포되지만 DeamonSet은 모든 노드에 하나씩만 배포되며, 주로 인프라 관리에 필요한 백업, HA, 보안, 로그 수집, 모니터링 등의 SW들을 주로 DeamonSet으로 관리하는 것을 추천한다.

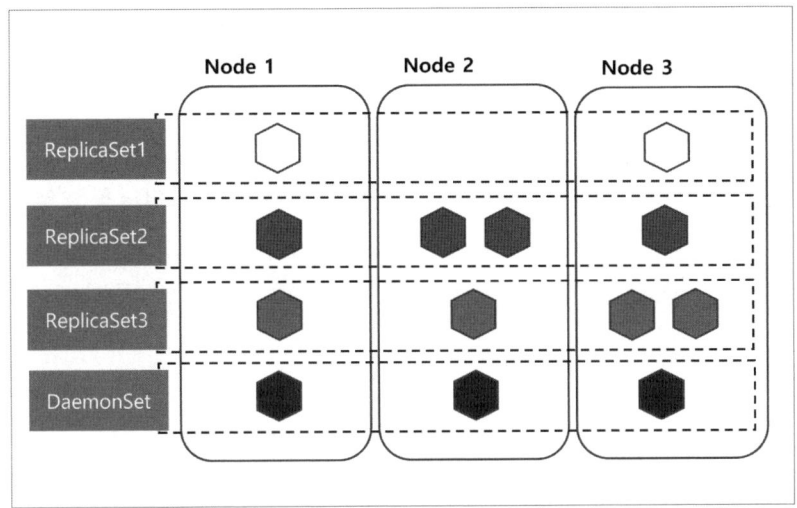

[그림 2-36] 쿠버네티스의 DeamonSet

Job과 CronJob

배치 혹은 분석 애플리케이션들은 항상 서비스가 기동되는 것이 아니라 실행한 뒤 결과가 나오면 더 이상 서비스를 유지할 필요가 없이 해당 서비스를 종료하여 인프라 자원을 효율적으로 운영할 수 있다. 즉, 필요할 때만 POD를 띄울 경우 이를 Job으로 관리한다. Job에서 관리되는 POD는 해당 워크로드가 끝나면, POD가 종료된다. 그리고 이러한 Job이 특정 시간에 반복적으로 실행될 시 일일이 수동으로 POD를 띄우기보단 CronJob을 통해 자동으로 POD를 실행 및 종료시킬 수 있다.

RBAC(Role-Based Access Control)

각 사용자의 역할에 따라 접근 권한을 부여하는 설정을 관리하는데 특정 사용자와 역할 두 가지를 조합하여 사용자에게 접근 권한을 부여한다. 네임스페이스에 있는 서비스 계정의 역할과 역할 바인딩을 어떻게 설정하느냐에 따라 네임스페이스에 있는 자원만 접근할 수도 있고, 클러스터에 있는 자원까지 접근할 수도 있다.

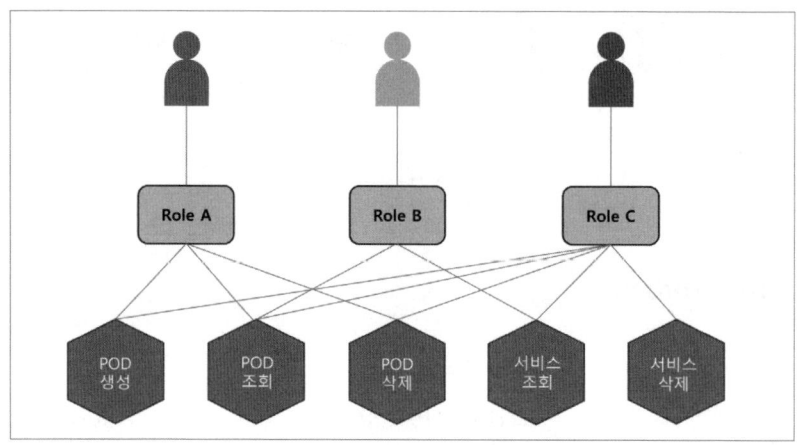

[그림 2-37] 쿠버네티스의 RBAC

ConfigMap과 Secret

일반적으로 SW를 설치하고 구성할 때 사용자나 구성 환경에 따라 환경설정이 다를 수 있다. 앞서 소개한 내용 중 컨테이너의 가장 큰 장점은 애플리케이션을 개발할 때의 환경과 운영할 때의 환경을 동일시하여 환경의 차이에서 발생되는 잠재적 오류를 최소화할 수 있는 것이라고 언급하였는데, 실제 컨테이너 이미지를 생성한 다음 개발용, 테스트용, 운영용에 배포할 때 환경설정을 다르게 구성해야 하는 경우가 발생한다.

이럴 경우 각각의 용도에 맞는 컨테이너 이미지를 다시 생성하여 배포해도 되겠지만 이미지 관리에 불편이 생기기 때문에 동일한 컨테이너 이미지에 환경변수만 별도의 파일로 관리하여 각기 용도에 맞게 다른 설정을 제공하는 것을 ConfigMap이라고 한다. 그리고 보안과 관련된 사용자 계정, 패스워드, API 키, 인증서 파일에 대한 설정을 저장하고 관리하는 것을 Secret이라고 한다.

CSI

Container Storage Interface(CSI)는 쿠버네티스 1.13 때 발표되었으며, 2018년 쿠버네티스를 비롯한 메소스, 도커, 클라우드 파운드리 등 다양한 컨테이너 오케스트레이션 개발사 간 협업을 통해 서로 상이한 스토리지 관리 인터페이스를 단일 API로 표준화한 것이다. CSI를 통해 스토리지 제조사들은 각각의 컨테이너 오케스트레이션 툴마다 드라이버를 개발할 필요 없이 CSI의 스펙을 만족하는 단일의 드라이버만 제공하면 되는 이점이 생겼지만 현재 컨테이너 오케스트레이션 자체가 쿠버네티스로 사실상 표준화된 관계로 CSI 자체의 의미가 퇴색해 버렸다.

CNI

Container Network Inteface(CNI)는 쿠버네티스 클러스터 내 컨테이너 간 네트워킹을 제어할 수 있는 플러그인을 만들기 위한 표준을 지칭한다. CSI와 마찬가지로 다양한 컨테이너와 오케스트레이션 툴들이 출시됨에 따라 이들 간 네트워킹에 대하여 표준화된 인터페이스를 제공하기 위하여 CNCF의 프로젝트로 만들어졌다. 쿠버네티스 자체저으로는 매우 제한적인 기능만 제공하는 Kubenet이라는 CNI플러그인을 제공하지만 대부분은 Flannel, Calico, Weave와 같은 3rd party를 주로 사용하며, 최근에서는 보안이 강화된 Cilium이 점점 부각되기도 한다.

CRI

쿠버네티스가 탄생한 2015년만 하더라도 컨테이너 런타임은 도커 말고는 다른 대안이 없었다. 따라서 초기 쿠버네티스는 도커를 오케스트레이션 하기 위한 도구로 여겨졌으며, 도커는 비슷한 툴인 도커스왐을 통해 쿠버네티스를 압박할 정도였다.

하지만 앞선 장의 컨테이너 표준화에서 언급하였듯이 OCI가 출범하면서 컨테이너 런타임에 대한 표준이 마련되고 도커 이외 CRI-O, RKT, Containerd 등의 다양한 컨테이너 런타임이 출시됨에 따라 사실상 시장 장악력을 넘어서 오케스트레이션의 표준의 길로 직진하고 있던 쿠버네티스가 2016년 12월 도커 이외 OCI의 표준을 준수하는 다양한 컨테이너 런타임을 지원하기 위한 CRI(Container Runtime Interface)로 불리는 API를 발표하게 되면서 도커의 위상이 흔들리기 시작한다. 이유는 도커는 CRI를 기본적으로 지원하지 않고 Dockershim이라는 추가 레이어가 필요하며, 이는 성능 저하를 불러 일으키는데, 아무래도 추가적인 레이어를 거치지 않고 CRI를 통해 곧바로 컨테이너와 통신하는 것이 속도와 관리 면에서 더 유리하기 때문이다.

이후 컨테이너 생태계는 쿠버네티스의 CRI를 중심으로 재편되기 시작했으며, 2021년 쿠버네티스 1.20 버전을 발표하면서 쿠버네티스는 컨테이너 런타임으로 도커의 지원 중단을 시사화였다. 그리고 1.24 버전부터는 도커를 더 이상 네이티브로 지원하지 않는다. 여기서 분명히 짚고 넘어갈 부분은 쿠버네티스가 도커에 대한 전면적인 지원 중단을 선언한 것이 아니고 런타임에 대한 지원을 중단했다는 것이다.

아이러니하게도 도커도 실제로 런타임 부분만 보았을 때 Containerd를 사용하고 있었으며, 이를 개발한 것은 다름아닌 도커이다. 도커는 2016년 컨테이너 런타임 부분만 따로 분리하여 CNCF에 기증을 했다. 쿠버네티스 입장에서 결국 도커의 여러 기능들 중 필요했던 부분은 컨테이너 런타임뿐이었던 관계로 도커의 입장에서 런타임만 따로 떼어내어 분리한 것이 결과론적으로 치명적인 판단의 실수였다고 볼 수도 있다.

그러나 레드햇이 주도하여 개발한 CRI-O 또한 도커를 대체하려는 목적으로 개발되었고 Containerd와 함께 많이 사용하는 런타임인 관계로 도커가 Containerd를 별도로 분리하여 CNCF에 기증한 것 자체가 위상이 흔들린 주원인이라고 보기보다는 초기 독과점의 위치에서 무리하게 시장을 장악하기 위해 쿠버네티스를 압박한 점과 오픈쉬프트를 통해 쿠버네티스 기반의 컨테이너 솔루션이 기업의 중요한 업무의 핵심 플랫폼이 될 수 있게 시장을 개척한 레드햇과의 도커 라이선스에 대한 무리한 신경전으로 인해 시장에 밀려났다는 관측이 더 설득력이 있어 보인다.

쿠버네티스가 더 이상 도커를 지원하지 않는다고 도커가 시장에서 완전 퇴출되는 것은 아니다. 도커를 이용하여 컨테이너 이미지를 빌드한 경우라 하더라도 여전히 도커 이미지를 그대로 사용할 수 있으며, OCI(Open Container Initiative)표준 컨테이너 런타임과 호환이 된다. 또한 대부분의 개발자나 운영자들이 도커 이미지에 익숙하고 빌드된 이미지의 수도 도커가 압도적으로 많은 관계로 컨테이너 이미지 생성은 여전히 도커를 많이 사용할 것으로 예상된다.

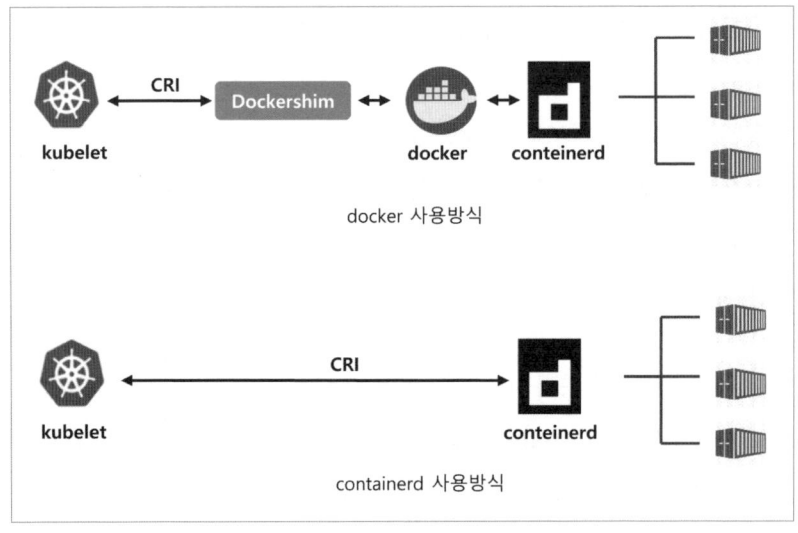

[그림 2-38] 도커와 컨테이너드의 차이

2.3.6 쿠버네티스의 에코 솔루션들, 그리고 CNCF의 역할

쿠버네티스가 현존하면서 가장 강력하고 인기가 높은(어쩌면 현재는 유일할지도 모르는) 컨테이너 오케스트레이션 기술인 것은 부인할 수 없는 사실이다. 하지만 쿠버네티스 자체만으로 플랫폼을 꾸리거나 관리하는 것은 매우 어려우며, 학습에 많은 시간과 인력이 소요된다. 난해한 쿠버네티스 이외 네트워킹, 컨테이너 저장소, 영구 볼륨 관리, 로깅, 모니터링, 서비스 추적, 컨테이너 배포 등의 추가적인 요소들이 필요하며, 쿠버네티스와 호환되는 여러 3rd party 스택들과 연동하여 구성해야 할 것이다.

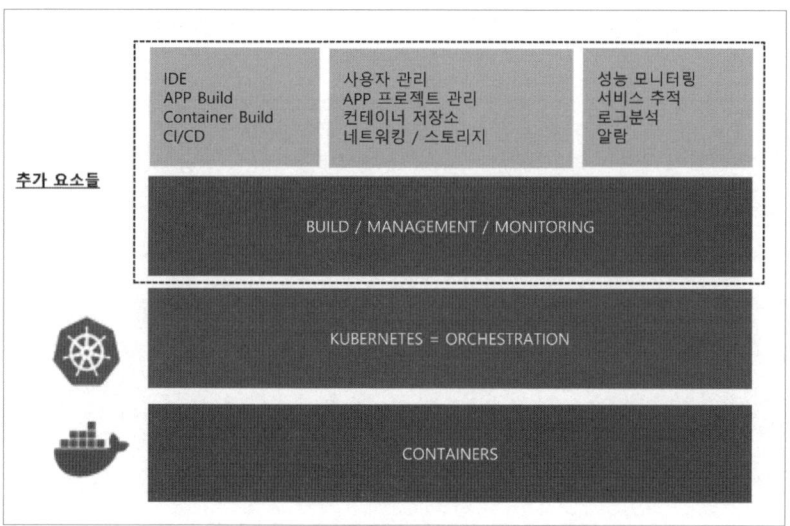

[그림 2-39] 쿠버네티스와 에코 솔루션을 통한 컨테이너 플랫폼 스택

그렇다면, 쿠버네티스와 어우러질 에코 솔루션들의 역할은 무엇인지 살펴보도록 하자.

Container Registry

컨테이너 이미지를 저장하고 관리하는 역할을 담당한다. 외부 인터넷이 연결된 경우 Docker Hub와 같은 이미지 저장소를 이용할 수도 있지만 폐쇄망의 경우 내부에 사설 컨테이너 저장소를 구축해야 한다. 레지스트리는 컨테이너 이미지의 저장, 업로드, 다운로드를 통해서 접근 권한을 가진 사용자들이 이미지를 서로 공유할 수 있다. 이미지의 저장 스토리지로는 주로 NAS나 오브젝트 스토리지를 사용할 수 있다.

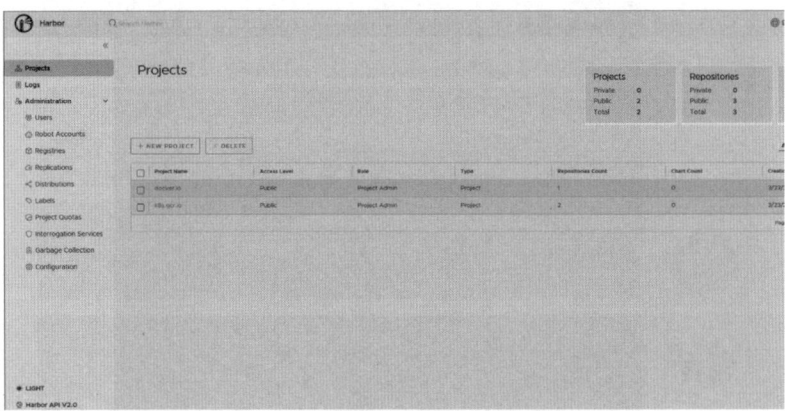

[그림 2-40] 사설 컨테이너 저장소인 오픈소스 하버

Helm

일반적으로 컨테이너 레지스트리에서 이미지를 선택하여 애플리케이션을 배포할 때 단순히 컨테이너 자체만 배포하지 않고 여러 환경들을 설정하여 배포하게 된다. 즉, 컨테이너 배포 시 서비스, 디플로이먼트, 컨피그맵, 시크릿, 인그레스, 볼륨 등을 추가적으로 설정 및 조합하여 배포하게 되는데, 매번 새로운 클러스터에 애플리케이션을 배포할 때마다 이러한 리소스들을 일일이 설정하는 것이 여간 귀찮은 일이 아닐 수 없다. 또한 동일한 애플리케이션이라 할지라도 개발, 스테이징, 운영환경에 따라 IP주소, 볼륨 마운트 정보 혹은 계정 정보가 달라질 수도 있을 것이다. 즉, 배포 환경에 따라 동일한 설정값과 다른 설정값이 존재할 수 있다.

헬름(Helm)은 컨테이너에 필요한 환경설정까지 패키지로 묶어 한 번에 배포해 주는 역할을 한다. 따라서 특정 애플리케이션에 대하여 표준화된 쿠버네티스 리소스들이 정의되어 있다면, 이를 컨테이너와 함께 패키지로 묶어 헬름으로 관리하면 무척 편리하게 애플리케이션을 관리할 수 있다. 일반적으로 한번 배포하고 나면 변화가 거의 없는 애플리케이션을 헬름으로 관리한다.

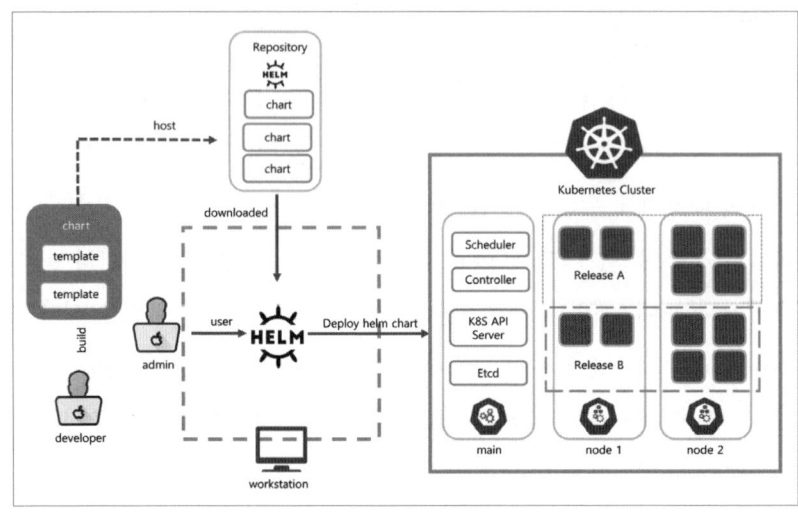

[그림 2-41] Helm 구성의 흐름도

Monitoring

경영관리자의 신화라 불리는 피터 드러커는 '측정할 수 없다면 관리할 수 없고 관리할 수 없으면 개선시킬 수 없다(If you can not measure, you can not manage)'라는 유명한 명언을 남겼다. 인프라의 운영에 있어서 시각적인 모니터링은 매우 중요한 요소이다. 모든 사고의 대부분은 사소한 전조증상을 수반하며, 이러한 것들이 시각적으로 보이지 않으면 관리가 불가능하기 때문에 결국 예기치 못한 상황과 오류로부터 회복할 수 없는 시스템 장애를 만나 비즈니스에 악영향을 끼치기도 한다.

쿠버네티스를 포함한 컨테이너 플랫폼은 클라우드 네이티브 환경에서 핵심적인 인프라로 자리매김하는 관계로 모니터링은 아주 중요하다. 쿠버네티스의 모니터링 대상은 크게 노드, 컨테이너, 애플리케이션, 쿠버네티스 자체로 나누어 볼 수 있다. 초기 쿠버네티스 버전은 힙스터를 주로 사용하였으나 현재는 대부분 프로메테우스를 사용하고 있으며, 모니터링 결과에 대한 가시화로 그라파나를, 모니터링 결과에 대한 알람 전송으로 슬랙을 조합하여 사용하기도 한다.

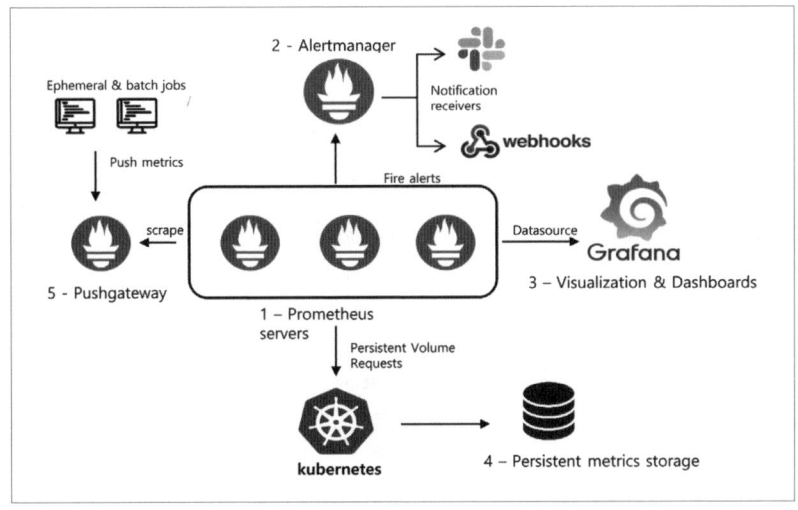

[그림 2-42] 프로메테우스를 활용한 쿠버네티스 모니터링 구성도

Logging

플랫폼이나 애플리케이션을 운영함에 있어서 로그를 남기는 일이 매우 중요하다. 과거 물리 서버나 가상서버의 경우 인프라와 애플리케이션별로 각각 로그를 남겨서 작동, 접속기록, 장애 등의 이력 관리를 해왔으며, 이러한 기록들은 별도의 외부 저장소에 기록하기보다는 서버 내의

특정 폴더에 자동으로 설정되어 기록되어 왔었다. 그리고 로그의 용량의 한계를 정하여 일정 시간이 지난 로그를 새로운 로그가 덮어쓰는 방식으로 관리를 해왔다.

하지만 쿠버네티스 환경에서는 다른 방식으로 로그를 관리해야 한다. 일단 컨테이너는 기동될 때 쓰기/읽기 레이어가 생성이 되어 필요한 로그의 기록이 가능하지만 문제는 POD가 재기동될 때 기록된 내용들이 모두 초기화가 된다. 또한 과거 서버에서 로그의 용량이 무한으로 늘어나는 것을 방지하기 위한 방식으로 일일이 설정하여 관리하기에는 POD의 숫자가 너무 많다. 또한 POD는 가변적으로 클러스터 내 여러 노드를 스케줄러의 알고리즘에 의해서 옮겨 다니기 때문에 각 노드마다 접속하여 로그를 확인하는 것은 불가능하다.

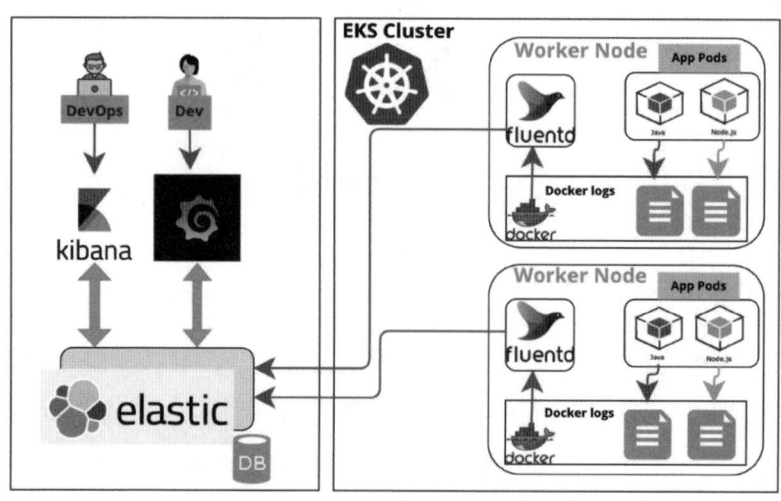

[그림 2-43] EFK 스택을 활용한 로깅 구성도

따라서 중앙 집중의 Log 수집, 저장, 시각화를 구축하여 별도의 저장소에서 로그를 관리할 필요가 있다. 일반적으로 EFK(Elasticsearch + Fluentd + Kibana) 스택을 활용하여 이러한 로깅을 구축한다. 최근에는 ElasitcSearch와 Kibana가 오픈소스 라이선스를 변경한 관계로 OpenSearch를 활용하는 추세이기도 하다.

ServiceMesh

기존 모놀로식 애플리케이션 구조에서 마이크로 서비스 아키텍처로 전환할 시 주로 기능별로 독립적인 서비스로 나누게 된다. 이럴 때 나누어진 서비스 간 인증/인가, API를 통한 서비스 호출 관계, 특정 서비스의 장애의 전파, 응답 지연에 대한 대처를 위해 개발 시 이를 반영한 설계를 해야 하는데, 여간 고된 작업이 아닐 수 없다.

이를 애플리케이션의 설계 요소가 아닌 인프라적인 요소로 뽑아내어 개발자는 비즈니스 로직에 집중하고 서비스 간 연계와 호출에 관련한 네트워킹을 대행하는 콘셉트가 서비스 메시이다. 물론 API GW를 통해서도 이를 대행할 수 있다. 서비스 메시는 서비스 디스커버리, 부하 분산, 동적 라우팅, 서킷 브레이킹, TLS 인증 등 MSA 간 다양한 서비스를 제공하며 분산 아키텍처로 구성되는데 주로 Istio와 Linkerd를 통해서 구현할 수 있다.

서비스 메시의 상세한 구성과 내용은 3-4장 'MSA를 위해 인프라는 어떤 방식으로 구성할까?'에서 상세히 다루도록 하겠다.

그 외 CNI, CSI, CRI의 표준에 맞게 오버레이 네트워크, 스토리지, 컨테이너 런타임 등을 구성하여야 어느 정도의 기업이나 기관에서 사용할 수 있는 쿠버네티스 기반의 컨테이너 플랫폼을 꾸릴 수 있다. 문제는 이러한 에코 솔루션들을 어디서 소싱하고, 쿠버네티스와의 적합성에 대한 검증을 언제 테스트하며, 주기적으로 버전을 일일이 확인하며 업데이트를 지속적으로 할 것이냐이다.

오픈소스가 자유롭게 내려받고 적용된다는 장점은 있지만 소프트웨어의 적용, 검증 및 사용은 전적으로 사용자의 책임하에 운영해야 하는 단점이 있으며, 안정성과 적합성을 충분히 검증할 시간이 없다. 하지만 CNCF를 통해서 검증 및 적합성을 어느 정도 확인할 수 있다.

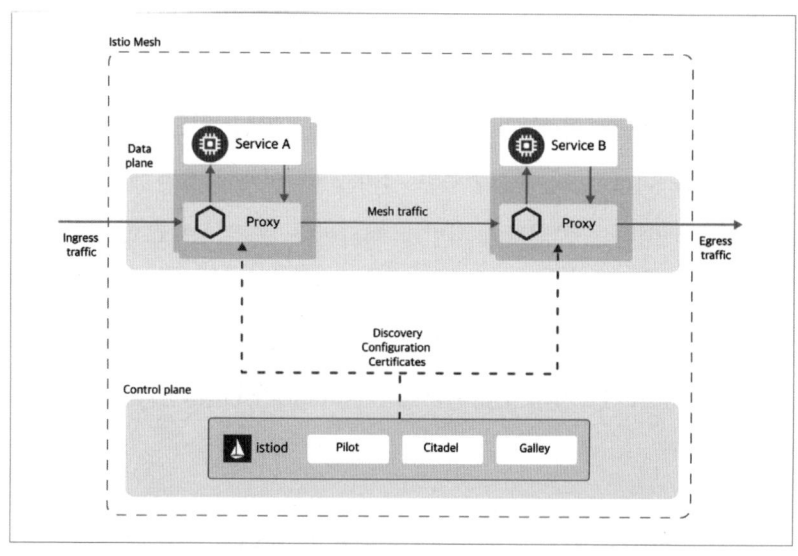

[그림 2-44] Istio 기반의 서비스 메시 구성도

CNCF의 역할

CNCF는 Cloud Native Computing Foundation(클라우드 네이티브 컴퓨팅 재단)의 약자로 컨테이너 기술을 발전시키고 기술 산업이 발전할 수 있도록 지원하기 위해 2015년 설립된 리눅스 재단 산하의 재단이며, 쿠버네티스의 저작권을 소유하고 있다. 창립 멤버는 Google, CoreOS(현재 레드햇), MesoSphere, Red Hat, Twitter, Huaweii, Intel, Cisco, IBM, Docker, Univa, VMware이었으며, 현재 830여 개의 기업 혹은 기관이 멤버로 활동하고 있고, 쿠버네티스를 필두로 프로메테우스, Envoy, CoreDNS, Containerd, CRI-O, Fluentd, Etcd, Harbor, Linkerd, Argo, Cilium, Knative, KubeVirt, Thanos 등 130여 개 오픈소스 프로젝트들이 관리되고 있다.

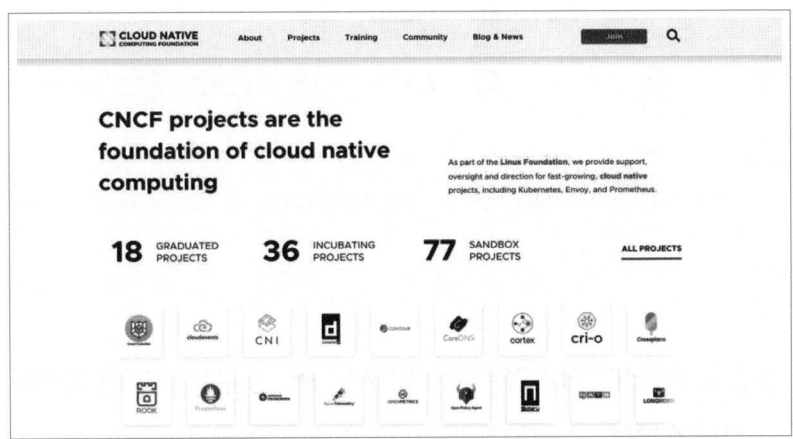

[그림 2-45] CNCF에서 지원하고 있는 오픈소스 프로젝트들

CNCF에서는 쿠버네티스와 연관된 여러 에코 솔루션들에 대한 프로젝트를 지원함에 있어 성숙도에 따라 샌드박스, 인큐베이팅, 졸업 단계로 나누고 있으며, 위원회 멤버들에 의해서 성숙도가 결정된다.

또한 CKA(공인 쿠버네티스 관리자), CKAD(쿠버네티스 기반 공인 애플리케이션 개발자), CKS(공인 쿠버네티스 보안 전문가), CK(공인 쿠버네티스 적합성), KCSP(공인 쿠버네티스 서비스 제공사) 등의 인증 제도를 운영하고 있으며, 패스에 통과한 기업이나 개인에 대하여 인증서를 발급한다.

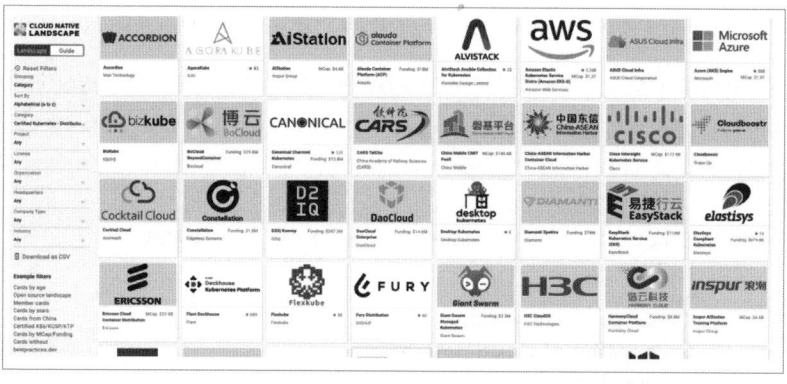

[그림 2-46] CNCF의 쿠버네티스 적합성이 검증된 솔루션들 (출처: https://landscape.cncf.io/)

2.3.7 쿠버네티스와 컨테이너 기반 PaaS 구성을 위한 아키텍처와 스택들

앞서 2-1장에서 설명했듯이 PaaS에 적합한 플랫폼은 컨테이너가 최적이라는 것에 더 이상 이의는 없는 듯하다. 쿠버네티스와 관련한 에코 솔루션들을 파악하고 이를 선정한 뒤 단순히 스택을 올렸다고 하여 PaaS를 구성할 수 있는 것은 아니다.

앞선 장에서 살펴보았듯 PaaS의 주된 목적은 소프트웨어 영역까지 미리 이미지를 준비하여 필요한 사용자에게 자동으로 할당하는 데 있다. 앞서 언급한 쿠버네티스와 에코 솔루션만으로는 컨테이너를 효율적으로 관리할 수 있는 인프라만 구성되는 관계로 이 기반 위에 추가적으로 애플리케이션을 지속적으로 통합하고 배포할 수 있는 CI/CD, 서비스 카탈로그, 사용자 포털, 서로 다른 에코 솔루션 간 연계와 통합을 위한 인증/인가, 그룹과 사용자들의 접근 권한 설정 등이 필요할 것이다. 그럼 쿠버네티스 기반으로 PaaS 구성을 위해 필요한 주요 솔루션을 알아보도록 하겠다.

소스 코드 저장소

소스 코드 저장소는 개발자가 개발한 소스 코드를 공개 혹은 비공개적으로 중앙 집중화된 저장소에서 관리하는 것을 지칭한다. 이는 애플리케이션 현대화와 MSA가 활성화되면서 다수의 개발자들이 공동으로 소스 코드의 공유, 코드 리뷰, 협업 등을 해야 할 필요성이 증폭됨에 따라 사용 빈도가 늘어나고 있으며 버전 관리, 이슈 관리, 버그 추적, 위키 기반의 문서작성 등의 기능을 제공한다. 소스 코드 저장소는 다양한 오픈소스들이 존재하며, 대표적으로 Git, SVN, Bitbucket 등이 있다.

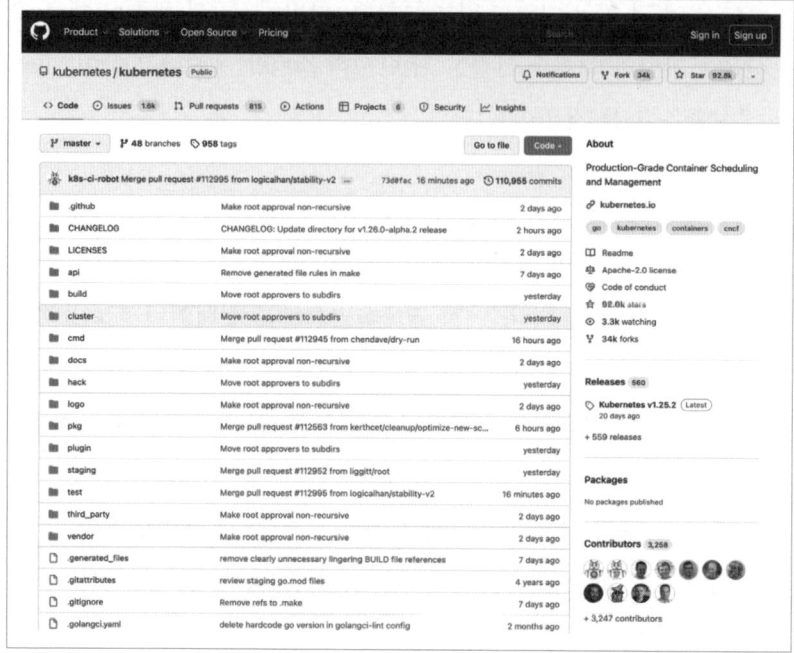

[그림 2-47] 쿠버네티스 소스 코드를 관리하는 오픈소스 저장소 GitHub

CI/CD Pipepline

PaaS를 구축하는 주된 목표는 2-1장에서도 언급하였듯 빠른 비즈니스에 대처하기 위하여 SW를 다운타임 없이 신속히 배포할 수 있는 속도전에 대응하는 것이며 이를 구현하기 위하여 빌드, 테스트, 배포 등의 사이클을 자동화해야만 한다. CI/CD는 이러한 SW의 라이프사이클을 자동화하기 위한 핵심이며, PaaS를 언급할 때 절대 빠질 수 없는 요소이기도 하다.

CI는 Continuous Integration(지속적 통합)의 약자이며, 개발자가 신규 개발을 하거나 코드 수정이 발생하였을 때, 이를 Git이나 SVN과 같은 소스 저장소에 저장한 뒤 변경 사항에 따른 버전 관리를 하고 다수의 개발자들의 소스와 변경 사항을 정기적으로 소스 저장소에 병합한 뒤, 공동으로 코드 리뷰까지 수행하는 프로세스를 표준화하는 일련의 문화적 요소까지 포함하는 것을 의미한다. 쉽게 말해 빌드와 테스트를 자동화한다고 여기면 된다.

CD는 Continuous Delivery(지속적 배포)의 약자이며, 애플리케이션의 빌드 이후 모든 코드 변경을 테스트 환경과 운영환경에 배포 준비가 된 상태로 유지하여 애플리케이션의 빌드 및 배포 주기를 단축하는 데 목적을 두고 있다. 쉽게 말해 배포를 자동화한다고 여기면 된다.

CI/CD Pipeline은 애플리케이션을 수시로 개선, 빌드, 테스트, 배포하는 등의 일련의 과정들을 파이프라인으로 연결하여 자동화하는 과정을 의미한다. 오픈소스 기반의 CI/CD 도구로는 Jenkins, Bamboo, Gitlab등이 있으며, 최근 쿠버네티스 환경에서는 Tekton과 ArgoCD가 각광을 받고 있기도 하다. 데브옵스팀에 CI/CD가 적용될 경우 다음의 변화가 일어나게 될 것이다.

CI/CD 적용 전	CI/CD 적용 후
정기적인 배포	수시 배포
위에서 아래로 순차적 접근	동시다발적 협업적 접근
개발자들 간 코드가 격리되어 있음	모든 코드는 동일 저장소에 공유
개발 코드의 병합이 쉽지 않음	끊임없는 병합이 이루어짐
수작업에 의한 테스트와 배포	자동화된 테스트와 배포
배포 전 서비스 다운타임 필요	새로운 업데이트에 따른 다운타임 없음
다음 업데이트를 위한 피드백이 느림	다음 업데이트를 위한 피드백이 빠름

[표 2-5] CI/CD 적용 전과 후

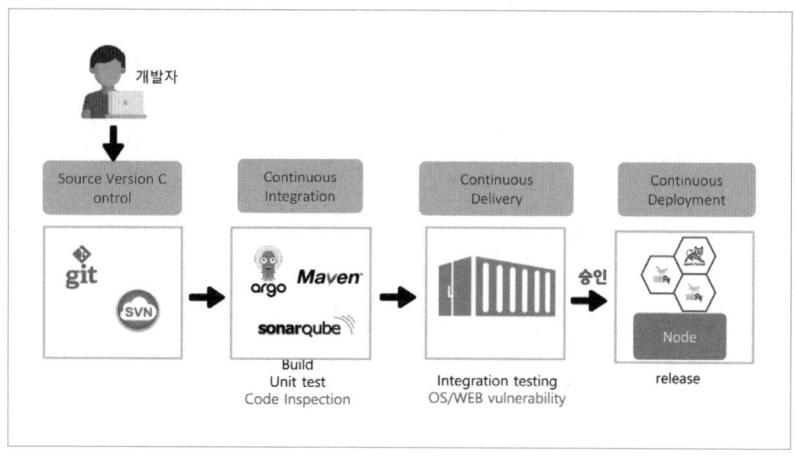

[그림 2-49] DevSecOps를 적용한 CI/CD Pipeline

DevSecOps

DevSecOps는 DevOps와 Security의 합성어로 쿠버네티스 기반의 플랫폼이 중요한 업무영역으로 파고들면서 보안성을 강화하고 이를 구현하는 데 목표를 두고 있다. 기존 CI/CD Pipeline에 보안과 관련한 테스트와 검출 단계를 추가하여 소프트웨어의 개발 주기의 모든 단계에서 자동으로 보안을 구현하는 것이 핵심이다. 이는 CI/CD를 통한 개발과 배포의 속도를 떨어뜨리지 않으면서 동시에 보안성을 강화하는 장점이 있다.

일반적으로 개발, 테스트, 운영계로 나누어서 플랫폼을 구축할 경우 대부분의 기업들은 보안적 요소를 개발과 테스트가 끝나고 운영계에 배포할 때 적용한 경우가 많은데, 애플리케이션이 이미 개발과 테스트가 완료된 상태에서 보안에 연관된 문제를 발견하고 해결하기엔 상당한 비용과 시간이 소요된다. 따라서 애플리케이션을 빌드하기 전 소스 코드에 대한 보안성을 테스트하고 배포하기 전 빌드된 애플리케이션의 보안 위협성을 테스트한 다음 문제점이 발견될 시 이를 즉시 수정할 수 있는 체계를 갖춰야 문제해결을 위한 시간과 비용을 줄일 수 있다.

서비스 카탈로그

쿠버네티스상에서 필요한 서비스를 배포하기 위해서는 컨테이너 저장소에서 이미지를 선택한 다음 필요한 리소스들, 즉 서비스, 볼륨, Deployment, Ingress, ConfigMap, Secret 등의 정의가 필요하며, 애플리케이션이 Web, WAS, DB의 3tier 구조로 구성되어 있다면 개별 컨테이너 이미지를 선택하여 동일한 작업을 번거롭게 반복해야 할 것이다.

이러한 요소들을 하나의 애플리케이션 패키지의 형태로 묶어 패키지를 배포하는 형태로 관리한다면, 앞서 언급한 번거로우면서도 전문성을 요구하는 과정 없이 매우 쉽게 애플리케이션을 배포할 수 있을 것이다. 이를 서비스 카탈로그라 부른다. 어떻게 보면, 2-3장 6절에서 설명한 Helm과 매우 유사한 솔루션으로 볼 수 있으나 서비스 카탈로그가 Helm보다 좀 더 유연한 배포 전략을 제공하며, 그 차이는 아래 표와 같다.

	서비스 카탈로그	Helm
패키징	V	V
애플리케이션 설치	V	V
애플리케이션 업데이트	V	V
워크로드와 로그분석	V	V
백업과 복구	V	
앱 라이프사이클 관리	V	
다중 K8S 간 배포	V	
CI/CD 연계	V	
애플리케이션 확장	V	

[표 2-6] 서비스 카탈로그와 Helm의 차이점

일반적으로 배포 및 업데이트가 잦은 애플리케이션은 서비스 카탈로그에서 관리하고 한번 패키징되면 변화가 거의 없는 애플리케이션은 Helm으로 관리하는 것이 편하다.

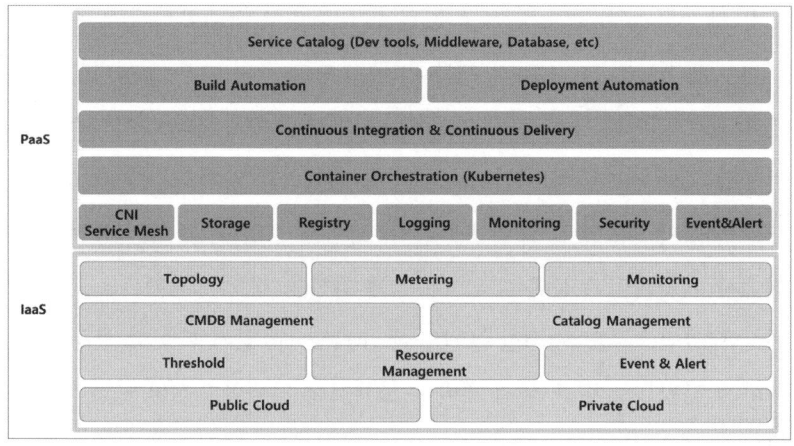

[그림 2-50] PaaS 아키텍처

2.3.8 PaaS 구성을 위한 인하우스 개발과 패키지 솔루션의 차이점

지금까지 쿠버네티스, 컨테이너 그리고 관련한 여러 에코 솔루션들을 살펴보았다. 이러한 솔루션 스택들을 구성하여 PaaS 플랫폼을 구성함에 있어 두 가지의 선택지가 있다. 하나는 내재화된 기술을 이용하여 자체적으로 구축하는 것이고 다른 하나는 사전 패키징되어 있는 검증된 솔루션을 도입하는 것이다.

시장 초기에서는 주로 기술을 내재화하여 인하우스로 개발하는 방식을 선호했다. 왜냐하면 사전 패키징되어 있는 솔루션의 경우도 기술 성숙도가 안정적이지 못하고 기술 인원들이 충분히 내재화되어 있지 않은 관계로 완성도가 높지 않기 때문이다. 그리고 구축 이후 운영비용에 대한 객관적 데이터 또한 없기 때문에, 초기 상용 솔루션의 라이선스 도입 비용과 전문 엔지니어의 서비스 비용을 지불하지 않아도 되는 인하우스 개발 방식이 비용적인 측면에서도 더 저렴해 보인다. 특히 비용적인 측면에서 매력적인 부분은 거의 100%에 가까울 정도로 오픈소스로 공개된 스택들만으로도 이러한 플랫폼을 구축할 수 있기 때문에 충분히 내재화된 인원으로 팀을 꾸려 개발 프로젝트를 진행함으로써 인건비를 제외한 비용을 지출하지 않아도 된다. 게다가 현재 CNCF에서 매우 다양한 오픈소스 스택들이 공개되어 있어 내 입맛에 맞는 스택들을 골라 최적화된 플랫폼을 구축할 수 있다는 장점도 있다.

그러나 인하우스로 개발하기 위해서는 여러 가지 난제들이 존재한다.

첫째, 쿠버네티스 자체가 매우 어렵고 운영의 난도가 높다. 쿠버네티스는 매우 다양한 기능을 제공하는 복잡한 오케스트레이션 솔루션인 관계로 학습에 많은 시간이 소요된다. 평균적으로 내재화하는 데 1년 정도의 시간이 필요하고 신규 버전 발행이 분기별로 진행될 정도로 잦은 편이다. 게다가 단종 주기도 9개월로 매우 짧다. 일반적으로 인하우스 개발로 PaaS 플랫폼을 구축하는 데 6개월 ~ 1년 정도의 기간이 소요된다는 것을 감안하면, 플랫폼을 오픈할 때 즈음 적용한 쿠버네티스 버전은 단종될 가능성이 매우 높다.

이후 쿠버네티스 버전을 업그레이드하면 되지 않겠냐고 생각할 수 있는데, 단순히 이것만 업그레이드한다고 해결되는 것이 아니라 연관된 에코 솔루션과의 호환성을 고려하여 충분한 테스트와 필요한 경우 추가적인 개발이 진행될 수도 있다. 따라서 이를 유지하기 위한 전담 인력이 최소 5~10명이 필요하다. 이를 비용으로 환산하면 인하우스로 개발한 플랫폼의 유지를 위해 최소한 3억 원 이상의 인건비를 감안해야 할 것이다.

둘째, 다양한 에코 솔루션들의 학습 및 내재화가 어렵고 운영비용이 높다. PaaS 구축을 위해 네트워크, 스토리지, 컨테이너 레지스트리, 로깅, 모니터링, 보안, 이벤트 알람, CI/CD, 서비스 카탈로그, 관리 포털, 서비스 메시, SSO 등의 스택들의 선택지가 수백 개가 존재한다. 일단 [그림 2-51]의 CNCF에서 정리한 에코 솔루션들의 Land scape만 보더라도 어떤 에코 솔루션을 선택해야 할지 막막할 것이다. 이러한 다양한 툴들을 일일이 검증하고 그중 하나를 선택한 뒤 스택들 간 연동 테스트를 거쳐야 하며, 이들이 각각 독립적인 소프트웨어인 관계로 서로 어우러져 단일의 관리체계를 가져가기 위한 SSO를 구현할 필요성도 있을 것이다.

이들 개별 오픈소스들도 주기적인 업데이트 버전이 발행되는 관계로 새로운 버전에 대한 업그레이드, 기존 버전의 단종 주기 또한 관리할 필요가 있다. 따라서 개발된 플랫폼의 에코 솔루션에 대한 지속적인 관리를 위한 추가적인 전담 인력이 추가적으로 최소 5~10명 필요하다. 이를 비용으로 환산하면 최소한 3억 원 이상의 인건비를 감안해야 할 것이다.

앞서 쿠버네티스와 관련한 인력과 비용을 감안하면 최소 10~20명 정도의 PaaS를 위한 내재화된 팀이 존재해야 하며, 최소한 6억 원 이상의 인건비 지출을 할당해야만 지속적인 플랫폼 유지가 가능하게 된다.

셋째, 오픈소스 라이선스 규정 준수에 대한 대응과 팀 멤버 유지가 어렵다. 이 부분은 기술적인 부분이 아닌 정책과 규정에 대한 부분이라 개발자나 엔지니어 입장에서 불가항력적인 요소일 수도 있다. 우선 오픈소스들은 서로 라이선스에 대한 호환성이 존재한다. 예를 들어 GPL과 아파치 라이선스는 서로 혼용하여 결합할 수 없다. 일반적으로 개발자들이 이런 부분까지 확인하면서 오픈소스들을 활용하여 개발하지 않으며, 이러한 오픈소스 라이선스에 대한 법적 규정을 확인하지 않고 사용하였다가 낭패를 보는 경우를 흔히 접한다.

CNCF에서 관리하는 오픈소스 프로젝트와 쿠버네티스와 연관된 에코 솔루션들은 대부분 아파치 라이선스이지만 최근 몇 개의 인기 있는 오픈소스들은 소스 공개의 의무가 굉장히 강력한 AGPL이나 SSPL로 바뀐 경우가 있다. Grafana, ElasticSearch, Kibana 들이 대표적인 사례이다. 이들을 결합하여 플랫폼을 꾸밀 때 소스 공개에 대한 의무의 범위가 상당히 넓어지기 때문에 법적인 요소를 준수하며 플랫폼을 개발하고 있는지 주의할 필요가 있으며, 그렇지 못할 경우 향후 서비스 오픈 뒤 법적 비용을 감내해야 할 수도 있다.

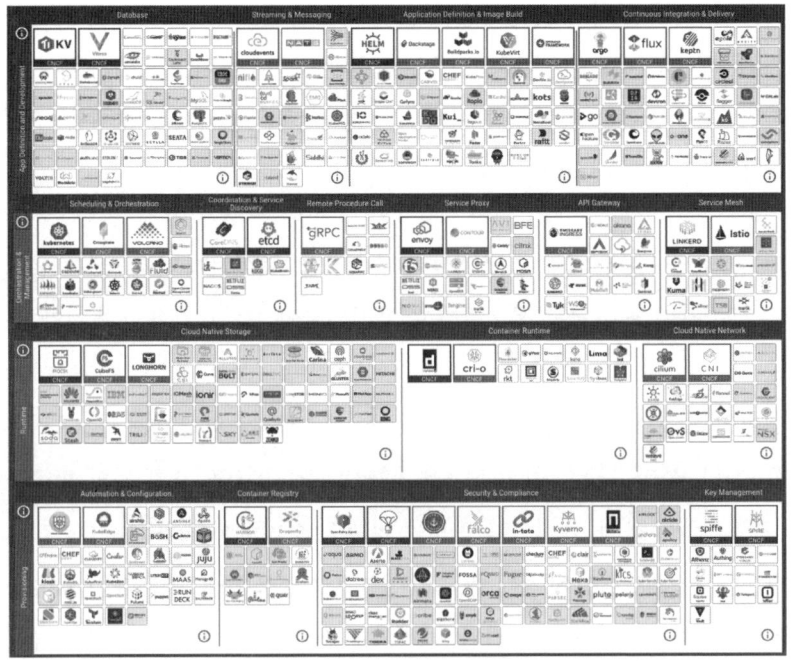

[그림 2-51] Cloud native landscape (출처: https://landscape.cncf.io/)

그리고 초기 플랫폼 개발에 헌신을 한 10~20명의 팀 멤버가 향후 플랫폼의 유지와 업그레이드, 기능 추가를 위하여 연속적으로 보장되어야 하는데, 그렇지 못한 경우가 많다. 일반적으로 IT 인력의 근속연수가 평균 4년이고 대기업이나 공공기관의 경우 순환보직 체계로 인해 중간에 새로운 멤버들로 바뀌는 경우가 많다. 이로 인해 초기 구축했던 플랫폼이 업데이트가 안 되어 방치되거나 향후 관리 이슈로 패키지화된 솔루션 구매로 전환되는 사례가 비일비재하다.

따라서 전담 인력의 운영비용뿐만 아니라 오픈소스 규정 준수에 대한 법적 비용과 내재화된 기술의 연속성의 관리 비용까지도 감안하여 인하우스 개발 전략을 펼칠 것인지 아니면 전문화된 패키지를 도입할 것인지 선택하여야 할 것이다.

인하우스 개발과 패키지 구매를 비유적으로 표현하자면, 누군가 생일을 맞이하여 케이크를 선물한다고 가정해보자. 두 가지의 선택지가 있을 것이다. 하나는 직접 케이크를 만드는 것이고 두 번째는 잘 만들어진 케이크를 구매하는 것이다. 직접 케이크를 만들기 위해서는 밀가루, 우유, 계란, 설탕, 소금, 버터, 식용유, 생크림, 조리 도구, 오븐 등의 재료들을 준비해야 하며, 케이크를 만드는 방법을 숙지하여야 할 것이다. 직접 만드는 관계로 세상에 하나밖에 없는 감동적인 선물을 만든다는 의미를 부여할 수 있지만 능수능란한 경험치가 없을 경우 케이크를 태우거나 충분히 부풀어 오르지 않거나 생크림을 바른 모양이 고르지 못하게 되는 등 제과점의 케이크와 같은 퀄리티를 내기가 쉽지 않다. 분명 충분한 기술과 경험이 부족한 경우 완성된 케이크를 구매하는 것이 저렴하고 실패 확률을 줄일 수 있을 것이다.

인하우스 개발과 패키지 구매의 장단점을 정리하면 아래 표와 같다.

항목	인하우스 개발	패키지 구매
제공 형태		
구축 기간	6~12개월	1주일 ~ 한달
전담 인원	10~20명	1~2명
운영비용	높음	낮음
사용자 편의성	낮음	높음
내재화 요구 스킬	높음	낮음
커스텀 개발	가능	불가능
제조사 종속성	없음	있음

[표 2-7] 인하우스 개발 vs 패키지 구매

CHAPTER 03

쿠버네티스의 실전 활용법과 디지털 플랫폼 혁신 사례들

3.1 애플리케이션 현대화를 위해 무엇을 준비해야 할까?
3.2 디지털 트랜스 포메이션에 성공하기 위한 방법은?
3.3 DevOps를 통한 개발 생산성을 극대화하려면?
3.4 MSA를 위해 인프라는 어떤 방식으로 구성할까?
3.5 멀티/하이브리드 클라우드는 어떻게 운영해야 할까?
3.6 비용효율적인 Active-Active 데이터센터와 재해복구
3.7 기존 레거시 대비 쿠버네티스로 인한 변화와 장점 정리

CHAPTER 03

3.1 애플리케이션 현대화를 위해 무엇을 준비해야 할까?

>> 3.1.1 현대화의 정의

현대화의 사전적 의미를 되짚어 보자. 현대화란 현시점에서 어떤 새로운 것을 재창조하는 것이라기보다는 과거에 존재해왔던 것을 재해석하여 현대의 환경에 맞게 업데이트하는 행위라고 볼 수 있다. 집으로 따지면 재건축이 아닌 리모델링의 개념으로 이해할 수 있다. 이처럼 애플리케이션에 현대화를 접목해 본다면, 기존 인프라와 애플리케이션을 현재의 비즈니스 요구사항과 변화의 속도와 흐름에 대응할 수 있게 최신의 기술과 아키텍처로 전환하는 것을 의미한다.

과거에 구축했던 인프라와 애플리케이션 아키텍처는 당시에는 최신의 기술로 설계가 되었지만 시간이 지날수록 현재의 비즈니스 요구사항과 주변 요건에 보조를 맞추지 못하게 된다. 지금까지 대부분의 기업과 기관들은 노후화된 레거시를 개선하기보다는 차세대라는 이름으로 처음부터 다시 개발하는 방향으로 진행해 왔었다.

그러나 이 방법은 늘 지적되어 왔던 충분한 ROI가 나오지 않았으며, 무엇보다 프로젝트 착수에서 오픈까지 너무 많은 시간과 비용이 소요된다. 그리고 오픈하는 시점에는 개발에 착수하였을 때 사용한 기술이 노후화 단계에 들어설 정도로 기술 변화의 사이클이 점점 짧아지고 있다. 또한 현재의 디지털화된 업무환경의 여건상 단 1초의 다운타임도 허용되지 않으므로 충분히 검증된 기존 애플리케이션 환경을 제대로 검증되지 않은 차세대 환경으로 전환하는 시점을 잡는 것도 큰 부담감으로 작용한다(언제까지 차세대로의 전환 때문에 명절 연휴를 포기해야 하는가?). 그리고 이렇게 큰 부담감을 안고 차세대로 전환을 하였지만 클라이언트의 관점에서 기존 애플리케이션보다 혁신적으로 좋아졌다는 반응 또한 얻기 힘든 것이 차세대의 불편한 진실인 것이다.

▶▶ 3.1.2 현대화를 위한 플랫폼 구성 요소들

애플리케이션 현대화는 차세대와는 다르게 이미 운영 중인 애플리케이션을 현재의 관점에서 최신의 기술을 적용하여 개선하는 방식이다. 주로 생산성을 높일 수 있는 방향으로 플랫폼을 리프트 앤 시프트 방식으로 전환하는 형태로 진행되어 왔다. 현대화의 방향성이 10년 전에는 주로 Unix에서 x86 기반의 가상화로 전환하는 것이 주를 이루었다면, 현재는 애플리케이션의 경우 개방형 구조의 MSA로, 플랫폼은 클라우드 네이티브로 전환하는 방식이 주를 이루고 있다.

현재의 시점에서 현대화를 이루기 위해서는 다음의 4가지 요소를 충족해야 한다.

첫째, 시스템 소프트웨어와 플랫폼은 개방형 구조여야 한다. 즉, 특정 제조사의 하드웨어, 시스템 SW, OS에 대한 종속성이 있어서는 안 된다. 현대화의 주된 관점은 애플리케이션을 새롭게 개발하는 것이 최신의 기술을 기존 애플리케이션에 적용하는 데 있기 때문에, 우선 기존 애플리케이션이 특정 하드웨어를 포함한 인프라에 종속성을 가져갈 경우 상당한 제약이 따르게 된다.

국내의 경우 애플리케이션의 대부분이 자바 기반으로 개발되고 있으며, 자바의 경우 J2EE 표준화를 따르는 WAS와 개방형을 지향하는 Java VM상에서 기동될 경우 하드웨어나 시스템 SW에 대해 종속성도 없고 향후 OS와 미들웨어 종류에 관계 없이 애플리케이션의 기동이 가능하다고 굳게 믿고 있었다. 그러나 막상 내용을 살펴보면 여전히 제조사가 제공해 주는 종속성이 강한 라이브러리를 사용하여 개발하거나 Java VM 역시 OS에 종속적인 환경변수를 따르는 경우가 많기 때문에 애초 개발되었을 때 사용한 미들웨어와 OS의 교체에 실패하는 경우를 종종 목격할 수 있다.

따라서 초기 애플리케이션을 설계할 때 이를 호스팅할 환경이 특정 제조사에 대하여 종속성이 존재하는지 철저히 검토하고 반드시 개방형 구조의 하드웨어, OS, 시스템 SW 기반을 구축해야 한다.

둘째, 애플리케이션의 설계와 호스팅을 표준화된 환경 위에 이행 및 구축해야 한다. 이는 개방형 구조와도 밀접하게 연관이 있다. 10년 전 유닉스에서 x86 기반으로 개방형 플랫폼 구조로 전환될 시 한 가지 간과한 부분이 완전한 종속성에서 벗어날 수 있는 표준화된 환경을 제대로 마련하지 못했다는 것이다. 결과론적으로 하드웨어에 대한 종속성만 벗어나고 OS와 가상화의 핵심 엔진인 하이퍼바이저에 대한 표준화를 마련하지 못해 현재의 시점에서 현대화를 위하여 클라우드로 전환함에 있어 이 부분이 걸림돌로 작용하고 있다.

따라서 사설 클라우드, 퍼블릭 클라우드, 베어메탈 서버, 가상화 등의 다양한 인프라 구조와 OS 배포판과 무관하게 애플리케이션이 호스팅되어야만 한다. 이렇게 플랫폼의 종속성에서 완전히 벗어날 때, 빠르게 변화하는 비즈니스의 전략에 맞춰 클라우드 인프라를 선택할 수 있는 유연성을 확보할 수 있게 된다.

셋째, 빠르게 변화하는 비즈니스에 맞게 애플리케이션과 인프라 환경 또한 민첩성을 확보해야 한다. 이를 위해서는 새로운 업무를 개발하거나 업데이트할 시 애플리케이션은 신속히 배포되어야 하며, 요구사항 증가 시 신속한 확장성 또한 확보되어야 한다. 사설 클라우드 형태로 운영하고 있을 경우 긴급한 서비스 확장이 요구될 때 즉시 퍼블릭 클라우드와 연계하여 애플리케이션이 분산 배치되거나 확장될 수 있는 환경을 갖추어야 한다.

넷째, 자동화된 관리와 운영환경을 확보해야 한다. 이는 민첩성 확보를 위한 조건이기도 하다. 인력에 의존한 수작업 방식의 인프라 구성, 애플리케이션 배포, 확장 등의 작업은 민첩성의 조건을 만족하기 어렵고 휴먼 에러의 가능성에서 자유로울 수 없다. 따라서 인프라와 애플리케이션의 할당, 배포, 확장, 부하 분산, 장애 처리 등 일련의 운영에 필요한 작업들을 자동화할 수 있는 환경을 갖추어야 한다.

[표 3-1] 애플리케이션 현대화를 위한 PaaS의 요건

≫ 3.1.3 국내 대기업의 현대화를 통한 생산성 혁신 사례 소개

쿠버네티스를 활용한 현대화는 2019년 진행한 H 기업의 사례를 소개하도록 하겠다. H 기업은 x86 기반 내부 업무 시스템을 가상화 환경 및 물리 서버 환경으로 운영하고 있었으며, 일부 도커 컨테이너를 사용하고 있었다.

컨테이너는 2017년부터 도입하여 사용하였는데, VM처럼 운영을 하고 있었던 관계로 컨테이너만의 장점을 살리지 못하고 오히려 VM과 다른 사용자 경험치로 인하여 불편을 겪고 있었다. 분명히 물리 서버에서 가상서버로 전환될 시 서버 운영자들의 관점에서 사용자 경험치는 거의 비슷했으며, 이질감이 없었다. 하지만 컨테이너의 레이어 구조, 불변성의 법칙, 이미지 생성, 영구 볼륨과 네트워크 구조에 대한 사용자 경험치는 완전히 새로운 문화이며, 특히 OS가 없는 이미지의 관리는 인프라 운영자 입장에서 기존에 운영해 온 가상서버와 동일한 개념으로 다루기엔 상당한 이질감으로 다가올 수밖에 없었다.

필자가 재직하고 있는 회사에도 2014년 개발된 패키지를 컨테이너화 하였을 때, 이를 가상서버와 동일하게 다루었고 사용자 데이터베이스를 컨테이너 내부에 저장하였다가 재기동한 뒤 데이터베이스가 초기화되어 큰 낭패를 겪었던 적이 있다. 당시 컨테이너의 레이어 구조나 불변성의 법칙을 인지하지 못할 때라 디스크 쪽 문제나 컨테이너가 내부에 저장할 수 있는 용량의 한계가 있을 거라고 문제의 원인 파악을 잘못된 방향으로 진행하였던 기억이 난다. 영구적으로 저장할 데이터는 반드시 별도 스토리지 볼륨을 만들고 컨테이너 내부에 저장하면 안 된다는 것을 인지하는 데 그로부터 한 달이 걸렸다.

지금이야 컨테이너 기술이 일반화되었기 때문에 상식으로 통하는 것들이 불과 5~6년 전만 하더라도 무척 생경한 기술이었고 일부 개발자들만 다루어 온 기술이었다. 새로운 기술은 기존의 것보다 더욱더 큰 편리함을 준다고 하지만 사람들은 늘 기존의 익숙함에서 더 편리함을 느낀다. 어떻게 보면 혁신은 기존의 익숙함에서 벗어나는 데서 출발하지 않을까?

H 기업이 도커 컨테이너가 출시된 초기에 이를 도입하여 혁신을 꾀하려 시도한 부분은 아주 높게 평가할 만하다. 하지만 컨테이너를 운영업무에 적용함에 있어 빛을 발하기 위해서는 CI/CD의 체계 또한 갖추는 것이 좋다. 왜냐하면 개발이나 수정된 애플리케이션을 배포하기 위해서는 컨테이너 이미지를 만들어야 하는데, 이를 제대로 인지하고 있는 개발자가 많지 않기 때문이다. 현재는 컨테이너가 일반화되어 컨테이너화에 대한 과정을 아는 개발자들이 많지만 당시에는 거의 전무하였고 이를 개발자가 하느냐 인프라 운영자가 하느냐를 두고 갈등이 발생할 수밖에 없었다.

당시 이 기업은 형상 관리나 빌드/배포 툴이 있었지만 체계화된 CI/CD pipeline은 존재하지 않았고 대부분의 애플리케이션 라이프사이클의 관리는 수작업으로 진행되고 있었다. 게다가 컨테이너는 운영 중 환경 값 등의 수정을 하고 싶어도 불변성 법칙으로 인해 컨테이너 이미지를 다시 만들어 재배포해야 하는 등 운영 중 다수의 불편함을 호소하기도 하였다. 컨테이너를 수작업으로 관리하는 불편함이 있음에도 불구하고 컨테이너를 사용한 이유는 환경의 일관성이라는 장점 때문이었다. 과거 ERP나 그룹웨어 등을 개편할 때 보통 1~2년 정도의 개발이 이루어지는데, 개발이 완료될 시점에 운영환경으로 이관 시 최신의 인프라가 도입되어 이전의 개발환경과 비교하였을 때 인프라의 환경 차이가 나기 때문에 이관에 평균 6개월 정도의 기간이 소요되었다고 한다.

하지만 컨테이너의 경우 인프라의 종속성이 없는 관계로 이관에 소요되는 시간이 길어야 2주 정도로 짧아지기 때문에 많은 인건비와 운영비용을 줄일 수 있었다고 한다. 컨테이너의 운영에 대한 불편함은 2018년 쿠버네티스 기반의 PaaS를 도입함으로써 해결하였으며, 그 외 컨테이너로 운영되지 않았던 대부분의 내부 업무들을 2개월의 기간에 걸쳐 컨테이너로 마이그레이션하여 애플리케이션 현대화 프로젝트를 완수하였다. 현대화를 통해 변화된 사항들은 다음과 같다.

As Is	To Be
비즈니스 변화에 따른 잦은 애플리케이션 배포를 수작업으로 진행	대내외 모든 서비스를 컨테이너화하고 이에 대한 빌드/배포를 CI/CD pipeline을 통해 자동화함

컨테이너 관리를 수작업으로 진행	쿠버네티스 기반 PaaS를 통해 서비스 카탈로그, 배포 자동화, 장애 복구 자동화, 서비스 확장 자동화, 모니터링 환경 마련
대고객 서비스의 경우 갑작스러운 부하 발생으로 장애가 발생할 경우 수작업 대응	애플리케이션 성능 측정치 기반으로 POD를 자동 확장하여 과부하로 인한 장애에 대응
OS 패치나 업그레이드 시 애플리케이션 호환성 문제로 이행하기 어려움	컨테이너화를 통해 OS 종속성에서 벗어남으로써 애플리케이션 호환성과 무관하게 OS 패치와 업그레이드 진행
오픈소스 WAS를 운영함에 있어 지원과 기술에 대한 표준이 없으며, 엔지니어의 스킬 능력에 따라 품질이 좌우됨	잘 튜닝된 오픈소스 WAS를 컨테이너 이미지화하여 전문 엔지니어를 통한 수작업 설치가 아닌 원클릭 이미지 할당 체계로 전환

[표 3-2] H사의 애플리케이션 현대화 결과

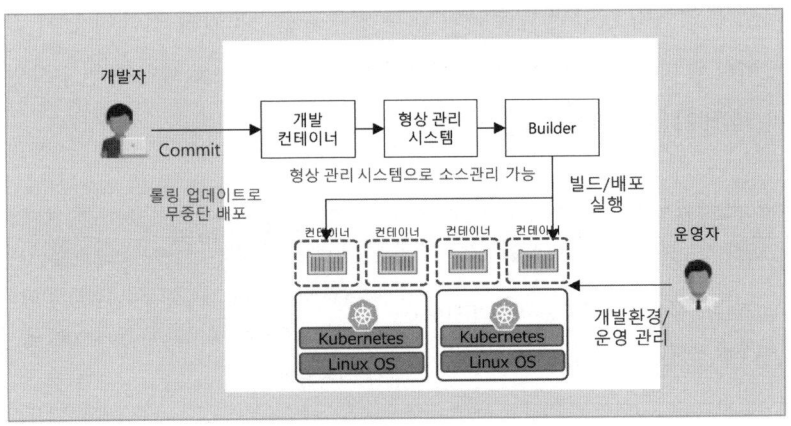

[그림 3-1] H사의 애플리케이션 현대화 결과

3.1.4 국내 중견기업의 ERP 시스템의 현대화 사례

일반적으로 쿠버네티스 기반의 PaaS 플랫폼은 배포가 빈번하고 불특정 다수를 대상으로 하는 대외 서비스에 적용할 때 가장 적합하다는 선입견이 있다. 이번에 소개할 국내 중견 K사의 사례를 통해 내부 IT 서비스의 핵심이라 할 수 있는 ERP 시스템의 현대화를 쿠버네티스로 구현한 과정과 비즈니스적인 효과에 대해서 세부적으로 소개하도록 하겠다. K사는 직원 수 1만 명의 여객 운수 전문 기업으로, 경기도와 수도권을 중심으로 여객 서비스를 비롯하여 수하물, 물류, 자동차 정비까지 하는 폭넓은 사업을 효율적으로 지원하기 위해 IT 부서에서 ERP를 핵심 서비스로 운영하고 있었다.

초기 ERP는 인사, 급여, 회계, 영업 중심의 경영정보를 중심으로 서비스 제공이 이루어졌지만, 이후 SCM, CRM, 차량 배차, 운영 관리, 차량 정비, 자재 조달과 구매, 식당 운영을 하는 식자재 관리, 전자결재, 그룹웨어 등의 수많은 서비스가 추가되는 등 종합정보시스템으로 확장되었다. 일반적으로 비즈니스 로직이 IT에 의한 디지털로 전환될 때 업무 도메인별로 별도의 시스템으로 개발을 해야 하지만, K사의 사례에서 보듯 대부분의 중견 및 중소기업들은 초기에 도입한 ERP에 서비스를 추가하는 모놀로식 개발을 한다.

MSA와 같이 업무 및 기능별로 서비스를 다수로 나누게 될 시 각 서비스별 개발팀이 별도로 존재해야 하지만 중소기업의 경우 1~2명의 인력이 모든 개발과 운영을 담당해야 할 만큼 IT 분야의 인력난이 심각하므로 초기의 작은 서비스가 시간이 흐름에 따라 단일의 큰 서비스로 비대해지는 경우가 허다하다. 따라서 ERP 시스템에 장애가 발생하면, 차량 운행부터 기업의 모든 업무가 마비되는 큰 위험성을 안을 수밖에 없는 구조였으며, 365/24×7의 상시 가동이 되어야 하는 서비스인 관계로 애플리케이션과 인프라의 업데이트를 위한 다운타임은 엄두도 못 낼 상황이었다. 게다가 유닉스 환경의 성능과 안정성을 기반으로 운영해 온 ERP도 기술의 변화 앞에서 확장성, 유연성 및 효율성에 있어 한계를 드러내기 시작했다. 무엇보다 단종된 유닉스 기반 하드웨어와 상용 미들웨어 및 DBMS는 철저히 제조사에 의존적인 관계로 기술지원과 유지보수 측면에서 고비용 구조일 수밖에 없었고 인프라 SW 또한 단종된 버전을 사용하고 있어 성능 개선을 기대할 수 없었던 관계로 만성적인 과부하에 시달렸다.

이로 인해 모든 운영 역량을 가용성 유지에 초점을 맞추다 보니 의사결정을 위한 서비스 제공은 전무하다시피 하였고 시스템의 노후화나 장애로 인해 의사결정을 위한 정보를 적시에 지원하지 못하거나 품질이 떨어지는 경우가 잦았다. 게다가 새로운 비즈니스 기회를 지원하기 위한 시스템이나 기능을 구현하는 것도 기대에 미치지 못했으며, 당연히 내부 직원들은 느린 시스템으로 인해 업무 효율성이 떨어지는 상태였다.

IT 실무진은 새로운 투자와 현상 유지, 인력 감축, 서비스 수준, 기술 내재화 등 고민이 많을 수밖에 없었고 기존 유닉스 인프라를 리눅스 기반의 표준 x86 환경으로 전환하고, 업무 시스템은 컨테이너 기반의 클라우드 네이티브 환경으로 마이그레이션하기로 결정하였다. 이와 함께 가용성의 극대화를 위해 자동화된 재해복구 환경도 구축하기로 했다.

여기서 주목해야 할 대목은 내부 임직원들을 대상으로 서비스를 제공하는 ERP 시스템의 인프라를 컨테이너로 호스팅하겠다고 결심한 것이다. 지금까지 제조 및 운송 중소기업들이 인프라의 혁신이나 현대화를 추진하는 면면을 살펴보면 리눅스로의 전환, 퍼블릭 클라우드로의 마이그레이션, 가상화 구축 정도였으나 K사의 경우 여기에 그치지 않고 상용 WAS를 오픈소스 WAS인 톰캣으로 교체하고 컨테이너 환경으로의 마이그레이션을 통해 차세대 ERP 플랫폼을 구축하기로 하였다.

컨테이너화된 시스템 SW와 애플리케이션의 배포, 스케줄링, 스케일 아웃, 자동화된 장애 처리 등을 위한 오케스드레이션은 단연 쿠버네티스를 도입하였고 운송 기업 또한 비즈니스 변화와 기존 디지털로 전환되지 못한 업무들의 서비스 개발 이슈들이 산재해 있었던 만큼 잦은 서비스 배포에 대응하기 위하여 DevOps 체계를 도입하여 자동화된 배포 프로세스를 구축하였다.

모놀로식으로 운영되었던 ERP는 차세대 프로젝트처럼 전면 재개발을 통해 MSA로 개편하지는 않았다. 전반적인 예산, 개발 인력 부족, 운영 인력의 한계 등의 현실을 감안하여 기존 애플케이션의 재개발 없이 업무별로 나눌 수 있는 도메인을 정의하여 WAS 기준 5개의 WAR로 나누었다. 그리고 GIS와 연계된 실시간 배차 및 운행 시스템은 특정 시간의 고질적인 과부하로 인한 서비스 장애에 대응하기 위하여 자바 애플리케이션의 성능 측정치를 기반으로 한 오토스케일을 설정하여, 트래픽의 폭주에 대비하였다.

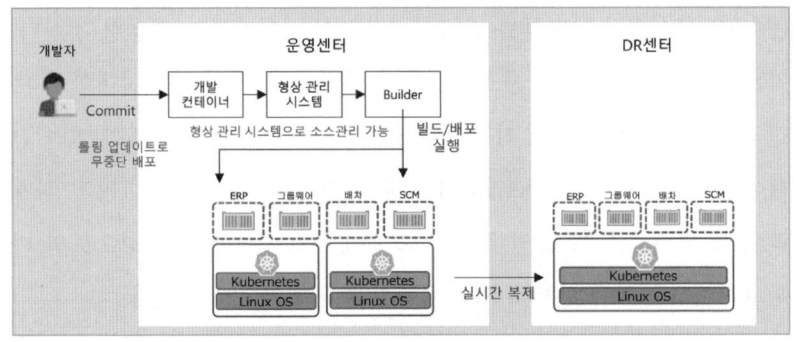

[그림 3-2] K사의 ERP 현대화 플랫폼

K사의 ERP 현대화를 통해 전체 운영 TCO가 40% 감소하였고 성능은 4배 이상 증가하는 개선된 효과가 나왔으며, 주요 세부 내용은 다음과 같다.

As Is	To Be
유닉스 시스템, 상용 WAS와 DBMS로 인한 고비용과 벤더 종속적 구조	표준 x86 시스템, 오픈소스 WAS, 개방형 컨테이너 플랫폼을 통한 벤더 종속성 탈피
모놀로식 구조에 많은 서비스로 인한 성능 저하와 서비스 업데이트의 어려움 존재	업무별 5개의 서비스로 분리, 신규 서비스는 별도 서비스로 분리하여 개발

애플리케이션의 수작업 배포	CI/CD pipeline을 통한 자동화된 배포
장애 시 수작업 복구	쿠버네티스를 통한 자동 복구
백업 인프라의 부실로 복구에 하루~1주일 이상 소요됨	실시간 데이터 복제 및 재해복구 자동화 구축으로 1시간 이내 장애 및 재해복구 가능
배차 현황의 실시간 파악 불가능	즉시 모니터링 가능
연말 결산 손익계산서 결과 산정 시간이 24시간 소요	1시간 이내로 단축

[표 3-3] K사의 ERP 현대화의 효과

3.2 디지털 트랜스 포메이션에 성공하기 위한 방법은?

▶▶ 3.2.1 디지털 트랜스 포메이션의 단상

2018년에 접어들면서 IT 업계에 4차 산업혁명과 함께 디지털 트랜스 포메이션(이하 DT)의 바람이 일기 시작했다. 글로벌 IT 기업들이 내린 이에 대한 공통된 정의를 보면 기존의 비즈니스에 신기술을 접목하여 조직과 프로세스의 혁신을 통한 경쟁력을 유지하는 것이라고 되어 있다. 대부분의 글로벌 IT 리더들은 DT를 하지 않으면 경쟁력을 잃어버리고 결국에는 기업 생태계에서 도태될 것이라 주장하며 신기술을 도입하게끔 토끼몰이를 진행해 왔었다.

당시부터 지금까지 DT라는 명목으로 인공지능, 머신러닝, 빅데이터, 블록체인 프로젝트를 대부분의 기업들이 추진해왔고 이를 담기 위한 인프라는 클라우드 네이티브 아키텍처로 구현해왔었다. 어느 순간부터 DT=ABC(AI, 빅데이터, 클라우드)라는 등식이 성립되었고 차세대 프로젝트를 함에 있어 ABC가 없으면 프로젝트 승인이 거부될 정도로 DT의 광풍이 산업계 전반에 불어 닥치고 있다.

그렇다면 이러한 신기술 도입으로 혁신을 이루었고 조직의 경쟁력이 강화되었는지 살펴볼 필요가 있다. 늘 차세대 프로젝트가 무슨 개선이 있었는지 크게 피부에 와닿지 않았던 것처럼 DT 또한 차세대와 비슷한 길을 걷고 있는 것은 아닌지?, 인공지능 기반의 챗봇은 고객들의 이용 빈도가 높아져 충분히 학습되어 지능이 높아졌는지?, 비정형 데이터의 분석 결과에 대한 활용도가 높은지?, 기존 애플리케이션은 클라우드의 장점을 극대화할 수 있게끔 클라우드 친화적으로 설계되었는지? 등에 대하여 점검할 필요가 있다.

사실 새로운 개념이 생길 즈음에는 신기술을 무분별하게 도입하는 경향이 있는 만큼 5년여의 시간이 지난 현시점에서 DT에 대하여 다시금 재정의를 내릴 필요가 있어 보인다. DT를 언급할 때 필자가 늘 이야기하는 우스갯소리가 있다.

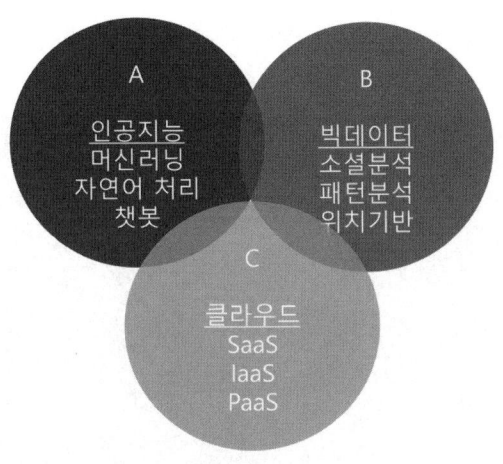

[그림 3-3] 디지털 트랜스 포메이션 삼총사

A 기업의 전략기획본부의 김 상무는 음악을 좋아한다. 어느 날 젊은 직원들과 문화 코드를 맞추고자 이 대리에게 요즘 유행하는 케이팝 음악을 준비해서 가져오라고 요청을 하였다. 이 대리는 김 상무가 DT에 대해서 관심이 많고 모종의 프로젝트를 기획하고 있는 관계로 음원을 디지털화한 MP3 파일을 서랍 속에서 잠자고 있는 구형 스마트폰에 담아서 김 상무에게 가져다주었다.

김 상무는 이 대리에게 음악이 나오지 않는다며, 핀잔을 주며 이런 간단한 일도 제대로 못 하는데, 업무를 어떻게 했었냐며 스마트폰을 집어 던

지기까지 하였다. 이 대리는 당황해하며, 스마트폰을 주워 확인해보니 음악 재생이 잘 되기만 하였다. 알고 보니 김 상무가 MP3를 재생하는 방법을 몰랐던 것이다. 그는 스마트폰을 턴테이블에 올려 턴테이블 바늘을 스마트폰 위에 올려 놓고 음악을 들으려 했던 것이다.

[그림 3-4] 디지털을 아날로그로 다루는 잘못된 예

이렇듯 디지털을 디지털스럽게 다루지 못하고 과거 늘 그래왔듯 아날로그 방식으로 다룰 때 디지털이 주는 혜택을 누리지 못하고 오히려 오류와 오해로 인해 불편함만 느낄 것이다. 아날로그적 사고방식에서 벗어나 디지털을 맞이하는 우리들의 사고와 행동 방식의 전환이 진정한 DT가 아닌가 한다. 그리고 한발 더 나아가 디지털화된 환경으로 교육을 받아온 2000년대생들이 곧 사회의 일원으로 합류할 것이다. 이들과의 소통과 업무 협력에 있어 아날로그식의 사고방식을 유지한다면 갈등의 골이 점점 깊어질 가능성이 크다.

앞서 여러 번 언급하였듯이 쿠버네티스 기반의 PaaS를 통하여 어떤 목표 지향점을 추구할 것인가에 초점을 맞춰야 하듯 DT 또한 ABC 도입에 목표 지향점을 둘 것이 아니라 이를 통해 추구할 목표가 무엇인지의 설정이 중요하다. 결국 DT는 애플리케이션 현대화, 4차 산업혁명, SDDC와 마찬가지로 동일한 목표 지향점을 추구한다. 바로 자동화를 통한 생산성의 극대화와 빠른 비즈니스의 변화에 대응할 수 있는 IT 민첩성의 확보이다.

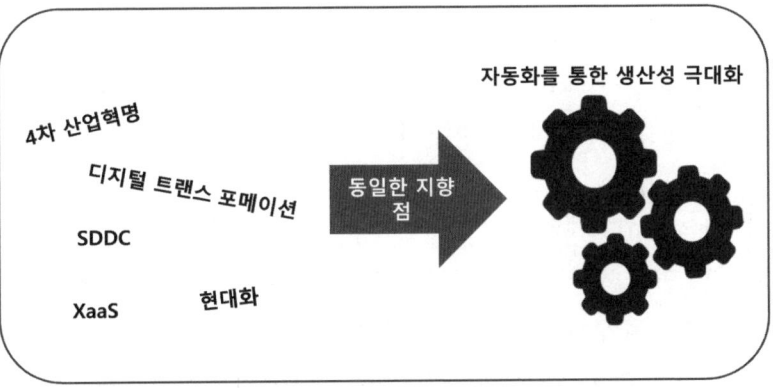

[그림 3-5] 생산성 극대화의 동일한 목표 지향점

3.2.2 디지털 트랜스 포메이션과 클라우드, 그리고 플랫폼 구성 요소들

DT를 논할 때 클라우드는 약방의 감초처럼 빠질 수 없는 인프라의 핵심이다. 그렇다면 왜 DT 프로젝트를 할 때 익숙한 물리 서버 환경으로 인프라를 구축하지 않고 온프라미스든 공용 클라우드든 클라우드 아키텍처 기반 위에 구축을 할까? 특히 AI나 ML을 개발하는 개발자들의 경우 대부분 컨테이너 기반의 클라우드 아키텍처에서 개발과 운영을 수행하고 있다. 가장 큰 이유는 비용과 효율성 때문이다.

일반적으로 AI/ML 프로젝트를 진행할 때 여러 팀이 동시에 프로젝트에 참여하는 경우가 많은데, 이들 간 데이터 수집, 전처리, 분석, 학습모델 개발, 튜닝 등의 작업을 지속적으로 반복하고 결과 내용을 서로 공유해야 할 사항들이 빈번하게 일어난다.

AI/ML은 개발단계에서 상당량의 인프라 자원, 특히 GPU 자원을 필요로 하며 여러 작업들이 반복되는 동안 필요한 자원들의 생성과 소멸이 지속적으로 이루어진다. 게다가 GPU의 경우 상당히 고가인 관계로 개발자들이 충분히 사용할 만큼의 자원을 제공하기가 쉽지 않다. 그런 이유로 개발자들 간 자원 확보를 위한 경합이 일어나기도 한다. 따라서 필요한 인프라 자원들의 생성, 할당, 소멸을 신속하게 진행하기 위하여 클라우드가 가장 최적의 선택지가 될 수밖에 없다.

클라우드 기반의 디지털 플랫폼은 클라우드 네이티브 아키텍처를 주로 지향한다. 그렇다면 클라우드 네이티브 아키텍처는 무엇인지 다음 절에서 살펴보도록 하겠다.

3.2.3 클라우드 네이티브 아키텍처에 대하여

DT의 인프라=클라우드라는 공식이 성립함에 따라 클라우드 네이티브 아키텍처(이하 CNA)가 자주 언급되고 있다. 어느 기업을 가든 클라우드를 기획하거나 클라우드가 구축된 곳에 흔히 언급되는 말이 클라우드 네이티브이다. 우리말로 표현하면 '클라우드 친화적'으로 해석될 수 있는데, CNA를 명확히 정의하거나 이것이 지향하는 목표가 무엇인지 명확히 이해하는 사람들은 그리 많지 않은 듯하다. CNCF에서는 이를 다

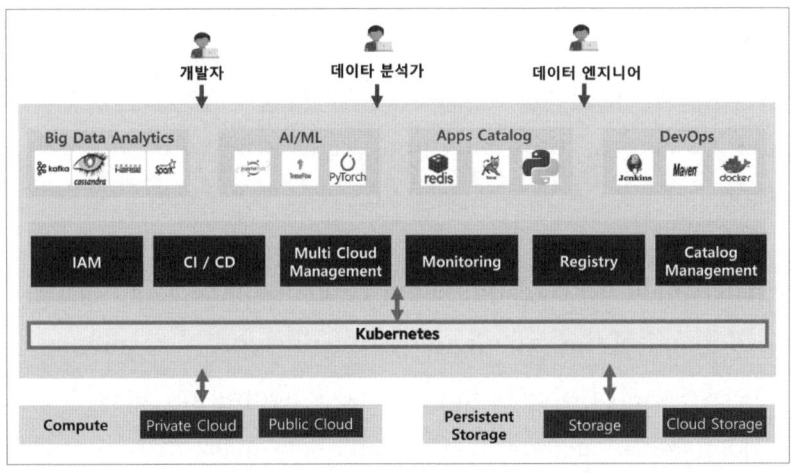

[그림 3-6] 디지털 플랫폼의 구성 요소들

음과 같이 정의하고 있다(재단의 이름 자체가 클라우드 네이티브이니 나름 가장 확실한 정의를 하지 않겠냐고 주관적으로 여겨져 이를 찾아보았다). 우선 영어 원문을 살펴보도록 하자(출처: https://www.cncf.io/about/who-we-are/).

> Cloud native technologies empower organizations to build and run scalable applications in modern, dynamic environments such as public, private, and hybrid clouds. Containers, service meshes, microservices, immutable infrastructure, and declarative APIs exemplify this approach.
>
> These techniques enable loosely coupled systems that are resilient, manageable, and observable. Combined with robust automation, they allow engineers to make high-impact changes frequently and predictably with minimal toil.
>
> The Cloud Native Computing Foundation seeks to drive adoption of this paradigm by fostering and sustaining an ecosystem of open source, vendor-neutral projects. We democratize state-of-the-art patterns to make these innovations accessible for everyone.

이를 우리말로 번역하면 다음과 같이 정의를 내릴 수 있다.

> 클라우드 네이티브 기술은 조직이 퍼블릭, 프라이빗, 그리고 하이브리드 클라우드와 같은 현대적이고 동적인 환경에서 확장 가능한 애플리케이션을 개발하고 실행할 수 있게 해준다. 컨테이너, 서비스 메시, 마이크로 서비스, 불변(Immutable) 인프라, 그리고 선언형(Declarative) API가 이러한 접근 방식의 예시들이다.
>
> 이 기술은 높은 가용성, 관리 편의성, 가시성을 갖추면서도 느슨하게 결합된 시스템을 가능하게 한다. 견고한 자동화 기능을 함께 사용하면, 엔지니어는 영향이 큰 변경을 최소한의 노력으로 자주, 예측 가능하게 수행할 수 있다.
>
> Cloud Native Computing Foundation은 벤더 중립적인 오픈 소스 프로젝트 생태계를 육성하고 유지함으로써 해당 패러다임 채택을 촉진한다. 우리 재단은 최신 기술 수준의 패턴을 대중화하여 이런 혁신을 누구나 접근 가능하도록 한다.

영어 원문을 봐도 우리말 해석을 봐도 명확하게 이해하기가 쉽지 않다. 해서 위의 나열된 문구들을 중심으로 CNA에 대하여 일반인들도 알아듣기 쉽게 정의해 보기로 하자. CNCF에서 정의한 내용들 중 몇 가지 키워드가 있다. '동적인 환경에서 확장 가능한', '느슨하게 결합된 시스템', '자동화', '최소한의 노력', '벤더 중립적' 등이다.

이런 키워드들을 살펴보면 CNA가 추구하는 지향점이 무엇인지 정의를 다음과 같이 내릴 수 있다. '응용프로그램을 개발 및 운영함에 있어 하드웨어와 운영체제에 비종속적으로 응용프로그램이 호스팅될 수 있도록 컴퓨팅 환경을 마련하는 것.' 다들 알다시피 애플리케이션을 호스팅할 때 늘 호환성이 요구되어 왔다. 과거 메인프레임과 유닉스 시절에는 하드웨어에 대한 종속성이 있었고 2000년대 중반 이후 x86 기반이 산업계 표준 하드웨어로 떠오를 때는 Windows나 Linux와 같은 OS, 혹은 하이버바이저에 대한 종속성이 존재해왔었다.

과거에는 개발자들이 어떠한 애플리케이션을 개발할 때 어떤 플랫폼에 호스팅될지 예측이 가능하였지만 현재의 클라우드 세상에서는 이를 예측하기가 쉽지 않다. 개발이 진행되는 기간보다 플랫폼의 변화 주기가 더 짧아지고 이에 대한 선택지가 매우 다양해졌기 때문이다.

이로 인해 개발자들은 개발 완료 시점에서 결정된 플랫폼과의 호환성을 맞추기 위해 다시 수정하거나 다 갈아엎고 새로 개발해야 되는 최악의 상황을 만나지 않기 위하여 어떤 플랫폼이더라도 호환성이 보장되는 방식의 아키텍처링을 고려하지 않을 수 없게 되었다. 즉, 다양한 물리, 가상, 클라우드, OS 배포판, 환경변수 등에 상관없이 애플리케이션이 기동될 수 있는, 플랫폼 환경에 종속적이지 않은 아키텍처를 착안하였으며, 이것이 CNA의 지향점이다. 다시 말해 CNA의 지향점은 비종속성이다.

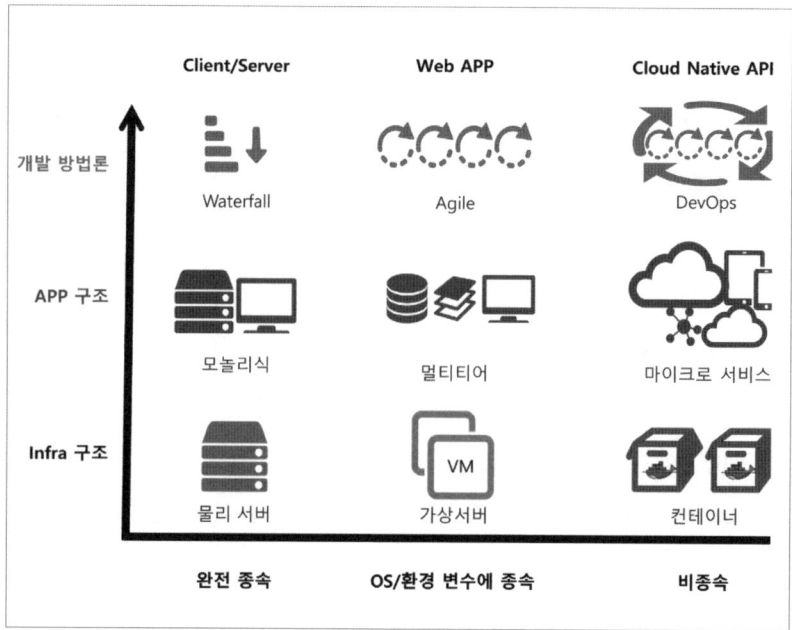

[그림 3-7] 애플리케이션 아키텍처의 변화

그렇다면 CNA는 왜 대두되게 되었는가? 다음의 3가지 요건을 만족하기 위함이다.

- **속도전**: 비즈니스의 빠른 변화로 인하여 애플리케이션의 배포 주기가 매우 짧아졌으며, 신규 혹은 개선된 애플리케이션의 보다 더 민첩한 라이프사이클 관리가 필요해졌다. 또한 이를 개발하기 위하여 필요한 인프라의 준비는 자동화된 할당의 개념으로 바뀌어야 한다.

- **무중단**: 현대의 대부분의 비즈니스 활동은 IT를 근간으로 영위되며, 모바일 혁명으로 인해 때와 장소를 가리지 않고 서비스 요구가 발생한다. 따라서 인프라의 장애 및 재해 시에도 서비스에 영향이 없어야 하며, 애플리케이션의 배포와 롤백 시에도 서비스의 중단을 최소화하여야 한다.

- **확장성**: 특정 이벤트 발생 시 서비스의 요구사항은 폭증할 수 있으며, 서비스 요구사항의 증가에 따라 유연하게 확장할 수 있는 서비스 아키텍처가 필요하다. 더 나아가 멀티 클라우드 간 서비스의 배포와 확장의 수용이 가능해야 한다.

IT의 민첩성, 무중단, 확장성의 요건을 충족하기 위하여 CNA는 다음의 3가지 요소가 필요하다.

- **MSA**: 비종속성의 견지에서 보았을 때 애플리케이션이 단일 서비스로 구성될 경우 특정 기능에 대해서만 개선이 필요하거나 신규 기능을 추가할 경우 이들은 단일 서비스 내 서로 종속된 관계(tightly coupled)에 놓일 수밖에 없으며, 의도치 않게 전체 애플리케이션에 대하여 영향을 끼칠 수밖에 없다. 따라서 애플리케이션을 작은 서비스 단위로 나누고 필요시 서로 API를 통해 호출하는 방식의 상호 비종속적인 애플리케이션 아키텍처로 개발하여야 속도전, 무중단, 확장성의 요구사항에 유연하게 대처할 수 있다. MSA에 대한 상세한 내용은 이후 4절에서 상세히 다루도록 하겠다.

- DevOps: 마이크로 서비스 단위로 나누어진 애플리케이션의 소스 코드 관리, 빌드, 단위 테스트, 동적 테스트, 통합 테스트, 배포 등의 애플리케이션의 라이프사이클을 유지할 때 민첩성을 확보하기 위해서는 지속적인 CI/CD의 자동화가 반드시 필요하며, 서비스 배포에 따른 다운타임이 허용되지 않는 만큼 무중단 배포 전략의 수립 또한 필수 불가결하다. 또한 배포된 애플리케이션의 서비스 요구가 폭증할 시 자동화된 서비스 확장과 멀티 클라우드로의 배포를 위한 전략 수립이 있어야 한다. DevOps에 대한 상세한 내용은 이후 3절에서 상세히 다루도록 하겠다.

- 컨테이너: 'MSA로 잘게 나누어진 서비스를 호스팅하기 위한 서버의 형태는 무엇이 가장 적당할까? DevOps의 구현을 위하여 가장 적당한 서버의 형태는 무엇일까? 다양한 클라우드, 하이퍼바이저, OS 배포판에 호환성을 유지하며 애플리케이션을 배포할 수 있는 최적의 서버 형태는 무엇일까?'라는 물음에 가장 최적의 가상화 형태는 단연 컨테이너일 것이다.

CNA를 계획할 때, 의도치 않게 인프라의 구조 방식에 집중할 때가 많다. 좀 더 적나라하게 표현하자면, 클라우드와 인프라 솔루션 제조사의 영업력에 의하여 하드웨어와 가상화 솔루션 중심으로 인프라 구축 사업으로 진행되는 경우가 허다하다. 성공적인 CNA(프로젝트적인 측면에서 본다면 애플리케이션 현대화와 DT의 근간이 되는 클라우드 인프라를 설계하고 구축하는 행위)를 위해서는 앱을 어떻게 개발하고 호스팅할 것인가에 집

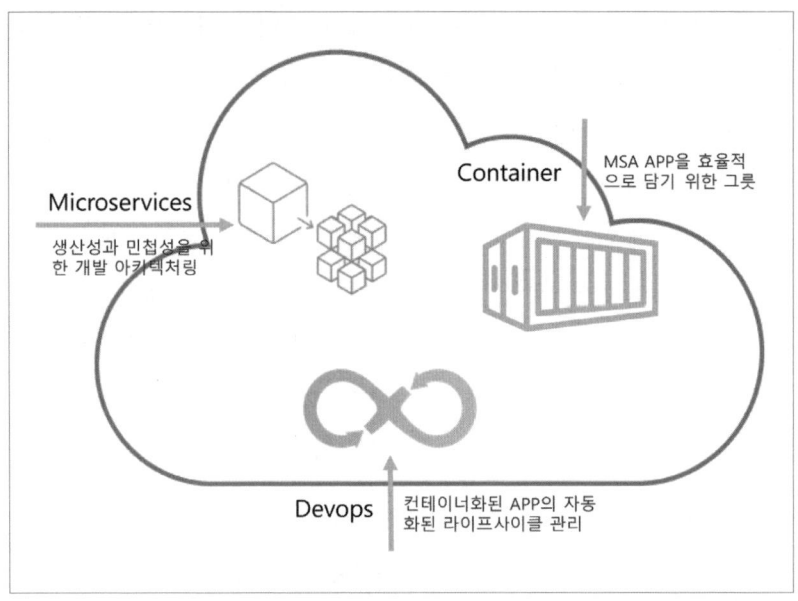

[그림 3-8] 클라우드 네이티브 아키텍처의 3대 요소

중해야 한다. 즉 지금까지 언급된 내용들을 기반으로 클라우드 네이티브하게 개발하고 인프라를 구축하기 위해서 반드시 MSA로 애플리케이션을 설계하고 DevOps를 구축해야 하며, 인프라는 컨테이너 기반이어야 한다는 데 너무 매몰되지 말라는 것이다.

MSA로 개발된 애플리케이션은 상황에 따라 물리 서버나 가상서버에 호스팅할 수도 있다. 컨테이너가 더 효율적이기 때문에 컨테이너를 선호하는 것이지 MSA는 반드시 컨테이너에 호스팅되어야 한다는 절대적 등식은 없다. 반대로 기존 모놀로식 구조의 레거시는 컨테이너로 전환이 불가능하다는 등식 또한 성립되지 않는다. 또한 모든 애플리케이션이 DevOps 형태로 조직을 개편하고 CI/CD를 통한 자동화된 배포방식을 무조건 따라야 되는 것도 아니다. 오히려 복잡도가 거의 없고 한번 배포되면 변화가 거의 없는 애플리케이션(예를 들어 패키지 소프트웨어나 데이터베이스)은 CI/CD pipeline이 굳이 필요 없거나 물리 혹은 가상서버에 호스팅 하는 것이 더 효율적일 수도 있다.

어떻게 보면 CNA는 민첩성과 확장성이 요구되는 환경에서 더욱 큰 효과를 발휘한다. 따라서 대세의 흐름을 좇지 말고 생산성 극대화를 위하여 조직이 필요한 개발환경과 운영 인프라의 필요 요소는 무엇인지를 먼저 정의 내려야 할 것이다.

▶▶ 3.2.4 국내 카드사의 ABC 기반 디지털 플랫폼 혁신 사례

B 카드사는 빠르게 변화하는 시장에 대응하기 위해 다양한 디지털 결제 서비스를 제공하며, 고객 유형과 소비패턴 분석을 통한 고객별 맞춤 서비스를 제공하고자 하였다. 이를 위해 딥러닝을 통한 데이터 분석을 위한 플랫폼 구축에 들어갔다.

플랫폼은 다수의 GPU 서버를 클러스터로 구성한 뒤 머신러닝 알고리즘 및 분석을 위한 애플리케이션들을 개발자가 컨테이너 이미지를 직접 생성하여 사용을 하였다. TensorFlow, Caffe2, R, JupyterHub/

Notebook 등 AI/ML의 알고리즘 개발에 필요한 컨테이너 이미지는 몇 개의 팀으로 이루어진 개발자들이 직접 도커허브 등을 통해 내려받아 개인별로 저장하여 사용하다 보니 표준화되지 않은 여러 버전의 이미지들이 중첩되게 되었고 한정된 자원을 컨테이너에 할당하기 위한 개발자 간 경합이 발생하기도 하였다.

또한 개발이나 분석이 완료된 워크로드의 경우 컨테이너 서비스를 중지하거나 삭제해서 할당된 자원을 반납하여 다른 필요한 개발자들이 할당받아 갈 수 있도록 해야 하는데, 생성된 컨테이너를 지속적으로 기동시킴으로 인해 마치 입지 않는 옷들 때문에 늘 수납공간이 부족한 것처럼, 늘 자원은 부족한 상태가 될 수밖에 없었다.

또한 개발자들이 스스로 개발환경에 필요한 환경을 스스로 구성하다 보

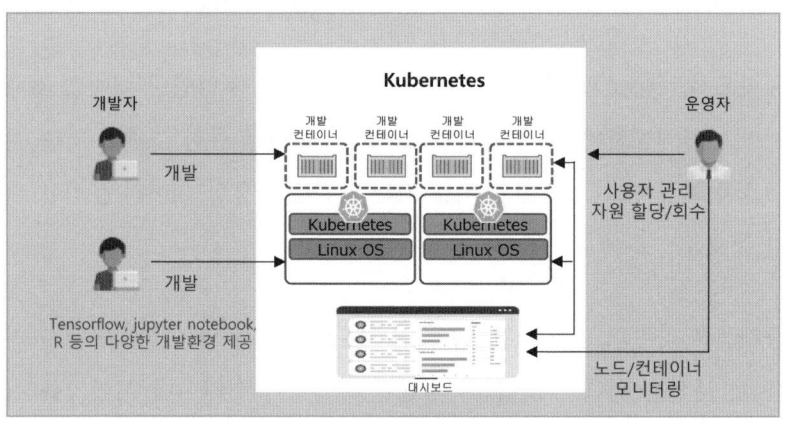

[그림 3-9] B사의 AI/ML 플랫폼

니 비즈니스 로직 개발에 집중할 수 없는 구조도 개선할 필요가 있었다. 이에 B 사는 관리자가 개발자로부터 서비스 요구사항을 받아 중앙에서 컨테이너 기반의 개발환경을 할당, 회수, 모니터링 할 수 있는 플랫폼 구축을 계획하였고 3개월의 기간에 걸쳐 쿠버네티스 기반의 딥러닝 플랫폼을 구축하였으며, 이로 인한 개선 사항은 다음과 같다.

As Is	To Be
AI/ML의 알고리즘 개발과 데이터 분석을 위한 다수의 개발자들과 팀의 특성에 맞는 다양한 개발환경을 구축하는 데 개발자 업무의 30%가 소요됨	개발에 필요한 Tensorflow, Jupyter Hub/Notebook, Python, R 등의 다양한 개발환경과 SW를 컨테이너 이미지로 할당, 개발환경 제공 시간을 1/10로 단축
한정된 자원 내에서 개발자 간 서버 자원 확보를 위한 경합이 자주 발생	관리자를 통해 각 팀별 자원 최대치 할당 및 프로젝트 기간 만료 시 회수
불필요한 가상자원의 기동으로 필요한 개발자들에게 자원이 즉시 할당되지 못함	Job, Cron Job으로 workload를 관리하여 분석과 테스트가 완료된 가상자원은 자동으로 종료해 자원의 낭비를 방지

[표 3-4] B사의 디지털 플랫폼 혁신의 사례

3.3 DevOps를 통한 개발 생산성을 극대화하려면?

▶▶ 3.3.1 DevOps가 지향하는 목표

흔히 DevOps를 어떠한 솔루션 형태로 이해하는 경우가 많다. DevOps는 어떠한 솔루션 꾸러미가 아닌 개발자와 IT 운영 전문가 간의 소통, 협업 및 통합을 강조하는 개발 방법론이다. 이를 통해 애플리케이션과 서비스를 빠른 시간에 개발 및 배포하는 데 목적을 두고 있다.

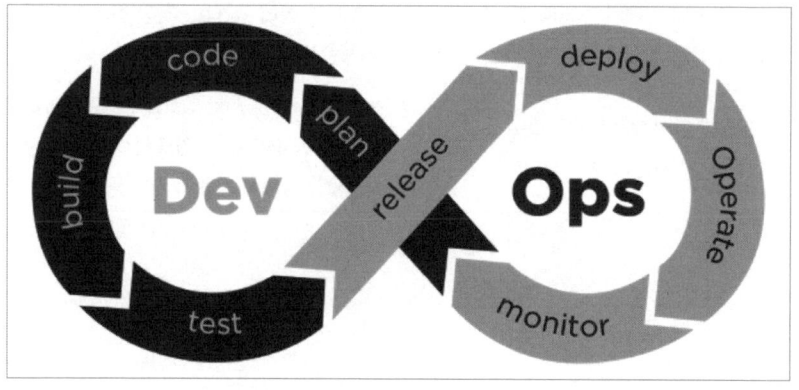

[그림 3-10] DevOps를 통한 애플리케이션의 지속적인 라이프사이클

DevOps는 문화적 요소가 상당히 중요하기 때문에 프로세스의 정립과 이에 대한 정착의 문화를 만들어가는 것이 매우 중요하다. DevOps를 접하는 가장 잘못된 접근 방식은 다양한 툴 킷 만능주의에 빠지는 것이다.

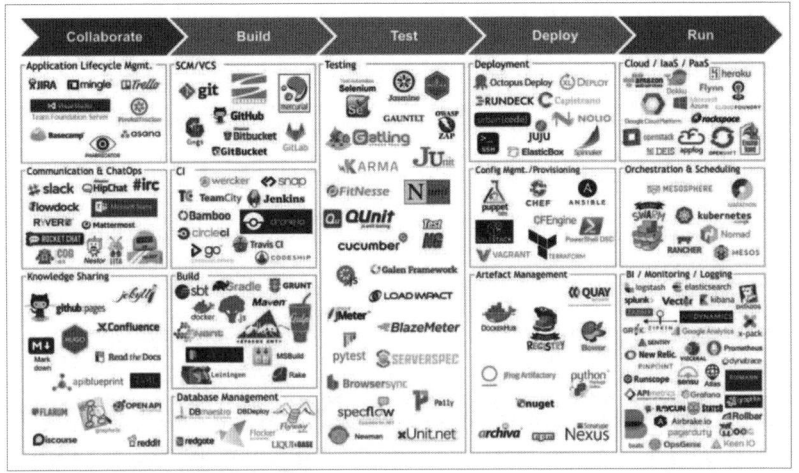

[그림 3-11] DevOps의 구현을 위한 수많은 선택지들
(출처 https://www.coherentsolutions.com/blog/which-continuous-integration-and-deployment-tools-will-have-the-biggest-impact-on-your-organization/)

안타깝게도 수많은 조직들이 툴 만능주의에 빠져 프로세스 정립과 문화 정착은 뒷전이고 툴 킷의 구축과 연계에 집중한 결과 가동되지 않는 DevOps 환경이 만들어지는 경우가 많다. 형상 관리에는 소스가 없고, 빌드 툴에는 빌드한 이력이 없으며, 배포는 배포권자가 여전히 수작업으로 배포하는 기존의 익숙한 과정을 답습하기 일쑤이다.

또한 능력이 출중한 슈퍼 개발자는 코드의 공유와 리뷰에 참여하지 않고 개발의 모든 과정을 독단적으로 진행하는 최악의 상황이 목격되기도 한다. 마치 빨래걸이가 되어버린 헬스 기구와 같은 상황에 직면하는 경우가 허다한 것이다. 실제로 재작년 100여 개의 기업들을 대상으로 DevOps 툴과 프로세스를 잘 준수하는지 설문조사를 한 적이 있었는데, 무려 60%의 개발자들이 형상 관리가 표준화된 빌드 환경을 사용하지 않고 본인의 노트북에 소스를 저장하거나 빌드를 수행하는 경우가 허다했다. 따라서 DevOps의 프로세스를 정착하고 조직의 구성원들이 정해진 표준 프로세스에 따르는 문화를 정착시키는 행위가 매우 중요하며, 일반적으로 3~5년 정도의 충분한 시간을 두고 이를 이행해야 한다.

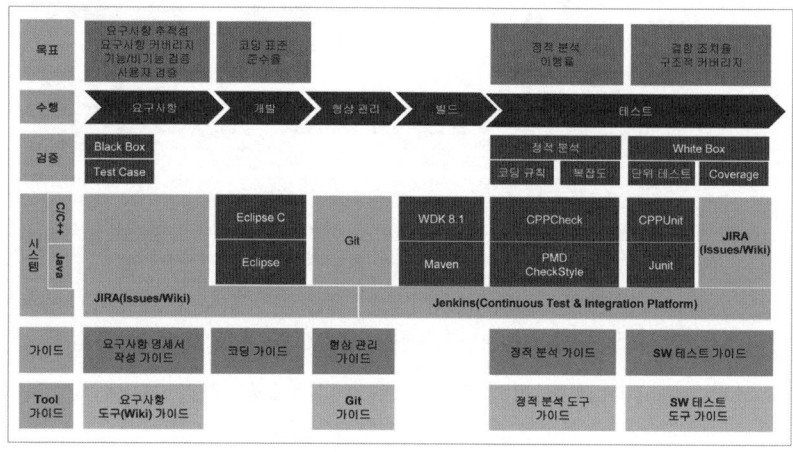

[그림 3-12] DevOps 프로세스의 예시

▶▶ 3.3.2 쿠버네티스 기반 DevOps 구성 시 고려사항과 아키텍처링

쿠버네티스 환경에서 DevOps의 구성을 위하여 필요한 요소들은 다음과 같다.

- Source Repository: Git, SVN과 같은 개발 소스 저장소

- Container Repository: 대내외 프로젝트에서 필요한 컨테이너화 된 애플리케이션의 저장소

- Container Orchestration: K8S와 같이 다수의 컨테이너와 노드 를 클러스터로 묶어 자동화된 관리

- CI: 단위 및 통합 애플리케이션과 컨테이너 빌드 툴

- CD: Container Orchestration과 통합되어 최신 POD의 배포와 버전 관리

- 협업 도구: 버그 및 이슈 트래킹의 공통 작업을 위한 소통 도구

- IDE: VDI 혹은 Web IDE를 통해 개발 도구를 개발자들에게 할당

이러한 툴 킷을 활용하여 애플리케이션의 라이프사이클을 자동화할 수 있는 CI/CD Pipeline을 설계하고 구축하는 것이 쿠버네티스 기반의 DevOps 구성의 핵심이라 할 수 있다. 더 나아가 멀티 클러스터상에서 Active-Active 방식으로 데이터센터를 운영하려는 경우가 늘어남에 따라 다수의 쿠버네티스 클러스터에 POD를 자동으로 동시 배포하기 위한 Pipeline 또한 구상해야 할 것이다.

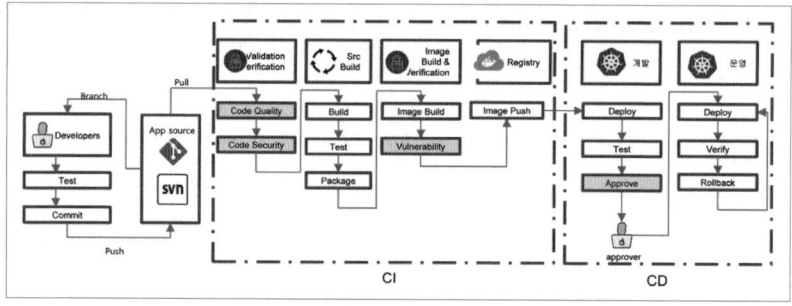

[그림 3-13] 멀티 클러스터 배포 CI/CD Pipeline의 예시

▶▶ 3.3.3 대두되고 있는 GitOps

GitOps라는 DevOps와 비슷한 개념이 요사이 대두되고 있다. 주로 IT 컨설팅 쪽에서 기업들 대상으로 차세대 ISP를 수행하면서 요사이 부쩍 GitOps를 혁신의 키드로 꺼내 들고 있는 상황이다. GitOps는 2017년 Weaveworks에서 최초로 언급하였으며, Git을 활용하여 당시 급부상하기 시작한 쿠버네티스상에서 애플리케이션을 배포할 아이디어에서 출발하였다. 그 아이디어들은 다음과 같다.

- 쿠버네티스에서 Deployment, StatefulSet, Service 등의 워크로드를 배포하기 위해 환경파일(manifest)들을 yaml 형식으로 관리하는데, 이를 Git에 저장한 다음 선언적 코드를 통해 배포에 대한 관리가 가능하지 않을까?

- Manifest 기반의 선언적 코드들을 Git을 통해 배포할 애플리케이션의 버전 관리까지 가능하지 않을까?

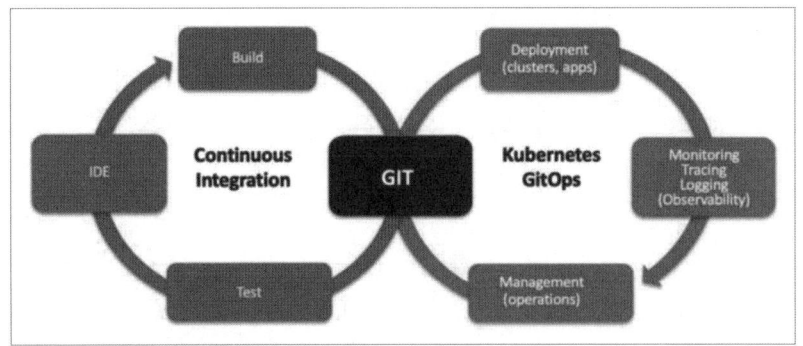

[그림 3-14] GitOps의 개념
(출처: https://itnext.io/continuous-delivery-with-gitops-591ff031e8f9)

GitOps는 위의 아이디어에서 출발한 만큼 클라우드 네이티브 아키텍처상에서 애플리케이션의 소스에 대한 형상 관리와 빌드된 애플리케이션의 형상 관리를 통합하여 단일 저장소에서 관리하고 클라우드 네이티브 인프라에 (주로 쿠버네티스 기반의 PaaS) 배포까지의 일련의 과정을 자동화하는 데 목적이 있다. 이렇게 정의하고 보면 DevOps과 매우 유사하다고 볼 수 있는데(DevOps는 앞서 서술하였듯이 문화적 관점으로 본다.) GitOps는 문화를 구현하기 위한 구체적인 실현 방법론이라 볼 수 있다. 따라서 GitOps는 주로 DevOps의 구현을 위한 툴 체인들의 연계와 사용방법을 구체적으로 다루며, CI/CD Pipeline의 구현을 위한 대세로 떠오를 잠재력이 충분히 있다.

GitOps의 최대 장점은 배포 Script를 Git에서 통합으로 관리하여 개발자들이 Git을 통해 쉽게 배포할 수 있으며, Git의 주요 기능인 변경관리를 배포한 애플리케이션에도 적용할 수 있다는 점이다.

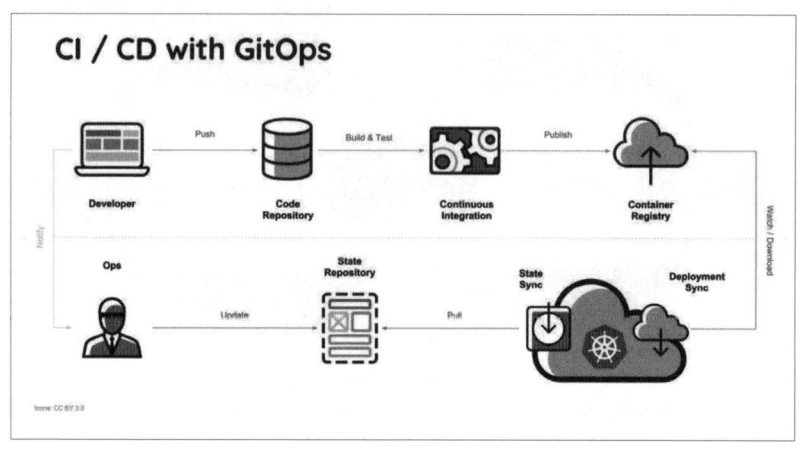

[그림 3-15] GitOps를 통한 CI/CD Pipeline
(출처 : https://cppis.github.io/container/common/2021/09/01/cicd.pipeline.html)

▶▶ 3.3.4 국내 중견기업의 DevOps를 통한 생산성 혁신의 사례

U 사는 국내 최대의 컨택센터 솔루션 기업이며, 180여 서비스, 금융, 기업 등과 계약을 맺고 콜센터 아웃소싱 서비스를 제공하고 있다. 4년 전 이 기업의 임원분을 클라우드 세미나에서 처음 만났을 당시, 쿠버네티스와 컨테이너 관련한 신기술을 초기에 접하고 시범 적용을 검토하고 있는 기업이 그리 흔하지 않았다.

특히 중견기업이나 중소기업의 경우 현 상태를 유지하는 것조차 버거운 곳이 많은데, 충분치 않은 인원과 자금력으로 새로운 기술을 연구하고 검토한다는 것 자체가 큰 도전이자 경영진 입장에서는 과감한 투자에 대한 효과가 과연 입증될 수 있느냐는 위험 요소를 떠안아야 되기 때문에, 시장에서 충분히 검증되고 해당 기술이 안정기에 접어들었을 때 도입하기 마련이다. 특히 DevOps는 프로세스 정립과 문화의 정착의 영역이기 때문에 플랫폼이나 솔루션을 도입한다고 해결될 문제가 아니다.

10년 전 정보통신진흥원의 소프트웨어공학 전문 박사와 해외 출장길에서 이와 관련하여 이야기를 나눈 적이 있었는데, 그분의 언급에 따르면 중소/중견기업의 경우 DevOps 체계를 1년에 걸쳐 컨설팅 후 프로세스를 정립하면, 경영진 입장에서는 큰 혁신이 일어날 것이라 기대하지만 90% 이상은 2년 내 다시 원래대로 돌아가고 폐기처분 된다는 것이다(앞서 언급한 빨래걸이가 된 헬스 기구의 운명이다). 혁신이 가장 어려운 이유 중 하나가 익숙함에서 벗어나 새로운 환경에 적응하는 것이 결코 쉽지 않기 때문이다. 이는 기술의 영역이 아닌 사람의 마음가짐과 의지의 영역이기 때문이다.

이 기업의 경우 2018년경 개발자들과 인터뷰를 하였을 시 가장 큰 이슈는 아웃소싱 업체들이 많다 보니, 계약된 기업별로 물리 서버나 VM을 개별적으로 할당하여 애플리케이션을 배포하는 단순 반복 작업이 과다하게 발생한다는 것이었다. 게다가 애플리케이션의 소스 관리와 빌드를 개발자들 개인 PC에서 주로 진행하였으며, 해당 개발자의 개인적 사유나 퇴사로 인해 다른 개발자가 업무를 인계받을 시 해당 개발자의 PC에서 빌드 오류가 흔히 발생하곤 했다.

따라서 이러한 수작업 요소를 표준 플랫폼과 이미지를 통해 개발환경을 할당하고 애플리케이션 배포를 자동화함으로써 업무 생산성을 제고하는 데 중점을 두고 쿠버네티스 기반의 DevOps 플랫폼을 구축하였다. 이로 인해 신규 프로젝트나 서비스 출시 일정이 과거 대비 1.5~2.5배 단축되는 생산성 향상을 가져오게 되었다.

물리 환경		VM		컨테이너	
개발계획수립	4	개발계획수립	4	개발계획수립	4
예산 배정	2	예산 배정	2	예산 배정	2
HW 구매	6	-		-	
HW 설치	2	VM 할당	0.5	컨테이너 할당	즉시
OS 설치/설정	0.5	-		-	
미들웨어 구성	1	미들웨어 구성	1	-	
코드 개발	8	코드 개발	8	코드 개발	8
QA 구성과 테스트	3.5	QA 구성과 테스트	3.5	테스트	2
운영환경 배포	2	운영환경 배포	1.2	운영환경 배포	0.2
전체 합계	29.5		20.7		16.2
공통요소 배제	21.5		12.7		8.2

[표 3-5] U사의 쿠버네티스 기반 DevOps 플랫폼 생산성 향상 지표(단위 : week)

아래는 DevOpS를 통한 개선사항들이다.

CI/CD 적용 전	CI/CD 적용 후
아웃소싱 기업 수만큼 VM으로 웹서비스 운영, 신규 애플리케이션 배포 시 일일이 수작업으로 환경설정 변경하며 배포	컨테이너로 애플리케이션 배포, CI/CD Pipeline을 통해 단일 소스→다중 배포 자동화
신규 서비스 배포 및 업데이트로 인한 서비스 중단으로 야간작업이 빈번하게 발생	신규 서비스의 출시 일정 평균 2배 이상 절약
서비스 장애 발생 시 수작업 재기동	무중단 배포 전략으로 업무시간 중 배포 가능
각 계약 기업별 Call log 분석을 위한 플랫폼 구성으로 많은 자원이 필요	장애 발생한 POD는 자동으로 서비스 재개

[표 3-6] U사의 DevOps 혁신을 통한 개선점

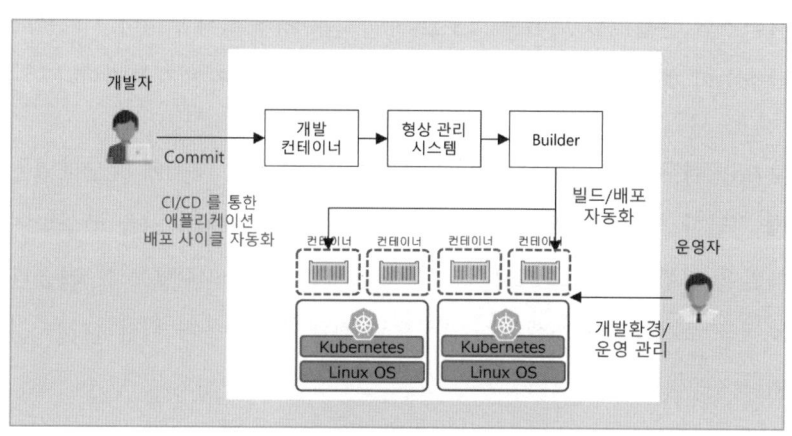

[그림 3-16] U사의 DevOps 플랫폼 구성 개요

3.4 MSA를 위해 인프라는 어떤 방식으로 구성할까?

▶▶ 3.4.1 MSA는 왜 필요하게 되었는가?

일반적으로 애플리케이션을 초기 프로토타입으로 개발할 때 전체 애플리케이션의 소스 코드를 하나의 배포 단위로 만드는 모놀리식 방식을 사용한다. 쉽게 말하자면 한 덩어리 안에 모든 로직을 넣었다고 생각하면 된다. 프로토타입 개발의 경우 최소한의 요구사항으로 짧은 기간 내에 서비스의 콘셉트를 보여줄 의도로 개발하는 경우가 대부분이기 때문에 극소수의 개발 리더가 모놀리식으로 개발하는 것이 훨씬 생산적이다.

문제는 이후 정식 프로젝트로 승인받고 본격적으로 개발에 착수하였을 때 적당한 서비스 단위로 나누고 이에 상응하는 다수의 팀을 구성하여 개발을 진행하지 않고 프로토타입에서 개발한 모놀리식에 모든 기능과 로직을 추가하거나 개선하는 방식으로 진행되는 경우가 허다하다는 것이다.

실제 3년 전 만나봤던 중견 규모의 인터넷 쇼핑몰 기업의 경우 애플리케이션을 재시작하는 데 30분 이상 소요된다고 하여 내부 구조를 살펴보니 WAS에 할당된 힙메모리 사이즈가 128GB나 되었다. 일반적으로 2GB를 잘 넘지 않는데, 엄청난 사이즈의 메모리가 할당되었으니 서비스 시작에 30분 이상 소요되는 것은 당연한 결과였다. 처음에 작은 사이즈로 출발하였다가 쇼핑몰의 규모가 커지면서 기존 모놀리식에 기능을 지속적으로 추가하여 개발한 방식으로 수년간 유지하다 보니 아주 무거운 애플리케이션이 되어버린 것이다.

이 고객의 경우 기존 애플리케이션 기능 중 일부를 수정하여도 전체 서비스를 재기동해야 하며, 이를 위해 최소한 30여 분의 다운타임이 발생될 수 있다(화장실의 변기 하나 고치기 위해 집을 철거해야 할 상황을 받아들일 수 있겠는가?). 게다가 수정된 일부 기능의 오류가 전체 서비스 장애로 이어질 때 서비스 복구에 많은 시간이 소요되는 등 비대해진 모놀리식 애플리케이션은 서비스의 민첩성, 확장성, 가용성 확보가 어려운 구조

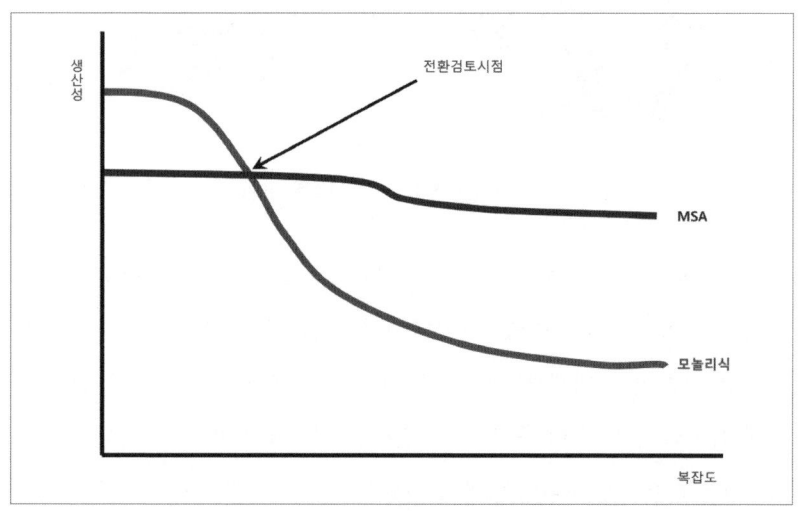

[그림 3-17] 모놀로식과 MSA의 생산성 변화

인 관계로 신규 서비스 및 기능 요구사항이 지속적으로 증가할 때는 별도의 서비스로 개발하고 기존 서비스와 연결하는 방식의 개발 방법론이 생산성과 효율성을 증가시킬 수 있다.

이렇듯 기존의 모놀리식 아키텍처와 달리 애플리케이션을 기능별 혹은 비즈니스 도메인별로 작은 단위로 나누고 서비스들끼리 상호 통신하는 형태의 아키텍처를 마이크로 서비스 아키텍처(이하 MSA)라 부른다.

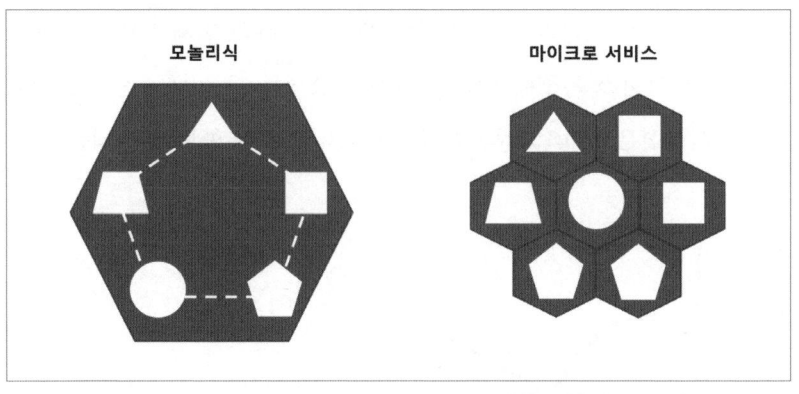

[그림 3-18] 모놀리식 vs 마이크로 서비스

일반적으로 IT 업계에 종사하는 사람들조차도 MSA를 상당히 어렵게 여기고 마치 새롭게 나타난 아키텍처로 오인하는 경우가 많다. MSA는 사실상 기존에 존재해왔던 서비스 간 API 호출 방식을 이해하면 매우 쉽게 접근할 수 있으며, 우리가 늘 접하는 인터넷 포털의 첫 화면만 보아도 MSA 구조로 설계되어 있음을 가늠할 수 있다. 다음에 제시된 유명한 국내 포털의 첫 접속 화면을 살펴보도록 하자.

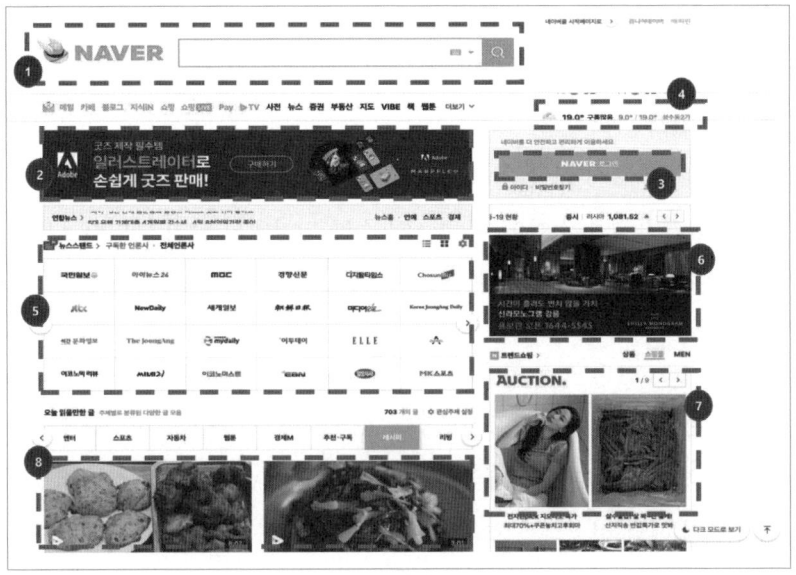

[그림 3-19] 국내 포털 서비스의 마이크로 서비스 형태의 포털 (출처: www.naver.com)

위의 국내 모 포털의 URL로 접속하여 첫 화면을 접속해 보면 하나의 화면을 이루기 위해 여러 개의 작은 단위의 서비스들이 조합되어 있음을 한눈에 알 수 있다(기술 이해도의 차이에 따라 다를 수는 있지만). 우선 1번의 검색창이 단일의 서비스이며 개별적인 검색 애플리케이션과 데이터베이스로 이루어져 있을 것이다. 2번의 배너 광고 또한 별개의 서비스이다. 3번의 인증의 경우도 별도의 인증 서버들로 구성되어 있을 것이다.

여기서 재미있는 내용은 4번의 날씨 정보다. 날씨 정보를 제공하기 위해서는 기상청이 측정한 날씨 데이터를 보유하고 있어야 가능할 터인데, 이 포털 업체는 기상 측정을 하지 않기 때문에 외부로부터 날씨 데이터를 확보해야 할 것이다. 즉, 측정한 기상정보를 보유하고 있는 기상청과 같은 기관으로부터 데이터를 공유받았을 것이다. 그런데 기상청이 이 포털 업체를 위하여 기관이 보유한 데이터베이스의 접근을 허용하였을까? 절대 그렇지 않다. 기상청은 데이터베이스를 오픈하지 않고 대신 API를 공개하였을 것이며, 포털 서비스는 기상청의 날씨 데이터 API를 호출하여 서비스를 제공한다.

마찬가지로 5번의 뉴스 콘텐츠, 7번의 외부 인터넷 쇼핑몰 또한 해당 데이터와 콘텐츠를 소유한 주체로부터 API를 호출하거나 URL 라우팅을 통해 서비스를 연결하여 제공한다. 이렇듯 MSA는 다수의 서비스들이 필요할 때 해당 서비스를 호출하여 외부 클라이언트의 요청에 응답하는 구조로 구성되어 있다. MSA는 다음의 특징을 가지고 있다.

- 각 서비스 간 느슨한 결합 구조로 서로 종속적이지 않으며, 개별 서비스의 장애가 다른 서비스에 영향을 끼치지 않는다.
- 각 서비스는 독립적으로 개발/배포 가능하며, 개별 서비스별 업데이트와 확장이 가능한 구조이다.
- 서비스 간 API를 통한 통신을 하기 때문에 이들 간 호출과 라우팅 처리를 위한 단일의 Entry point가 필요하다.
- 각각의 독립적인 서비스별로 데이터를 저장하고 있으며, 기존 모놀로식 애플리케이션을 MSA로 전환 시 데이터 중복이 발생할 수 있다.

MSA가 모놀로식과 대비하여 반드시 장점만 존재하는 것은 아니며, 단점 또한 존재한다. MSA의 장점과 단점을 요약하면 다음과 같다.

장점	• 각 서비스별로 독립적인 개발이 가능하고 이에 대한 개발 업무를 서비스 단위로 할당할 수 있어 개발 진척도의 파악이 매우 용이하다. 또한 서비스 품질에 대한 책임 소재를 명확히 할 수 있다. • 각 서비스별로 독립적인 배포와 확장이 가능하므로 특정 기능의 배포와 개선이 다른 서비스에 영향을 끼치지 않는다. 또한 특정 기능에 과부하가 발생될 시 해당 서비스만 확장하여 해결할 수 있으며, 이것 때문에 전체 서비스 확장을 위한 대규모의 인프라를 사전에 준비할 필요가 없다. • 서비스별 특성에 맞는 언어와 인프라의 사용이 가능하다. 하지만 이 부분은 자바 천국인 대한민국에서는 크게 장점으로 작용하는 것 같진 않다. • 각 서비스의 장애가 전체 장애를 유발하지 않으며, 서비스의 병목과 장애의 원인이 되는 서비스 요소의 발견이 쉽다. 과거 코로나 백신 예약 서비스가 인증 서비스 때문에 예약 서비스 전체에 장애를 유발한 사건을 떠올리면 쉽게 공감될 것이다. 결국 자체 인증 서비스를 포기하고 다수의 분산된 민간 인증 서비스와 API 호출과 연결을 통해 이 문제를 해결했다. • 단위 서비스별 업데이트와 개선이 가능하므로 유지보수가 매우 용이하다.
단점	• 나누어진 서비스 간 API 호출을 하기 때문에 이를 위한 통신 구조의 설계가 필요하다. • 서비스 수가 많아지기 때문에 복잡도가 증가한다. • 모놀리식보다 성능 저하가 발생한다. MSA로 구성하면 성능이 증가될 것이라고 기대하는 사람들이 많은데, 절대 그렇지 않다. 10여 년 전 모놀로식을 호스팅했을 때보다 현재의 컴퓨팅 파워가 월등히 좋아졌기 때문에 그렇게 느낄 수는 있다. • 데이터 중복이 발생할 수 있으며, 정합성 관리가 어렵다. 따라서 정합성 보장이 반드시 필요한 돈과 관련된 업무는 MSA로 굳이 나누는 것을 추천하고 싶지 않다. • 다수의 서비스로 나누어진 만큼 서비스 단위의 테스트가 상당히 증가하며, 이들을 통합한 통합 테스트 정책을 수립해야 한다.

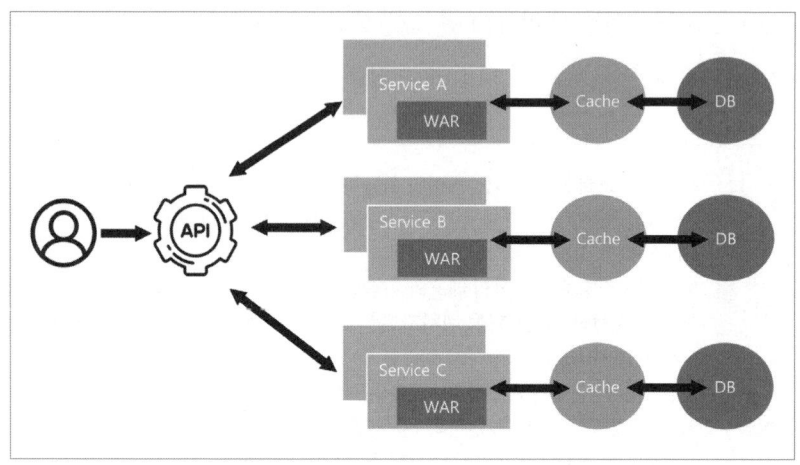

[그림 3-20] MSA 아키텍처 개요도

[표 3-7] MSA의 장점과 단점

>> 3.4.2 MSA에 적합한 인프라는?

작은 서비스 단위로 나누어진 애플리케이션은 어느 인프라에 호스팅하는 것이 적당하냐는 질문에 대부분의 사용자들은 주저 없이 컨테이너라고 답을 한다. 반대로 컨테이너에 애플리케이션을 호스팅하기 위해서는 기존의 애플리케이션을 MSA로 개편해야 가능한 것으로 알고 있는 사람들도 많다. 하지만 둘 다 그렇지 않다. MSA는 기존의 물리 서버나 가상 서버에서도 운영이 가능하다. 마찬가지로 기존 모놀리식 애플리케이션 또한 MSA로 개편하지 않고도 컨테이너로 이전이 가능하다. 즉, 'MSA=컨테이너'라는 등식이 반드시 성립하는 것은 아니다. 그렇다면 왜 MSA는 컨테이너를 선호할까? 다음의 이유로 정리해 볼 수 있다.

- 서비스를 나누는 크기의 기준은 없지만 이름 그대로 아주 작은 서비스인 만큼 CPU나 메모리의 요구사항이 매우 작은 단위로 할당되는 경우가 많다. 컨테이너의 경우 0.05core와 같이 1core 미만의 소수점 core 할당이 가능하다(사실 엄밀히 말하면 할당이라기보다는 Limit의 설정이다).

- 기존 모놀로식 애플리케이션을 400여 개의 MSA로 나누었다고 가정해 보자. 이를 호스팅하기 위해 400여 대의 물리 혹은 가상서버를 준비한다고 하면, 400여 개의 OS가 필요할 것이다. 아마도 서비스에 필요한 CPU나 메모리와 같은 리소스보다 OS가 필요한 리소스가 훨씬 더 많을 것이다. 또한 각 서비스별로 개발팀이 다를 경우 다수의 OS 배포판과 버전이 사용될 가능성도 발생할 것이다. 그렇지 않아도 여러 개로 나누어진 서비스로 인해서 관리 복잡성이 증가하는데, 인프라 관리의 복잡성이 여기에 더해지게 된다. 다행히 컨테이너는 내부에 OS가 없어 이러한 리소스의 낭비나 OS 관리 등 인프라 관리의 복잡성과 과도한 비용이 발생할 소지가 거의 없다.

- MSA의 경우 각 서비스별 가장 적합한 언어로 개발할 수 있는 장점이 존재하는데 이는 다수의 시스템 SW와 프레임워크를 관리해야만 한다는 단점이 될 수도 있다. 이를 컨테이너 이미지로 관리함으로써 단일의 운영 체계를 만들 수 있다.

- 단일의 서비스에 대하여 배포 일정을 수립하는 것은 그리 어려운

일이 아니며, 수작업으로 빌드/테스트/배포 등의 Life cycle의 관리가 가능하지만 서비스가 다수일 경우 이에 대한 관리의 자동화는 필수 요건이다. 물리 서버로 이를 자동화하는 것은 불가능하며, VM 또한 하이퍼바이저와 OS에 대한 의존성으로 인해 쉽지 않다. 유일하게 컨테이너만 다수의 애플리케이션에 대한 Life cycle의 관리 자동화를 쉽게 수립할 수 있다.

▶▶ 3.4.3 MSA로 인프라 아키텍처 시 고려사항들

MSA는 작은 단위의 서비스별로 나누어졌기 때문에 아래의 경우를 감안하여 아키텍처링해야 한다.

- 서비스 간 호출 시 상호 인증/인가를 맺어야 한다. 서비스 호출 때마다 계정과 패스워드를 기입할 수 없는 노릇이므로 요청에 대한 인증 및 인가를 일괄 처리할 수 있는 Entry point가 필요하다.

- 서비스의 수가 적을 때는 누가 누구를 호출할 것인가에 대한 로직을 코딩 단계에 넣을 수 있겠지만 서비스가 기하급수적으로 증가할 때 거미줄처럼 매우 복잡한 API 호출 경우의 수가 발생하게 되는데, 이를 애플리케이션 로직에 넣는 것은 불가능하다. 따라서 이를 인프라 솔루션에서 모든 API에 대한 요청을 단일화를 해줄 Entry point가 필요하다.

- 인터넷을 통해 서비스 접속을 할 때, 일반 PC로 접근할 경우와 모바일로 접근할 경우를 나눌 수 있다. 이때 클라이언트의 접속 조건에 따라 호출에 대한 서비스를 분배하기 위한 라우팅 처리가 필요한 경우가 있을 때 이를 애플리케이션 로직에 넣어 개발하기가 여간 귀찮은 일이 아닐 수 없다. 따라서 클라이언트별 접속 요청을 앞단에서 구분하여 서비스 라우팅 처리를 할 Entry point가 필요하다.

- 다수의 작은 서비스가 연결되어 단일의 응용프로그램을 제공하는 관계로 이들 간 호출 관계와 서비스 추적에 대한 가시화를 고려해야 한다. 그렇지 않으면 문제를 유발한 서비스를 찾아내는 데 애를 먹기 때문이다.

- 어떠한 서비스에 문제가 생기거나 과부하가 걸려 응답을 줄 수 없어 전체 서비스의 지연 및 무응답 상태를 유발할 수 있다. 따라서 이를 예방 및 해결하기 위하여 응답 지연 및 장애가 발생한 특정 서비스 처리를 어떻게 할 것인가에 대한 로직도 고려해야 한다.

위 사항들을 개발 로직에 감안하여 코딩을 하기엔 MSA는 확실히 복잡하다. 게다가 프로젝트에 참여한 다수의 팀들이 이 모든 사항들을 숙지하는 것은 불가능에 가깝고 MSA 방식으로 개발한 경험이 있는 개발자들은 손에 꼽을 정도로 적다. 따라서 개발자는 비즈니스 로직의 개발에 집중하고 위 고려사항들은 인프라 솔루션에서 해결하고 개발 로직에 일일이 반영하여 코딩할 필요가 없는 환경을 마련할 필요가 있다.

>> 3.4.4 서비스 메시와 API GW의 차이점

MSA 간 서비스 호출과 라우팅 처리를 위한 단일의 Entry point가 필요하다는 것을 앞서 반복하였는데, API 게이트웨이와 서비스 메시를 통해 Entry point를 구축할 수 있다. API 게이트웨이는 과거 MSA의 전신인 SOA(Service Oriented Architecture, 서비스 지향 아키텍처)가 유행이었던 시절 ESB(Enterprise Service Bus)에서 유래하였으며, 어찌 보면 ESB의 복잡하고 많은 기능들을 경량화한 솔루션으로 실용성이 매우 뛰어나다.

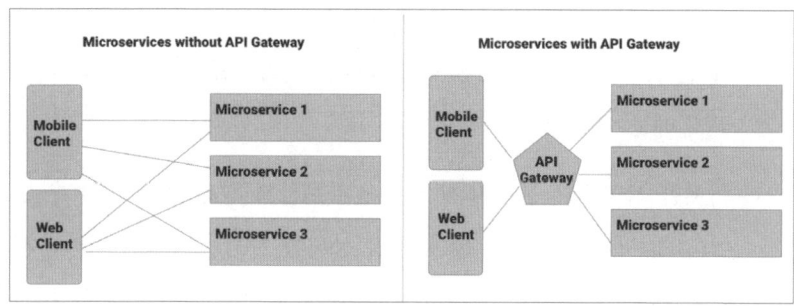

[그림 3-21] API GW의 필요성

API 게이트웨이 이외에도 쿠버네티스상에서는 이러한 역할을 수행할 수 있는 서비스 메시가 있다. 서비스 메시는 MSA로 나누어진 작은 단위의 POD들 간 API 호출을 위한 네트워크이며, 서비스 디스커버리, 로드 밸런싱, 동적 서비스 라우팅, 서킷 브레이킹, 타임아웃 및 재시작, 서비스 추적, TLS 인증 등 API 게이트웨이와 유사한 기능을 제공한다.

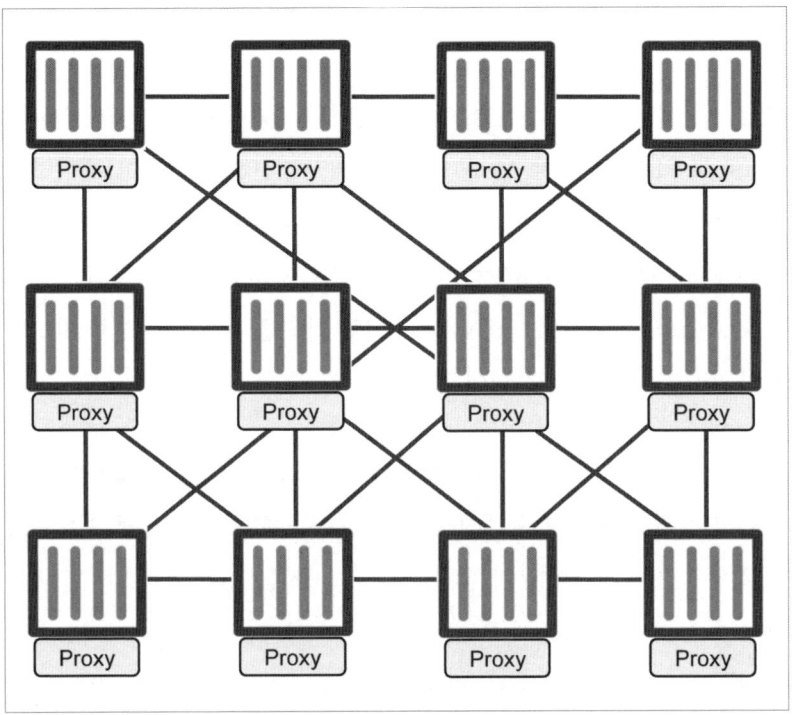

[그림 3-22] 서비스 메시 구조도

그렇다면 API 게이트웨이와 서비스 메시는 어떤 차이가 있는가? 둘 중 어떤 것을 선택하여 아키텍처링을 해야 하는가? 둘 다 사용해야 하는가? 등의 고민이 생길 것이다. 일단 API GW는 중앙 집중형 아키텍처이며, L7 스위치처럼 서비스의 앞단에 위치하여 Proxy 형태로 서비스를 대행해 준다. 따라서 단일 지점의 관리라는 장점은 있지만 단일 지점의 장애와 병목을 유발할 수 있다는 단점 또한 존재한다. 따라서 이에 대한 고가용 및 부하 분산을 고려해야 할 것이다.

반면 서비스 메시는 분산형 아키텍처이며, 제어와 정책을 수립하는 Control Plain과 실제 MSA 간 네트워크 통신을 조정하고 제어하는 Proxy가 POD마다 agent 방식으로 동작한다. 따라서 병목 현상과 단일 지점에 대한 장애를 유발하지는 않지만 다수의 Proxy를 관리해야 하는 단점 또한 존재하며, Proxy가 의외로 자원을 차지하는 만큼 워크노드의 core와 메모리의 증설이 필요하다.

기능적인 측면에서는 마치 경쟁하듯 서로의 고유 기능들을 쫓아가는 형태로 발전해오다 보니 원래의 목적이 달랐음에도 마치 경쟁 솔루션이 된 것처럼 인식되는 경우가 많다. 서비스 메시는 K8S 클러스터상 내부 자원들 간 통신과 호출에 초점이 맞추어서 있는 반면, API 게이트웨이는 내부와 외부 시스템들 간 통신과 호출에 초점이 맞추어져 있다.

게다가 API 게이트웨이는 요사이 API 통합 관리 측면에서도 많이 활용되고 있기도 하다(예전에는 API 관리와 통신 처리의 솔루션이 분리되어 있었지만 현재는 두 가지 기능이 통합된 형태로 제공된다). 따라서 K8S 클러스터 외부와의 호출이나 통신이 없다면 서비스 메시로, 있다면 API GW로 구성하는 것으로 선택을 주로 하는 편이나 최근 들어 서비스 메시를 통해 다양한 고급 배포 전략을 세울 수 있는 장점이 있어 이를 도입하는 증가세가 뚜렷하며, API 게이트웨이와 병행하여 구성하기도 한다.

API 게이트웨이와 서비스 메시의 차이점을 요약하면 아래의 표와 같다.

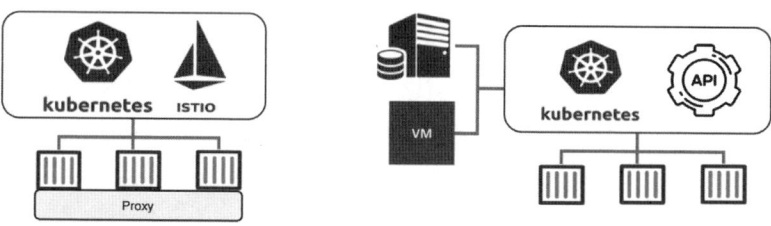

서비스 메시	API 게이트웨이
내부 자원들 간 통신과 호출에 초점	내부와 외부 자원들 간 통신과 호출에 초점
네트워크 내 서비스 관리와 제어	서비스를 외부 인터넷에 노출
주로 East-West 간 통신	주로 North-South 간 통신
MSA들의 경계 내부에서 역할을 주로 수행	MSA의 외부 경계에서 역할을 주로 수행
분산형 아키텍처 (No SPOF)	중앙 집중형 아미텍처 (SPOF)

＊SPOF(Single Point of Failure): 단일 지점 장애의 줄임말

[표 3-8] 서비스 메시와 API 게이트웨이의 비교

3.4.5 서비스 메시로 할 수 있는 일들

앞서 서비스 메시의 주요 기능들을 나열하였는데, 각 기능들이 어떠한 역할을 수행하고 이점을 제공하는지 알아보도록 하자. 다음은 서비스 메시의 주요 기능들이다.

- **서비스 장애 감시와 서비스 디스커버리**: 서비스의 건강 상태를 체크하여 정상적인 POD로만 트래픽을 라우팅한다. 또한 특정 서비스가 다수의 POD들로 구성되어 있을 경우 로드밸런싱을 수행하며, 스케일 아웃으로 POD들이 확장될 경우 이를 자동으로 발견하고 서비스 클러스터에 포함한다.

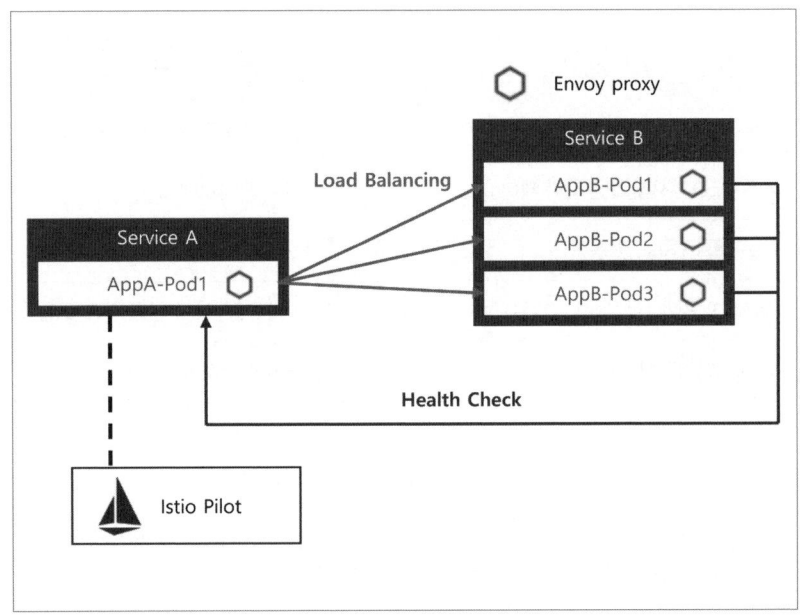

[그림 3-23] 서비스 디스커버리와 로드밸런싱

- **콘텐츠 기반 서비스 라우팅**: 서버에 접속 시 클라이언트의 환경이 다를 수 있다. 예를 들어 스마트폰으로 접근하는 경우와 PC로 접근하는 경우 다른 화면을 보여줄 필요가 있을 것이다. 단순히 커넥션 기반으로 트래픽을 라우팅하지 않고 요청한 콘텐츠 내용을 기반으로 서비스 라우팅 처리함으로써 사용자 디바이스 종류에 따른 라우팅 처리가 매우 용이해 진다.

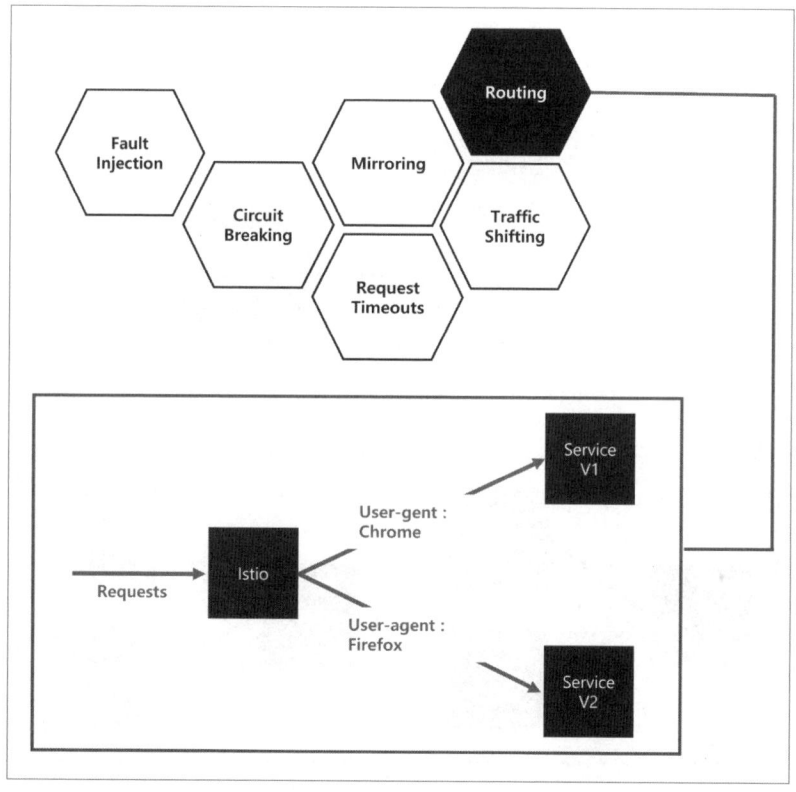

[그림 3-24] 콘텐츠 기반 라우팅

- **트래픽 분할**: 이는 카나리 배포와 Blue/Green 배포 두 가지 경우로 구분할 수 있다. 새로운 버전의 서비스 배포 시 기존 버전을 내리고 신규 서비스를 올리지 않고 기존 버전과 신규 버전을 동시에 올린 뒤 트래픽 양을 조절하여 클라이언트의 반응을 살필 수 있다. 카나리 배포는 일정 비율을 정하여 라우팅을 처리하고 (예를 들어 기존 버전은 90%, 신규 버전은 10%로 라우팅 처리) Blue/Green은

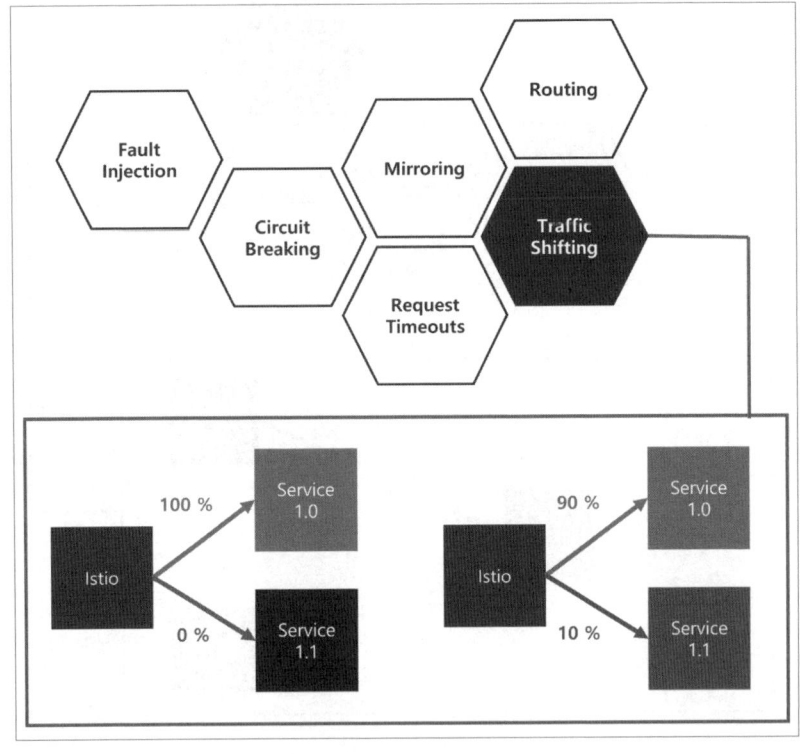

[그림 3-25] 트래픽 분할

상황에 따라 기존 버전과 신규 버전으로 모든 트래픽을 라우팅 처리한다. 즉, 일정 비율을 부여하지 않고 한쪽 버전으로만 트래픽을 라우팅하는 점이 카나리 배포와 다르다.

둘 다 테스트 기간 동안 기존과 신규 버전의 서비스를 동시에 기동해야 하는 관계로 롤링 업데이트 방식보다 2배의 자원이 더 필요하지만 실제 클라이언트를 대상으로 라이브 테스트를 할 수 있고 무중단 서비스 교체 및 롤백이 가능한 장점이 있어 워라벨이 중요한 현재의 업무환경에서 개발자들이 상당히 선호하고 있다.

- **트래픽 미러링**: 신규 업데이트된 서비스를 배포하기 전 여러 가지 테스트를 내부에서 진행할 것이다. 내부 테스트가 마무리된 이후 실제 외부 클라이언트를 대상으로 신규 서비스에 대한 반응과 트래픽에 대한 Live 테스트를 하고자 할 때, 카나리 배포나 Blue/Green 배포 전략을 사용할 수 있을 것이다.

  그러나 외부 클라이언트에서 업데이트할 서비스를 노출하지 않고 Live 테스트를 진행하고 싶을 땐 어떤 방안이 있을까? 예를 들어 신규 서비스를 오픈하기 전까지 보안을 유지해야 할 상황이 있을 수 있다. 트래픽 미러링을 통해 외부 클라이언트의 접속 요청에 대하여 이를 복제하여 신규 업데이트 버전으로도 보내 실사용자가 접속한 것처럼 Live 테스트를 할 수 있다. 이때 복제된 서비스 요청에 대한 응답은 외부 사용자에게 노출되지 않는다.

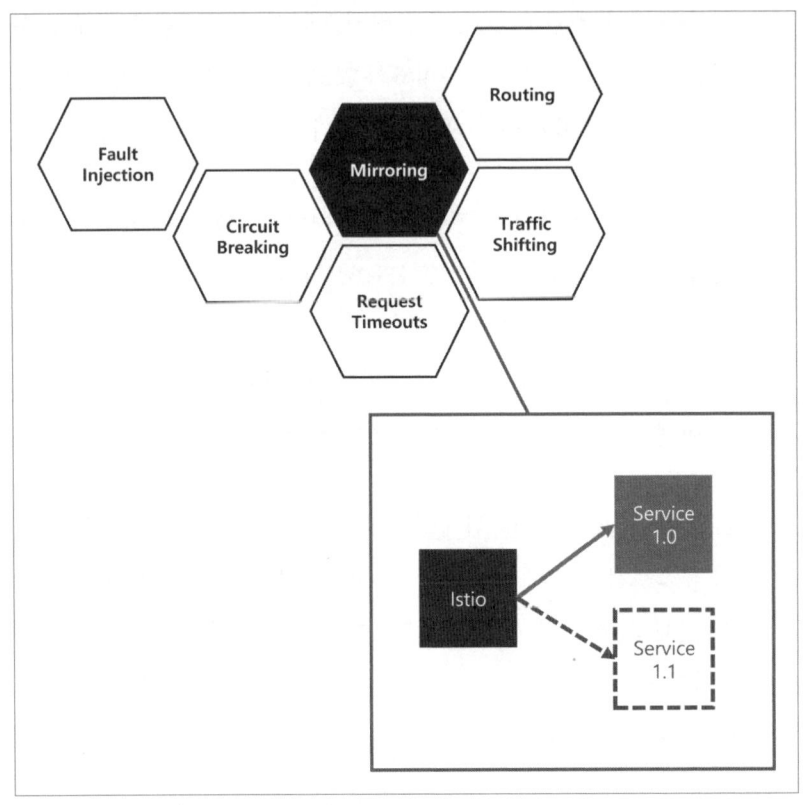

[그림 3-26] 트래픽 복제

- Timeout: 특정 서비스가 응답이 없을 경우 다른 연관된 서비스들이 이를 무한대로 대기한다면 결국 전체 서비스 장애로 비칠 수 있기 때문에, 일정 시간 내 응답이 없을 경우 에러 처리를 해야 한다. Timeout은 각 서비스별로 설정할 수 있으며, 별도 설정하지 않을 경우 서비스 메시에서 글로벌로 설정한 Timeout 값을 따른다.

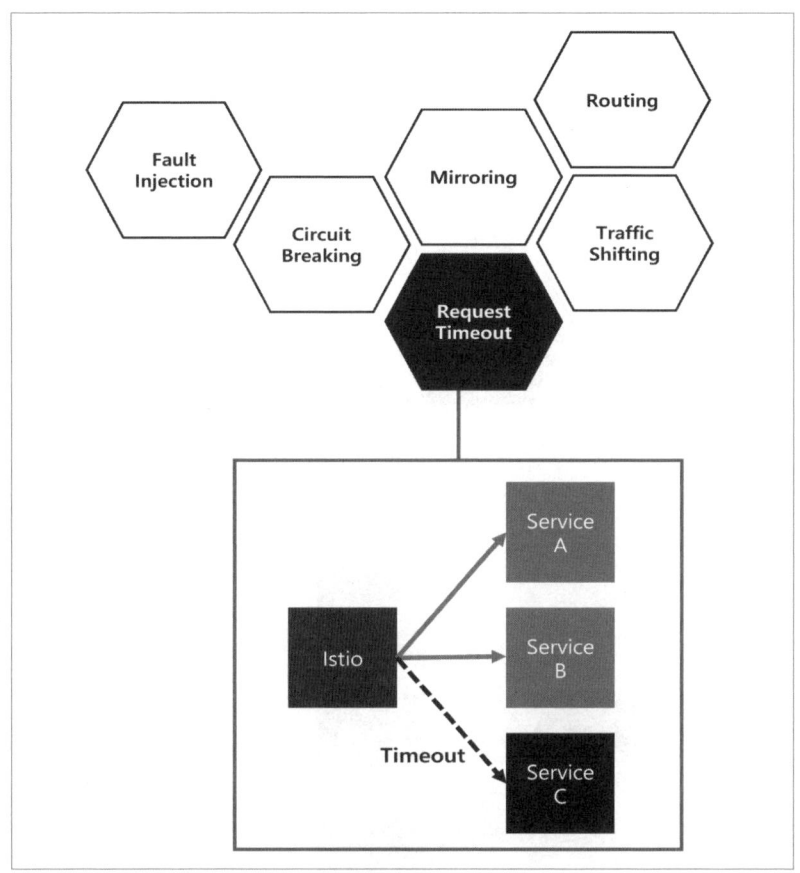

[그림 3-27] Timeout

- Circuit Breaker: 특정 서비스로 과도한 트래픽이 몰려 해당 서비스가 응답이 없거나 장애가 발생할 경우 전체 서비스 장애로 이어질 수 있다. 이에 Circuit break 설정을 통해 임계치 이상의 요청을 거부하여 전체 서비스 장애를 사전에 방지할 수 있다. 요청 거

부 시 서비스는 에러 메시지로 응답하게 된다.

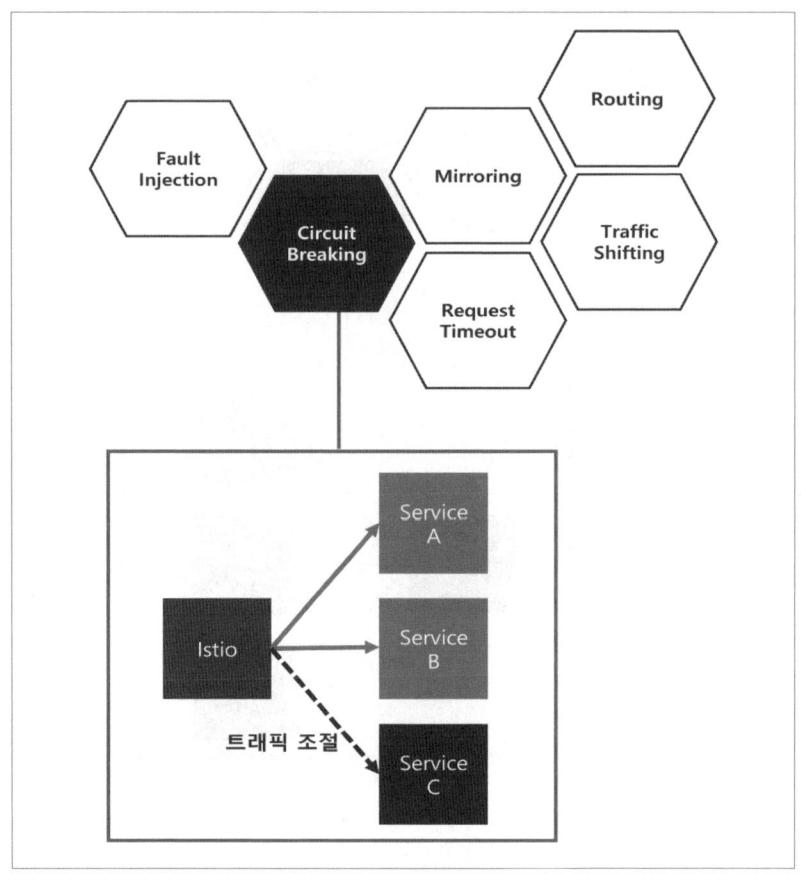

[그림 3-28] Circuit Breaker

- 장애 유발: 일반적으로 웹서비스의 과부하, 장애, 세션 대기 등으로 정상적인 서비스가 불가능할 경우 '서비스 수행이 어려우니 향

후 재접속을 시도하기 바랍니다.'라는 문구를 접하는 경우가 있을 것이다. 정상적인 서비스 제공이 불가능할 경우 이를 처리하는 로직에 의하여 예시의 안내 문구를 출력하는 페이지로 트래픽이 전환되었기 때문이다. 이처럼 Fault Injection은 서비스 호출 시, 호출의 복사본을 장애 처리 서비스로 라우팅시켜 이를 처리하는 로직이 정상 작동하는지 여부를 확인할 수 있는 기능이다.

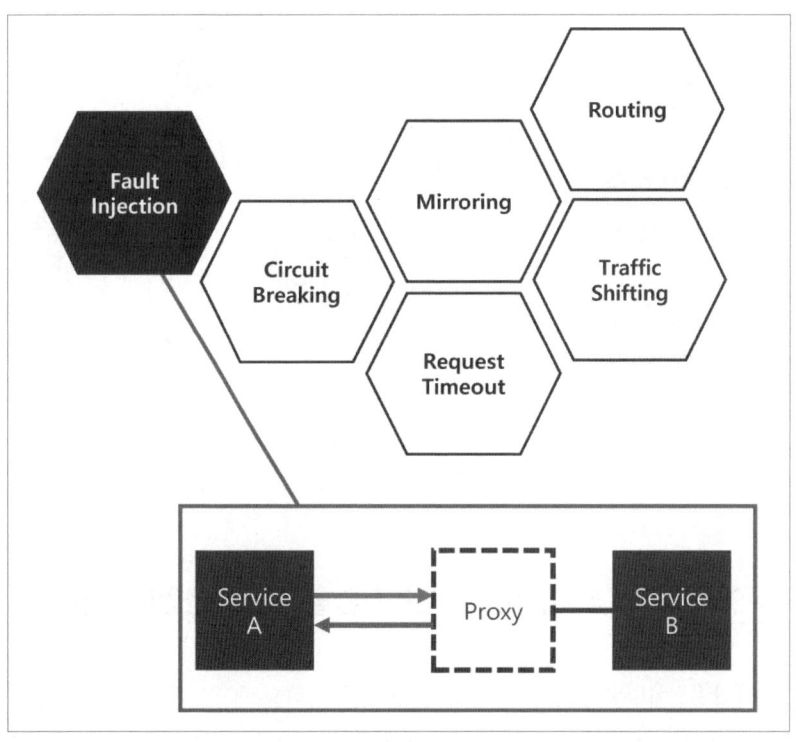

[그림 3-29] 장애 유발

- **인증/인가**: API 게이트웨이와 마찬가지로 서비스 메시의 가장 중요한 역할 중 하나가 인증/인가이다. 인증서를 이용하여 양방향 TLS 인증을 이용하여 서비스와 서비스 간 인증을 수행한다. 또한 JWT 토큰을 이용하여 서비스에 접근할 수 있는 클라이언트의 인증을 수행한다.

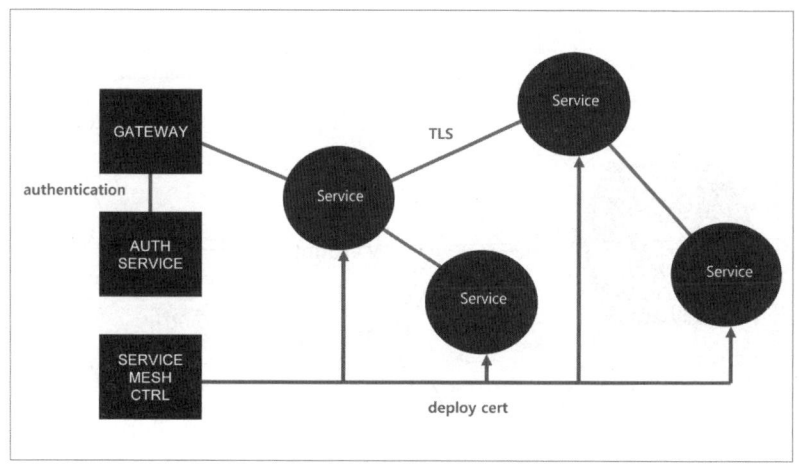

[그림 3-30] 인증/인가

3.4.6 국내 A 기관이 MSA로 전환할 수밖에 없었던 이유

A 기관은 GIS와 영상정보를 중앙에서 처리하여 무인 비행체가 지능적으로 목적지에 도달할 수 있는 차세대 다출처 영상 융합 처리 시스템 구

축에 대한 과제를 수행하게 되었다. 이를 위해서 위성 혹은 유·무인 비행체 등에서 제공하는 영상 자료를 수신받아 이를 편집한 뒤 좌표 등의 지리 정보를 매핑하여 서비스가 잘 운영될 수 있도록 플랫폼을 개발하는 것이 주 내용이었다. 해당 개발 프로젝트에서 MSA를 고려하게 된 이유는 다음과 같다.

- 여러 소스에서 제공받는 영상과 사진 데이터는 우리가 흔히 알고 있는 일반 카메라 대비 매우 고밀도와 고해상도이다. 따라서 파일의 사이즈가 굉장히 크며, 이 정보가 여러 소스로부터 들어온다.

- 이전 레거시는 단일 서비스 형태로 구축 및 병합하여 이를 이중화·삼중화하였는데, 처리할 정보와 서비스가 너무 크다 보니 한 번에 2~3개의 정보만 처리 가능하다. 따라서 각 소스로부터 들어오는 개개별 영상정보와 데이터를 컨테이너로 이미지화하고 다수의 컨테이너를 조합하여 처리하는 방식으로 아키텍처를 변경할 필요가 있다.

이렇듯 다수의 정보들을 작은 서비스 단위로 나누고 필요시 서비스를 병합하여 애플리케이션을 운영하는 방식, 즉 MSA로 구현하였고 MSA들을 쿠버네티스 환경에 호스팅하였다. 기존 레거시 대비 MSA와 쿠버네티스 환경으로 설계한 차세대 플랫폼의 이점은 아래 표와 같다.

As Is	To Be
대용량의 영상정보 처리에 많은 시간이 걸리고 큰 규모의 유닉스 서버로 이를 처리하였으나 효율성이 매우 낮았음	각 영상소스별로 정보를 컨테이너 이미지화하고 필요시 이들을 조합하여 애플리케이션을 구성, 다수의 표준 x86을 클러스터로 묶어 처리 효율성을 높임
대규모의 영상 및 사진 데이터의 서버 간 이동 및 공유가 쉽지 않았음	작은 단위의 정보로 나누어 서버 간 이동이 매우 용이함
소스 정보를 기반으로 입체적인 GIS 구성 시 랜더링에 많은 시간이 소요됨	랜더링에 필요한 POD들의 자동 확장을 통해 유연한 컴퓨팅 파워 증대와 시간 3배 절감
다수의 개발팀에 일일이 필요한 미들웨어, 데이터베이스 등의 구성에 많은 시간이 소요됨	필요한 시스템 SW 이미지를 단순 클릭하여 배포, 엔지니어 스킬셋에 상관없이 빠르게 개발환경 구축
개발 산출물을 다른 테스트와 운영환경으로 이관 시 다수의 오류가 발생하여 이를 수정하는 데 많은 시간이 소요됨	컨테이너 이미지를 그대로 다른 환경에 배포하여 사용, 배포 시간 10배 이상 단축
서버와 애플리케이션의 장애와 복구에 많은 시간이 소요됨	서버 장애 시 자동으로 POD들이 가용한 서버로 재배치되어 개발 및 운영자 입장에서 장애를 인지 못 하고 일을 하는 경우가 많음
개발자 실수로 배포된 서비스 오류 시 이에 대한 대처 및 롤백에 많은 시간이 소요됨	컨테이너 이미지에 대한 버전 관리로 인해 원클릭으로 2초 이내 롤백 가능

[표 3-9] A 기관의 MSA와 쿠버네티스를 통한 개선점

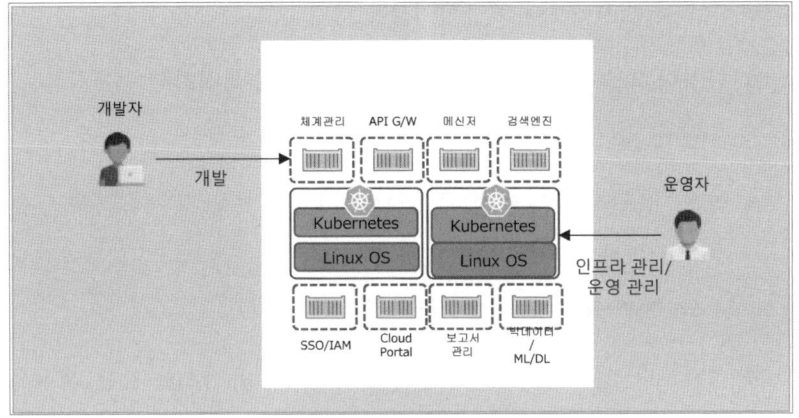

[그림 3-31] A 기관의 MSA 기반 영상 융합 처리 시스템 구성 개요

3.5 멀티/하이브리드 클라우드는 어떻게 운영 해야 할까?

▶▶ 3.5.1 멀티/하이브리드 클라우드란?

일반적으로 클라우드의 선택지는 크게 Private Cloud와 Public Cloud 두 가지가 있을 것이다. Private Cloud는 On-premise로 표현하기도 하는데, 기존 기업이나 기관의 전산실의 인프라를 클라우드 아키텍처로 전환하여 운영하는 형태를 지칭한다. Private Cloud는 다음의 장점과 단점을 제공한다.

- Public Cloud보다 보안성이 뛰어나다.
- 다양한 기술을 취사선택하여 조직의 특성에 최적화된 인프라를 구축할 수 있다.
- 높은 내재화된 기술력이 필요하다. 그렇지 못할 경우 클라우드 솔루션 제조사의 기술 노예가 될 수 있다(플랫폼은 일단 도입하여 가동에 들어가면 쉽게 바꾸지 못한다는 것을 기억하라).
- 생각보다 많은 운영비용이 소요된다. 과거 유닉스와 같은 레거시 대비 비용이 많이 절감될 것이란 환상은 버려야 한다.
- 장기적인 전략 수립을 해야 하며, 그렇지 못할 시 금방 노후화된 인프라에 골머리를 앓게 될 것이다.

이에 반해 Public Cloud는 다음의 장점과 단점을 제공한다.

- 비용이 허락하는 한 무한의 자원을 사용할 수 있다.
- 공급사마다 다르겠지만 상당히 많은 애플리케이션이 준비되어 있다.
- 인프라의 유지와 업그레이드에 신경 쓸 필요가 없다.
- 클라우스 서비스 제공사(CSP)가 제공하지 않는 기술의 경우 별도로 구매하고 수작업으로 구축해야 한다.
- Private Cloud 대비 생각보다 비용이 절감되지 않는다. 해외 대비 상대적으로 아주 저렴한 전력 비용과 운영 인건비가 주된 원인으

로 지목받는다. 게다가 In bound traffic은 비용이 거의 없는 반면, Out bound traffic은 상당한 비용이 청구될 수 있다(이것 때문에 다른 클라우드로 이전을 못 하는 경우도 많다).

- Private Cloud 대비 상대적으로 보안이 취약하며, CSP가 구독한 서비스에 대한 보안을 책임지지 않는다. 모든 보안에 대한 대책은 사용자의 몫이다.

- Lock in 요소가 존재하며, 한번 데이터가 쌓이면 이후 별도의 다른 리전(Region)으로 확장하거나 다른 CSP의 클라우드를 추가할 망정 다른 클라우드로 이전하기가 쉽지 않다.

이렇듯 두 가지의 클라우드 유형이 나름 장단점이 있어 취사선택이 쉽지 않다. 비즈니스와 인프라 기술 변화의 사이클이 점점 짧아지는 현시점에서 자체적으로 구축할 경우 금방 과거의 유산이 될 수 있는 것을 본다면 Public Cloud가 향후 더 일반화된 인프라의 형태가 될 가능성이 농후해 보이지만 Public으로 갔다가 다시 Private으로 회귀하는 현상도 생각보다 많은 것을 본다면 두 가지의 형태를 적절히 혼용하여 장점만을 취하는 하이브리드 클라우드가 좀 더 실용적일 수 있다. 하이브리드 클라우드는 다음의 특징 가지고 있다.

- Private과 Public Cloud를 상호 연동하여 서로의 장점만 취하여 인프라를 구축할 수 있다.

- 다중 지역으로의 서비스 배포와 확장이 용이하여 더 유연하고 민

첩한 IT 환경을 마련할 수 있다.

- 보안성이 높은 업무는 Private에, 확장성이 요구되는 업무는 Public에 배치함으로 좀 더 탄력적인 조직의 요구사항에 부합되는 IT 전략의 제공이 가능하다.

- 다중의 클라우드를 통해 종속성을 방지할 수 있으며, 더 높은 가용성을 확보할 수 있다.

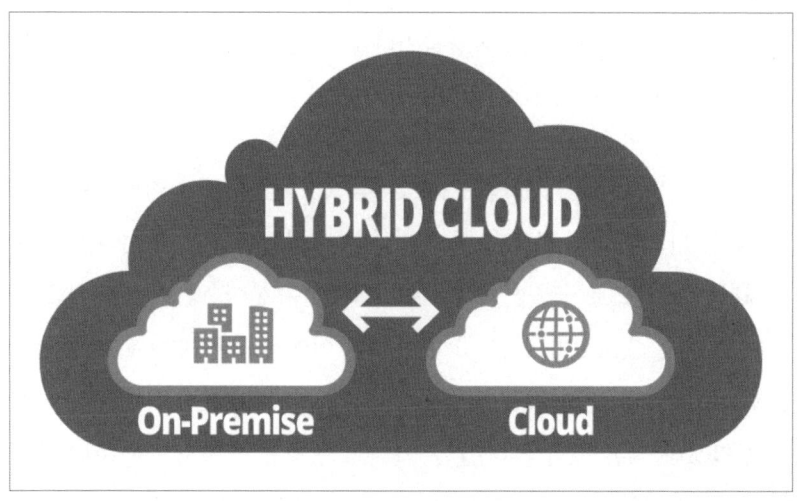

[그림 3-32] 하이브리드 클라우드

두 개 이상의 클라우드를 사용하는 전략 중에는 하이브리드 클라우드 이외 멀티 클라우드가 있다. 어찌 보면 하이브리드 클라우드도 멀티 클라우드의 형태로 볼 수 있지만 두 개는 엄연히 다르다. 하이브리드는 Private과 Public 간 상호 연동하고 서로 연결되어 있으며 서비스 간 종속적 관계에 놓일 수도 있다.

하지만 멀티 클라우드는 다수의 클라우드를 사용하지만 클라우드 간 상호 아무런 연계성이 없을 수도 있다. 예를 들어 데이터베이스는 Private에 위치시키고 웹 서버는 Public에 위치시켜 서비스를 구축한다고 가정할 때, 웹 서버와 데이터베이스는 기동되는 위치는 다르지만 상호 연동을 하여야 정상적인 서비스 운영이 가능할 것이다. 다른 예는 강력한 보안성이 유지되어야 할 애플리케이션 소스를 포함한 개발계는 Private에 위치시키고 많은 자원이 필요한 테스트계와 운영계는 Public에 위치시킨다고 가정할 때, 이 경우도 개발계, 테스트계, 운영계는 상호 연동을 하며, 서로 연결되어야 한다. 이런 유형들은 하이브리드 클라우드이다.

반면 어떤 조직에서 외부 서비스 인프라들은 Public에서 운영하고 고객 대상 교육시스템은 Private 혹은 다른 CSP의 Public에 구축하여 운영할 경우 교육시스템과 외부 서비스 인프라는 상호 연동하거나 서로 종속적이지 않은 경우가 대부분이다. 이런 유형은 멀티 클라우드에 해당한다.

▶▶ 3.5.2 하이브리드 클라우드의 유형

하이브리드 클라우드는 크게 재해복구 센터, 확장센터, Bursting 센터로 활용될 수 있다.

- **재해복구 센터**: 기존 온프라미스만 운영하고 있는 대부분의 기업들에 대해서 초기 Public 클라우드를 가장 쉽고 부담 없이 적용해 볼 수 있는 유형이다. 온프라미스 쪽을 운영센터로 사용하다 재해나 장애로 서비스 운영이 불가하다고 판단될 시 Public Cloud에 평상시 소산된 데이터로 서비스를 복구하는 용도로 사용할 수 있다.

일반적으로 재해복구 센터를 구축하기 위해서는 운영센터와 비슷한 규모의 공간, 하드웨어, 소프트웨어 등의 자원 확보에 많은 비용이 소모되는 관계로 법령에 의하여 정해진 금융기관과 공공기관이나 자금력이 뒷받침되는 대기업을 제외하고 이를 운영하기 쉽지 않고 대부분 운영센터 내에서 데이터 백업이나 HA 구성을 하거나 인하우스 재해복구 수준에 그치는 경우가 허다하다.

하지만 퍼블릭 클라우드를 재해복구 센터로 활용 시 필요한 자원의 구매와 운영비용을 1/3수준 이하로 절감할 수 있다. 구체적인 방안으로 RTO가 시급하지 않은 서비스(통상 24시간 이내)의 경우에 평상시 재해복구 센터에 데이터만 소산하고, 재해나 모의훈련 시에만 필요한 IaaS 자원을 생성하여 복구할 경우, 재해복구에 필요한 인프라의 운영비용을 상당히 절감할 수 있다.

게다가 쿠버네티스 환경의 경우 하이브리드 클라우드상에서 재해복구 구축 시 기존 레거시 환경에서 관리상 복잡한 여러 문제들을 매우 쉽게 해결할 수 있는 여러 장점들을 제공하며, 이는 3-6장에서 상세히 다루도록 하겠다.

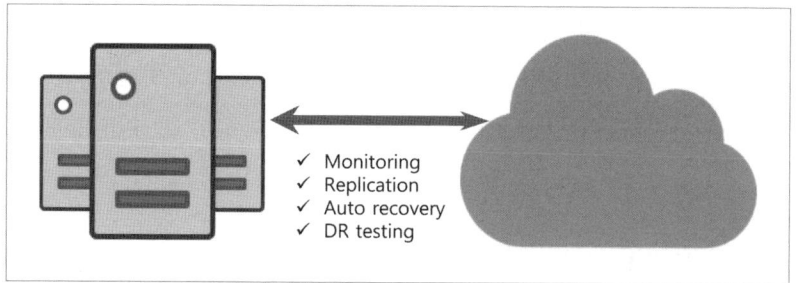

[그림 3-33] 하이브리드 전략 1 - 재해복구 센터

- **확장센터**: 재해복구 센터는 평상시 한쪽 센터가 대기상태로만 존재하는 것에 반해, 확장센터는 Private과 Public 양쪽 모두 서비스를 운영하는 형태이다. Bursting 센터 또한 양쪽 모두 서비스를 운영하는 형태이지만, 확장센터는 서비스를 분산 배치하는 형태이

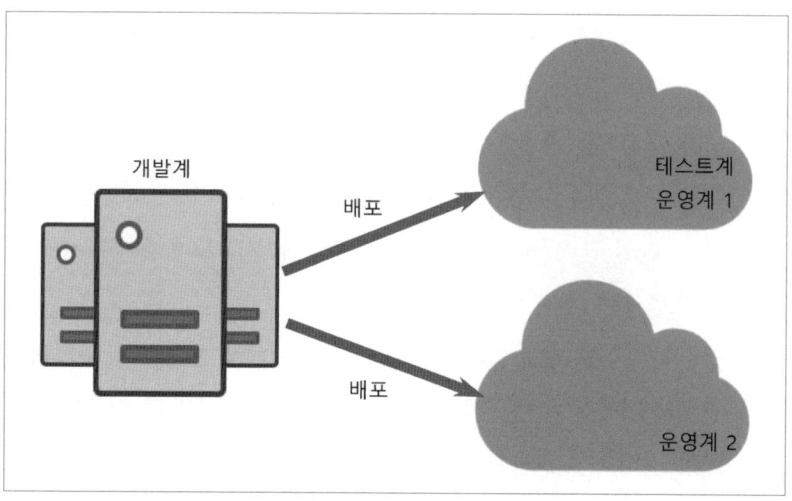

[그림 3-34] 하이브리드 전략 2 - 확장센터

다. 예를 들어 개발계는 Private에, 시나리오에 따라 자원의 생성과 삭제가 빈번한 테스트계는 Public에, 운영계 중 보안성에 민감한 서비스는 Private에, 확장성이 요구되는 서비스는 Public에 분산 배치하는 전략을 펼칠 수 있다.

- Bursting 센터: Private Cloud에서 주 서비스를 제공하다 과부하로 인하여 서비스 확장이 필요할 때 서비스 요구사항 대비 필요한 자원이 없을 경우 전체 서비스 장애로 이어질 수 있다. 이런 상황에 대비하여 Public Cloud와 전용선 혹은 VPN으로 연결하여 Public Cloud로 해당 서비스를 확장함으로써 서비스 과부하로 인한 장애를 예방할 수 있다.

  일반적으로 Bursting 센터는 재해복구 센터와 겸용으로 활용할 수도 있다. 쿠버네티스 기반의 플랫폼일 경우 두 센터 간 단일 클러스터로 묶어 자동 확장을 구성하거나 별도의 클러스터로 구성하여 동일한 서비스를 Public에도 배포하여 자체 클러스터 내에서 자동 확장을 구성하는 방안을 마련할 수 있다. 이럴 경우 양쪽 센터로 트래픽을 균등하게 분산할 GSLB(Global Service Load Balancer)가 필요하며, 단일 클러스터로 구성할 경우 양 센터 간 고속의 네트워크 연결 또한 필요하다.

  일반적으로 Public Cloud를 Bursting 센터로 활용할 때 쿠버네티스에서 제공하는 자동 확장 서비스는 그리 추천하지 않는다. 계획에 따라 서비스 운영자의 개입에 따라 POD들을 확장하는 방법이 현실적이다.

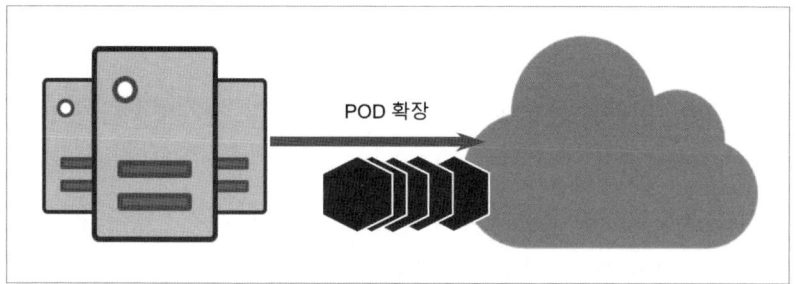

[그림 3-35] 하이브리드 전략 3 - Bursing 센터

▶▶ 3.5.3 멀티/하이브리드 클라우드에서 컨테이너가 부상한 이유

하이브리드 클라우드 전략은 애초 오픈스택 진영에서 2013년경 주창하기 시작했다. 오픈스택은 당시 스택 개념을 통해 기업시장을 공략하려다 각각 Private과 Public Cloud 시장에서 이미 점유율을 양분하고 있던 Vmware와 AWS와의 경쟁에서 상당한 고전을 하고 있었으며, 이들의 틈새를 비집고 들어가 시장 점유율을 확보할 방안으로 나온 전략이 하이브리드 클라우드이다.

Private과 Public을 연계하여 장점만을 취할 수 있다는 오픈스택의 주장은 당시 나름 센세이션을 일으킬 정도의 반응을 불러일으키기 시작했고 오픈스택의 존재감을 시장에 확실히 각인을 시키기엔 충분했다. 그러나 이 전략이 성공하기 위해서는 Private Cloud를 구축한 기업들과 CSP들이 IaaS를 오픈스택으로 모두 교체를 해야 했다. 오픈스택 입장에서는 오픈소스인 관계로 라이선스에 대한 비용 부담이 없으니 이 전략을 통해 두 진영의 시장을 어느 정도 확보할 수 있을 것이라 판단했지만 결론은 완전 실패로 돌아갔다.

하이브리드 전략은 이후 2016년까지 수면 아래로 잠기게 되다가 2014년 도커 컨테이너 출시 이후 컨테이너가 주목을 받기 시작하면서 하이브리드 클라우드 전략 또한 다시 수면 위로 떠오르기 시작했다. 2013년 당시의 하이브리드 클라우드 전략은 어찌 보면 이미 시장을 선점한 양대 진영의 역린을 건드린 관계로 좋은 아이디어가 매몰되는 결과를 초래한 것이다.

결국 Private Cloud와 Public Cloud 사업자들이 이미 구축한 서로 다른 IaaS 환경에서 상호 호환성과 이식성의 해결 없이는 이러한 전략을 펼치는 것은 쉽지 않았으며, 컨테이너의 경우 이미 형성된 양측 진영의 IaaS 시장을 흔들지 않고 기존 환경에 단순히 add on함으로써 하이브리드 클라우드 전략을 펼칠 수 있다는 방식으로 시장에 접근하는 영민함을 보임으로 인해 양측 진영으로부터 지지를 받고 급속히 확산하게 된다.

[그림 3-36] 하이브리드의 선결 조건

멀티/하이브리드 클라우드 전략에 있어 컨테이너가 핵심이 될 수밖에 없는 이유는 다음과 같이 정리할 수 있다.

- 다양한 종류의 IaaS 환경에서 이들 간 애플리케이션의 이동성은 보장되어야 하며, 이를 담보하기 위해서는 호환성이 매우 중요하다. 컨테이너는 서로 다른 가상서버 간 마이그레이션이 필요하지 않으며, 이동이 가능하고, 매우 뛰어난 호환성을 제공한다.

- CSP가 가상서버를 제공할 때 기본적으로 번들되어 있는 리눅스 OS의 비용은 거의 무상이거나 비용이 매우 저렴하다. 또한 별도로 사용자 OS를 설치하지 않아도 된다. 문제는 다른 CSP나 Private Cloud에서 사용하는 OS와 다른 배포판이거나 버전이 다르다는 것이다. 컨테이너는 서로 다른 리눅스 OS 환경 간 이동이 가능하며, 매우 뛰어난 호환성을 제공한다.

- 서로 다른 인프라 환경에서 애플리케이션의 정상적인 작동을 보장받기 위해서는 미세한 환경설정까지 맞춰야 하는데, 서로 다른 하이퍼바이저와 OS가 운영되는 환경에서 완전한 동일성(Identification)을 맞추는 것은 거의 불가능하다. 컨테이너는 이러한 상황일지라도 애플리케이션의 정상적인 작동이 가능하다.

▶▶ 3.5.4 국내 L 기관의 하이브리드 클라우드를 통한 혁신적인 비용 절감 사례

L 기관은 2020년 AI와 접목한 빅데이터 플랫폼의 구축을 계획하였다. 주요 서비스는 빅데이터, AI 분석, GIS, 검색엔진 등이었으며, 대부분의 워크로드들이 적은 리소스를 사용하고 사용 빈도가 높은 반면, 데이터 분석의 경우는 280core 이상의 많은 CPU 리소스가 필요한데 사용 빈도는 1~2개월에 한 번 정도였다. 초기 모든 서비스를 Private Cloud로 구성하는 것으로 계획을 세웠는데, 데이터 분석 업무에 할당해야 될 리소스가 대부분을 차지하여 예산을 초과할 수밖에 없었고 사용 빈도가 많지 않은 워크로드 때문에 많은 예산을 투입해야 하는 비효율성을 해결해야 했다.

이때 우선적으로 Public Cloud를 활용하여 플랫폼을 구축하는 방안을 생각해 볼 수 있다. 이럴 경우 서버를 유연하게 기동 및 확장시켜 사용한 기간에 대해서만 비용을 지불하면 되는 장점이 있지만 L 기관의 특성상 중요한 데이터나 민감한 정보의 경우 해당 기관 내에 보관해야 하는 규정으로 인해 Private Cloud를 우선으로 구축할 수밖에 없는 상황이었다. 그래서 분석 업무의 경우 민감한 정보가 아닌 관계로 퍼블릭 클라우드에 배치하여 필요할 때 가상자원을 생성하여 활용하는 방안, 즉 하이브리드 클라우드 도입을 검토하게 되었다. L 기관은 하이브리드 클라우드를 구축함에 있어 인프라의 설계 방향을 아래의 항목들을 주안점으로 삼았다.

- 인프라 환경이 다른 양 센터 간 애플리케이션의 이동성과 호환성은 보장되어야 한다.
- 애플리케이션들은 표준 이미지로 관리하여 배포와 필요시 확장이 복잡하지 않고 단순해야 한다.
- 분석 업무는 Public Cloud에서 정기적인 분석 워크로드를 실행하되 분석 알고리즘의 개발과 테스트는 수시로 진행되는바 Private Cloud에서 워크로드를 실행해야 한다.

위 사항들을 만족하기 위해서는 각 서비스별로 Private과 Public Cloud에 워크로드를 분산하여 배치하는 확장센터 방식이 아닌 모든 워크로드를 Private에서 관리하고 특정 워크로드가 더 많은 컴퓨팅 파워가 필요할 때 Public Cloud로 확장하는 Bursting 센터가 적합하고 서비스는 아래의 사유로 쿠버네티스 환경에 호스팅하는 것이 여러모로 유리하다는 결론을 내렸다.

- 양 센터 간 인프라의 환경이 다른 관계로 서비스의 이동 및 확장 시 애플리케이션의 수정이 필요 없다.
- 양 센터 간 호스트 OS의 버전을 굳이 맞출 필요가 없다.
- 분석 업무를 Private에서는 테스트 목적으로 수시로 운영하고 Public에서는 1~2개월에 1회 정도 배치 성격의 대규모 분석 작업을 수행할 때, 별도 구축 및 설정 필요 없이 동일한 컨테이너 이미지를 Public Cloud의 노드로 확장시킬 수 있다.

L 기관의 빅데이터 플랫폼은 쿠버네티스를 기반으로 하여 하이브리드 클라우드 형태로 18개월의 구축 및 개발 기간이 소요되었으며, 현재 대규모의 분석 작업이 필요한 시점에 분석에 필요한 컨테이너들이 Public Cloud에 자동으로 배치 및 확장되며, 분석 Job의 기동이 완료되면 해당 컨테이너들이 Private Cloud로 자동으로 회수되는 방식으로 운영되고 있다. 이를 통해 플랫폼에 대한 TCO 연평균 60% 절감, 자원 효율성 70% 향상, 처리 성능 30% 개선을 하게 되었다.

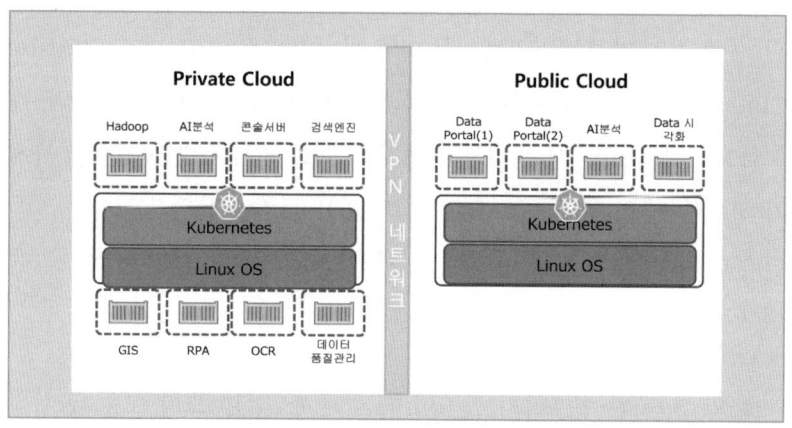

[그림 3-37] L 기관의 하이브리드 클라우드 기반의 빅데이터 시스템 구성 개요

3.6 비용 효율적인 Active-Active 데이터센터와 재해복구

▶ 3.6.1 재해복구의 현황과 불편한 진실

2022년 10월 15일은 국내 최대 회원을 보유하고 있는 인터넷 기업인 카카오에 절대 잊지 못할 치욕적인 날로 기억될 것 같다. 전 국민이 사용하고 있는 카카오 서비스가 무려 127시간 동안 먹통 사태에 놓여 있었기 때문이다. 카카오는 서비스 장애 발생 다음 날부터 카카오톡을 필두로 서비스 복구를 시작하여 모든 서비스가 복구되는 데 5일의 시간을 소요했다. 언론에도 충분히 보도된 만큼 카카오는 판교에 위치한 SK CC의 데이터센터에 화재가 발생해 약 32,000여 대 서버의 전원이 차단되어 서비스 중단 사태가 벌어진 것이다. IT를 기반으로 서비스를 제공하는 인터넷기업이 데이터센터 하나가 재해를 입었다고 서비스 제공이 되지 않는 후진적 사고를 두 눈으로 똑똑히 체험한 것이다.

이로 인해 일반 민간기업도 일정 규모 이상 집적정보통신시설(데이터센터)과 부가통신사업(온라인 서비스 사업)을 제공할 경우 정부 재난관리 계획에 포함하고, 방송통신서비스의 긴급복구를 위한 정보체계의 구성과 서버, 저장장치, 네트워크, 전력공급장치 등의 분산 · 다중화 등 물리적 · 기술적 보호조치를 마련해야 하는 이른바 카카오 먹통 방지법이

2022년 12월 국회 본회의를 통과할 정도로 재해로 인한 파급효과가 상당하였다.

과거 2001년 9월 11일 뉴욕의 세계무역센터에 충격적인 자살 항공기 테러 사건으로 인해 IT 재해복구에 대한 경각심을 불러일으켜 주요 금융사, 기관, 통신, 대기업 등을 중심으로 재해복구 구축이 붐을 일으키기 시작하였지만 실상을 들여다보면 중요한 데이터베이스와 일부 업무 위주로만 대처하고 있었고 정작 재해 발생 시 서비스 복구가 제대로 이루어지지 않았던 사건들이 비일비재하다.

과거 2011년 농협 해킹 사태, 2014년 SDS 과천센터의 화재, 2018년 KT 아현지사 화재 사건으로 겪었던 불편을 상기해 보면 된다. 물론 이러한 재해로 인해 데이터 유실이 발생하거나 복구가 불능에 빠지진 않았지만 원래 목표한 시간 내 복구가 이루어지지 않았던 것을 우리는 기억하고 있다. 디지털 세계에서 살고 있는 우리는 IT 인프라의 복구 지연은 곧바로 엄청난 비용 손실과 큰 불편이 생활 속으로 파고든다는 것을 몸소 느끼고 있다.

그렇다면 20여 년 이상 고전이 된 IT 재해복구에 대해서는 왜 투자가 인색할까? 이는 크게 비용, 복잡성, 의구심이라는 세 가지의 이유로 요약될 수 있다. 특히 비용과 복잡성은 충분한 예산의 편성과 학습을 통해 해결할 수 있지만 의구심, 즉 복구 성공률에 대해서는 지난 20여 년을 돌이켜 보더라도 크게 개선되었다고 느껴지는 부분이 많지 않다. 이러다 보니 그렇게 높지 않은 복구율을 가진, 재직기간 동안 일어날 것 같지 않은 재해에 대비하여 막대한 예산을 쏟아 붓고 싶지는 않을 것이다.

과거 2015년 베타뉴스에서 백업과 복구의 불편한 진실(https://betanews.com/2015/12/09/myths-and-facts-about-backup-restore-and-disaster-recovery/)이라는 흥미로운 기사를 게재한 적이 있다. 그 내용과 필자가 지난 20여 년 IT 업계에 몸담고 있으며, 겪었던 실제적인 재해복구 운영 현황을 요약하면 다음과 같다.

- 백업 데이터의 복구 실패율은 약 40%에 달한다.
- 복구된 데이터를 활용한 비즈니스 복구 단계까지의 성공률은 30%이며, 결국 최종 목표인 비즈니스 복구 단계까지의 실패율은 70%에 육박한다.
- 복구 성공률을 높이기 위해 백업본과 복제본을 활용한 복구 모의 훈련을 수행해야 하는데 대부분 수행하지 않으며, 모의훈련의 빈도와 복구 성공률은 비례한다.
- 재해와 같은 긴급한 상황에 외부 도움이 필요한 제조사들의 유능한 엔지니어들은 항상 일정이 바빠 필요할 때 제대로 지원받기 쉽지 않다.

복구 성공률을 높이기 위해서는 관심의 초점을 '복구'에 두어야 하는데, 대부분은 '백업'과 '소산'에 초점을 두고 있다. 실제로 데이터의 백업과 소산은 솔루션에 의하여 자동으로 이루어지는 반면, 정작 복구과정은 전문인력에 의한 수작업에 의존하고 있는 것이 현실이다. 따라서 이번 3-6장을 통해 재해복구의 문제점인 비용, 복잡성, 의구심을 쿠버네티스와 클라우드를 통해 해결할 방안을 살펴보도록 하겠다.

▶▶ 3.6.2 재해복구 구축과 유지비용 문제의 해결

재해복구에 막대한 비용이 드는 가장 큰 이유는 운영 데이터센터와 비슷한 혹은 최소한으로 서비스 운영이 가능한, 거리상 이격된 또 다른 데이터센터가 필요하기 때문이다. 게다가 운영센터와 연결하는 네트워크 비용, 서버, 스토리지, 네트워크, 소프트웨어 라이선스 등의 비용이 운영센터 구축과 비슷한 수준으로 지출되는 반면 효용성과 활용성은 크게 떨어진다. 특히 활용성에 있어 재무적 관점에서 보았을 때 투자 대비 ROI가 거의 제로에 가까운 관계로 재해복구 센터를 대기상태로 운영하기보다는 Active-Active 형태로 운영하는 방안을 생각해 볼 수 있다. 물론 이 경우 두 센터 간 애플리케이션의 배포와 데이터의 일치성에 대하여 별도의 관리가 필요하여 복잡성이 높아진다.

전반적인 DR센터는 3-5장에서 언급한 하이브리드 클라우드의 활용방안에서 기술하였듯 퍼블릭 클라우드를 활용함으로써 매우 합리적인 비용으로 구축 및 운영이 가능하다. 퍼블릭 클라우드를 DR센터로 운영할 시 이점은 다음과 같다.

- DR센터의 부지 비용이 필요 없다.
- 별도의 전용선이 필요하지 않으며, 인터넷 회선의 보안을 높이기 위해서 CSP가 제공하는 VPN을 사용할 수 있다.
- 서버, 스토리지, 네트워크 등의 자원 구매가 필요 없다.
- 필요한 인프라 자원은 즉각 생성이 가능하기 때문에 구축 일정을 대폭 줄일 수 있다.
- Active-Active 구성 시 대기 자원에 대한 비용 낭비가 없다.
- 서비스 회선의 대역폭을 평상시, 재해로 인한 서비스 전이 시로 구분하여 유연하게 확장 및 축소함으로써 TCO를 낮출 수 있다.
- 모의훈련을 위한 자원의 생성과 소멸이 매우 용이하다.
- Pay as you go 방식의 주기적 모의훈련과 복구를 통해 매우 저렴한 TCO로 운영이 가능하다.

3.6.3 재해복구 복잡성의 해결

과거 카카오 사태와 비슷하게 데이터센터에 대규모 정전사태가 발생 시 서비스의 정상 복구가 하루 혹은 일주일 이상 걸리는 경우가 많다. 일반적으로 생각하기에 아무리 서버와 하드웨어의 수가 많더라도 많은 인원을 투입하여 전원을 공급하면 곧바로 서비스 재개가 이루어지지 않냐고 생각할 수 있다.

그러나 단일 서버 내에서조차 최종 목표인 서비스 기동을 위해서는 여러 자원들이 상호 의존관계를 가진 상태에서 기동에 필요한 순서가 존재한다. 예를 들어 데이터베이스 서비스를 기동하기 위해서는 네트워크, 스토리지, 서버, 데이터베이스 프로그램, 데이터 저장소, IP주소 등의 자원들이 필요하고 가장 먼저 스토리지가 가동된 뒤 서버가 기동되어야 할 것이다. 스토리지가 준비되지 않은 상태에서 서버를 기동시키고 데이터베이스 프로그램을 실행한다면, 데이터 저장소가 존재하지 않는 관계로 오류가 날 것이다.

단일 서버 내에서 조차 서비스 기동의 순서를 일일이 숙지하는 것이 쉽지 않은데, 데이터센터 내 수백~수천 대의 자원들의 상호 의존성과 기동 순서를 숙지하고 서비스를 인력에 의존하여 복구하는 것은 현실적으로 불가능하다. 설령 이에 대한 매뉴얼을 작성하여 복구를 한다고 하더라도 상당한 시간이 소요됨은 물론이고 데이터센터 내의 자원들과 애플리케이션을 포함한 환경들은 늘 신규로 증가되거나 업데이트 등의 변화가 거의 매일마다 일어나는데, 매뉴얼은 최초 오픈될 때 당시의 문서로 남아있는 경우가 허다하다.

따라서 복구를 위한 매뉴얼, 변경사항의 추적, 지속적인 시나리오의 업데이트 등의 관리가 매우 복잡할 수밖에 없다. 따라서 재해복구의 복잡성을 해결하기 위해서는 다음의 사항들에 대한 준비가 필요하다.

- 인력에 의한 복구가 아닌 복구과정의 자동화 구현

- 복구과정의 가시화
- RPO와 RTO 관리의 자동화
- 다양한 복구 시나리오에 따른 모의훈련 자동화
- 운영과 재해복구 간 변경관리

[그림 3-38] 워크플로우 기반의 재해복구 자동화와 복구과정 가시화 예시

3.6.4 복구 성공률을 높이기 위한 쿠버네티스의 활용

재해복구를 운영하고 관리함에 있어 가장 어려운 부분을 꼽자면 변경관리일 것이다. 초기 재해복구 센터를 구축하였을 시 대부분이 문제없이 복구가 이루어지다가 어느 정도 시간이 지나면 복구과정에서 여러 오류

를 만나게 된다. 일반적으로 데이터센터는 초기 구축된 형태로 유지되지 않고 끊임없이 변한다. 새로운 하드웨어와 소프트웨어가 도입되고 데이터는 늘 생성 및 삭제될 것이며, OS와 애플리케이션은 신규 추가되거나 업데이트가 이루어질 것이다.

데이터센터 내의 수만 개의 Object들이 늘 끊임없이 변화되는데, 이러한 변화가 재해복구 센터에도 동일하게 적용되어야 할 것이다. 대부분의 DR센터를 운영하는 담당자들은 이러한 변경관리의 어려움에 가장 크게 직면해 있다는 사실에 공감할 것이다. 특히 하이브리드 클라우드 형태로 온프라미스를 운영센터로, 퍼블릭 클라우드를 재해복구 센터로 구성하였을 시, 변경관리가 왜 어려운지는 다음으로 요약할 수 있다.

- 일반적으로 모든 변경사항을 DR센터에 완벽히 동기화하는 것은 거의 불가능에 가깝다. 따라서 모의훈련을 수행하여 오류 사항을 발견하고 수정하는 과정을 좀 더 빈번하게 수행할수록 복구 성공률을 높일 수 있다.

- OS 및 하이퍼바이저의 업그레이드 및 패치가 이루어질 경우 재해복구 센터에도 동일하게 적용되어야 한다. 운영과 DR센터가 동일한 제조사의 하이퍼바이저와 OS를 사용하면 별문제가 없겠지만, 퍼블릭 클라우드를 DR센터로 운영할 경우 이를 동일하게 맞추는 것이 쉽지 않다. 물론 특정 가상화 제조사는 퍼블릭 클라우드상에 자사의 하이퍼바이저 서비스를 별도로 제공하므로 운영센터와 동일한 하이퍼바이저를 사용할 수 있다고 주장하지만 이런 경우에도

해당 하이퍼바이저의 버전까지 완전히 동일하게 맞춰야 하는 이슈는 여전이 존재한다. 그리고 비용 또한 생각보다 저렴하지 않다.

- 가장 큰 난관은 애플리케이션의 변경관리이다. 신규 애플리케이션의 배포, 업데이트, 삭제 등 환경설정을 포함한 모든 변경사항을 DR센터에 동일하게 적용하는 것은 거의 불가능에 가깝다. 애플리케이션이 설치되어 운영되는 호스트를 가상화하여 가상 이미지를 DR센터로 동기화하면 쉽게 해결될 수 있을 것으로 보이나, DR센터가 퍼블릭 클라우드일 경우, 하이퍼바이저가 달라질 수 있기 때문에 단순히 VM 이미지의 동기화를 통해서 애플리케이션의 변경관리를 해결하기에는 분명 한계가 존재한다.

- 주기적 모의훈련을 통해 변경점을 찾아내고 수작업으로 적용하기엔 애플리케이션의 변화 주기가 너무 잦다.

- 애플리케이션 변경 작업이 있을 때, 매번 DR센터도 동일하게 진행하면 되는 것 아니냐고 반문할 수 있을 것이다. 애플리케이션 개발자나 제조사가 DR센터가 존재하는 것을 인지하고 그렇게 작업하면 변경관리는 쉽게 해결될 수 있을 것이다. 하지만 외부 개발자와 제조사가 이를 인지하지 못하는 경우가 대부분이고 작업 의뢰를 하는 데이터센터 운영자가 DR센터까지 감안하여 작업 의뢰를 하는 경우는 거의 없다. 왜냐면 대부분 데이터센터 운영자와 재해복구 담당자가 동일인이 아닐 가능성이 거의 100%이기 때문이다.

이러한 변경관리의 어려움을 극복하였다 하더라도 여전히 센터 내 수만 개의 복구 대상을 일일이 기동 순서를 완벽히 숙지하면서 복구한다는 것이 쉽지 않다. 따라서 복구과정의 자동화를 위한 스크립트 제작이 필요할 것이다. 하지만 각 애플리케이션마다 기동 과정이나 방식이 다르기 때문에 매우 복잡하고 다양한 스크립트의 관리가 쉽지 않다.

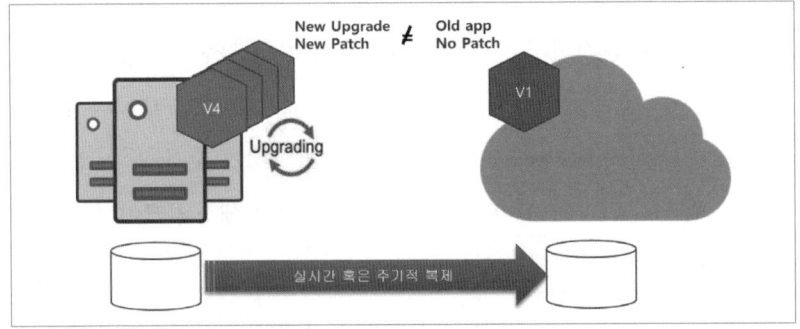

[그림 3-39] 애플리케이션 변경관리의 이슈

그렇다면 이러한 변경관리와 복구 자동화의 이슈를 쉽게 해결할 수 있는 방법이 무엇이 있을까? 기존 인프라 환경을 쿠버네티스로 전환하면 이를 매우 쉽게 해결할 수 있다.

쿠버네티스 환경은 기존 레거시 대비 재해복구에 있어 매우 큰 장점을 제공하며, 이는 아래의 내용으로 요약할 수 있다.

- 우선 가장 큰 매력은 운영센터와 재해복구 센터 간 인프라의 형태가 달라도 된다는 것이다. 물리 서버 to 가상화와 가상화 to 가상

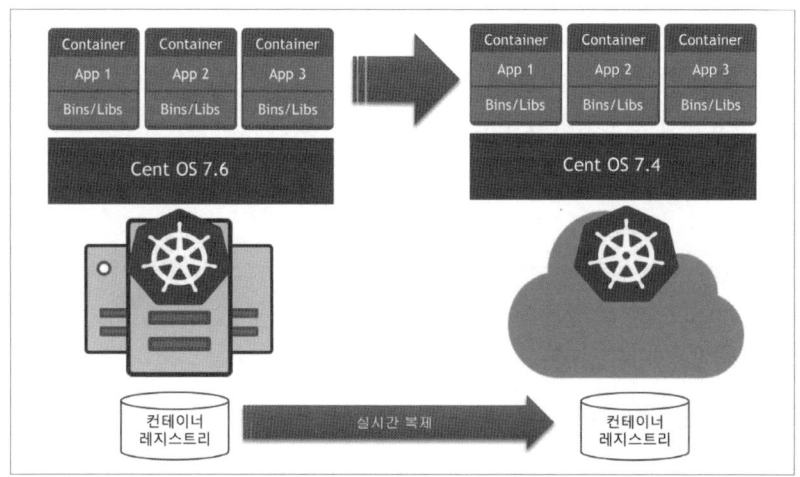

[그림 3-40] 쿠버네티스의 이기종 환경에서의 재해복구

화 형태 모두 가능하며, 양 센터 간 하이퍼바이저와 호스트 OS의 버전이 다를지라도 쿠버네티스와 컨테이너를 지원하는 버전이면 상관없다.

- 재해복구 운영에 있어 가장 큰 난관인 애플리케이션의 변경관리를 자동화할 수 있다. 쿠버네티스는 애플리케이션을 POD에 담아 관리한다. 그리고 환경변수들은 애플리케이션의 종류에 상관없이 ConfigMap과 Secret 두 개로 관리하며, 설정파일들을 모두 yaml 파일로 관리한다. 또한 애플리케이션의 모든 변경사항들을 컨테이너 저장소에서 관리하기 때문에 POD가 저장된 저장소와 환경 및 설정파일들의 실시간 복제 혹은 백업을 통해서 매우 쉽게 변경관리를 해결할 수 있다.

- 복구 자동화를 위한 스크립트 제작 또한 쿠버네티스 클러스터를 기동하기 위한 절차만 만들면 된다. 나머지 애플리케이션 기동은 종류에 상관없이 POD로 관리되기 때문에 POD의 기동은 쿠버네티스가 알아서 진행할 것이다.

	To Be	As Is
다른 하이퍼바이저로 복구	불가능	가능
다른 OS버전상에 복구	불가능	가능
앱 버전 변경관리	양 센터에 앱마다 동일하게 설치해야 함	컨테이너 레지스트리 복제로 쉽게 해결
환경변수 변경관리	양 센터 앱마다 동일하게 수작업 변경 필요	ConfigMap, secret 동기화로 쉽게 해결
앱 기동 자동화	각 앱마다 기동을 위한 사전 스크립트 작성	앱 종류 상관없이 POD 기동으로 단일의 스크립트 작성

[표 3-10] 레거시 vs 쿠버네티스 재해복구 비교

▶ 3.6.5 쿠버네티스 환경의 재해복구 형태

우선 쿠버네티스 환경에서 보호받아야 할 대상들이 어떤 것들이 있는지 알아보자. 우선은 쿠버네티스의 기본 데이터 저장소인 Etcd이다. Etcd는 모든 쿠버네티스 클러스터 상태를 저장하고 복제하며, 쿠버네티스 클러스터를 구성하는 필수 요소이므로 클러스터 복구에 있어 가장 중요한 데이터이다. 물론 Active-Active 구성을 하는 경우라면 서로 클러스터가 다르기 때문에 Etcd의 백업과 동기화가 필요 없을 수도 있겠지만 Active-Standby 형태의 재해복구를 구성하고자 할 때는 필수 보호 대상이다.

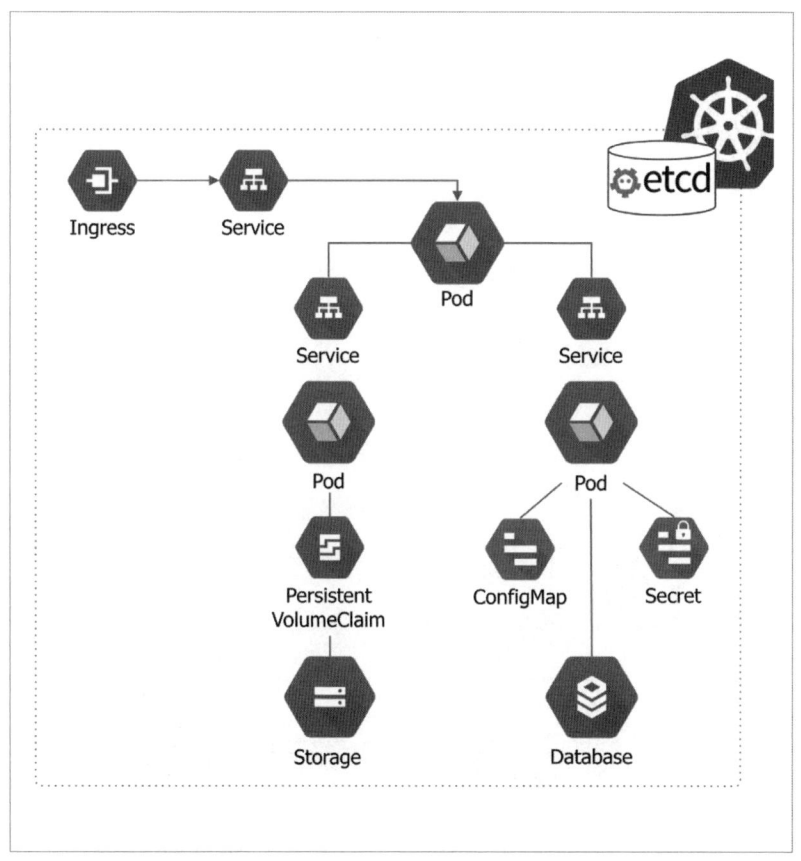

[그림 3-41] 쿠버네티스의 재해복구 대상들

그 외 클러스터의 사용자 계정 DB, 컨테이너 레지스트리, 모니터링 DB, Log, StatefulSet의 PV, ConfigMap, Secret, Yaml 파일, Ingress 등이 필수 복구 대상들이다. 이 대상들을 재해복구 센터로 실시간 혹은 주기적인 소산을 통해 복구를 해야 하며, 이후 언급할 재해복구와 관련한 모든 사항은 온프라미스 to 퍼블릭 클라우드의 하이브리드 형태로 구성하는 것을 가정하여 기술하도록 하겠다.

쿠버네티스 환경의 재해복구는 크게 Warm site, Hot site, Mirror site(Acitve-Active) 3가지의 형태로 구현할 수 있으며, 각 형태는 다음의 특징을 가진다.

- Warm site: 가장 최소한의 비용과 인프라로 구성할 수 있는 형태

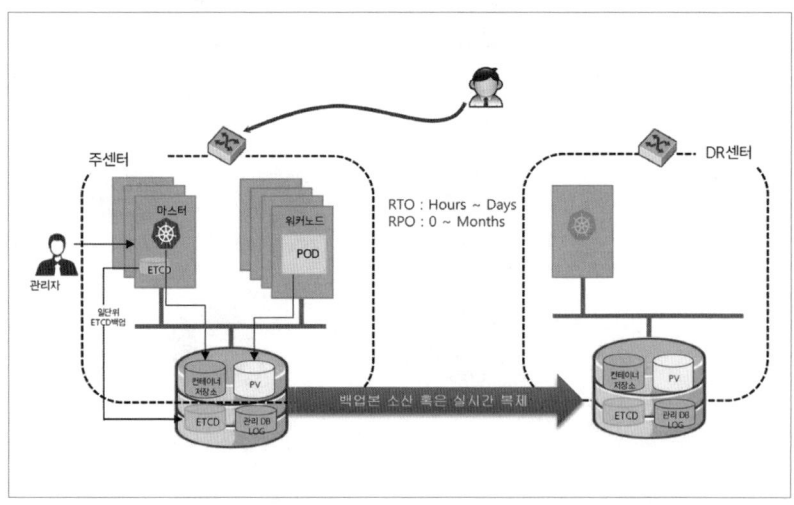

[그림 3-42] 쿠버네티스의 Warm site

이다. 우선 복구 대상들을 DR센터에 소산하여 보관하였다가 재해 발생 시 서비스 운영에 필요한 서버, 네트워크, 스토리지 등의 자원들을 생성하여 소산된 데이터를 복원시킨 뒤 서비스를 재개한다. 평상 시 DR 쪽에서는 변경된 데이터와 파일들을 보관할 저장소만 존재하면 되므로 이를 소산할 네트워크와 저장소 비용 정도만 지출되기 때문에 매우 저렴하게 구축할 수 있는 장점이 있는 반

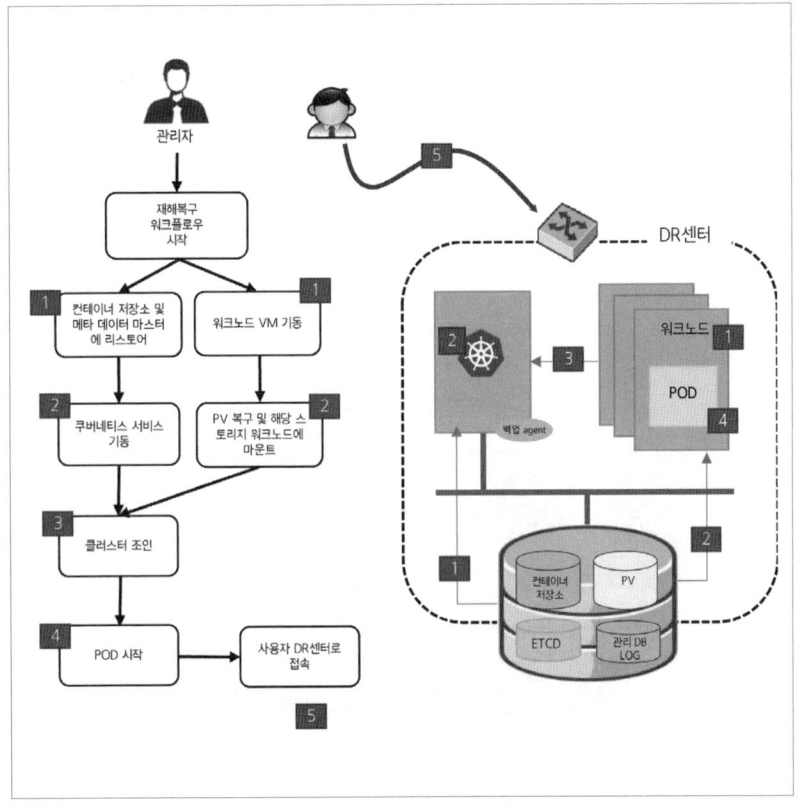

[그림 3-43] Warm site의 복구과정

면, 복구 시간이 길다는 단점이 있다. 따라서 데이터의 중요도가 낮고 서비스 복구의 긴급도가 낮은 업무에 대하여 적용하는 것이 좋다.

- Hot site: RPO(Recovery Point of Object) 측면에서 데이터의 유실을 허용하지 않는 중요한 데이터베이스에 대하여 주로 구성하는 형태이다. 운영센터의 중요한 데이터를 DR 쪽으로 실시간 복제를 수행하며, RTO(Recovery Time of Object)에 따라 3시간 이내의 복구 대상일 경우 복구에 필요한 서버, 네트워크, 스토리지 등의 자원들은 평상시에도 기동은 되어 있되 애플리케이션 서비스만 대기 상태로 운영하게 된다.

그 외 하루 이상의 RTO를 가진 업무의 경우 Warm Site 형태로

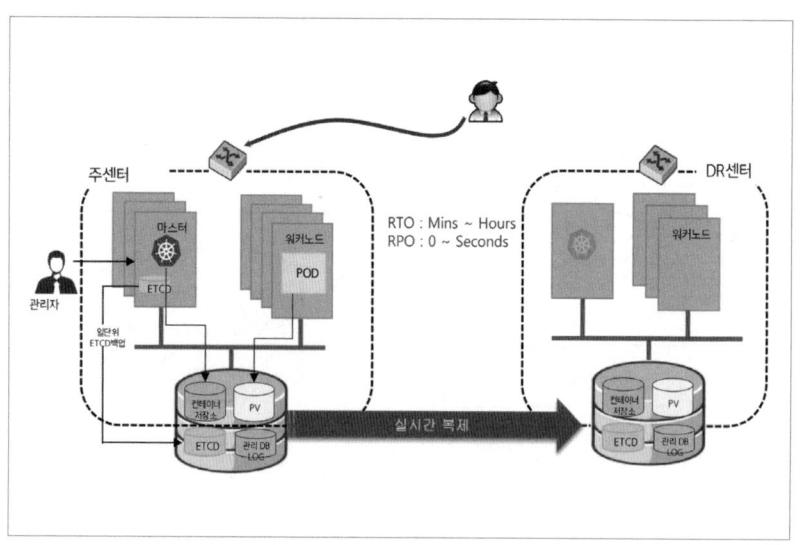

[그림 3-44] 쿠버네티스의 Hot site

필요한 자원들을 생성하여 복구하기도 한다. 요즈음은 웬만한 중소기업도 IT 인프라가 없이는 업무 자체가 불가능하기 때문에 재해복구를 구성한다고 했을 때 높은 가성비 때문에 대부분 이 형태가 주를 이룬다고 보면 된다.

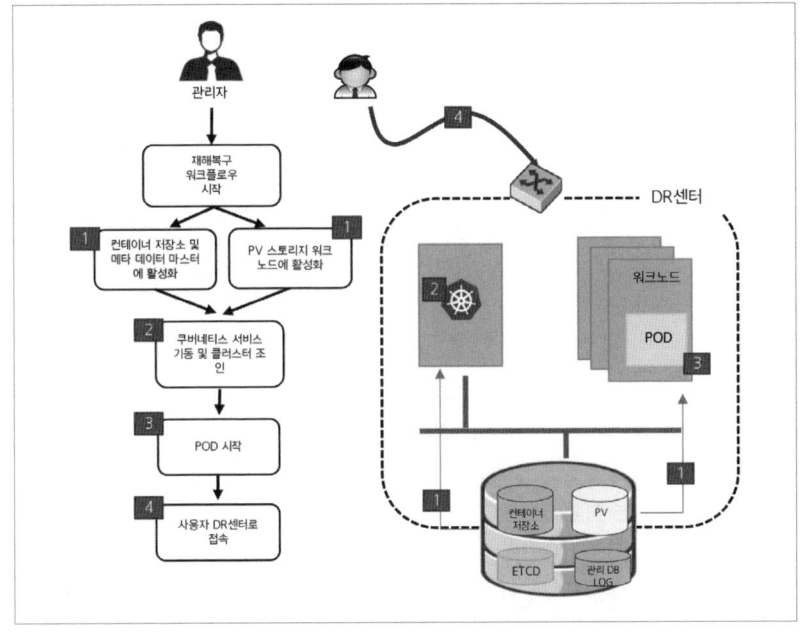

[그림 3-45] Hot site의 복구과정

- Mirror site: DR 쪽을 운영센터와 거의 동일한 규모로 구축하고 평상시 대기상태로 있는 것이 아니라 운영센터와 동일하게 서비스를 제공하는 형태이다. 흔히 Active-Active 구성으로 불린다. 쿠버네티스 환경일 경우 양 센터 간 애플리케이션을 동시에 배포할

방안을 수립해야 하며, 데이터베이스 또한 Master-Slave 혹은 All Master 형태의 운영방안을 수립해야 한다. 따라서 초기 구성이 매우 복잡하고 가장 많은 비용이 소요되지만 재해로 인한 서비스 중단이 없다는 큰 장점을 가지고 있다.

대규모의 CSP 사업자들은 대부분 Mirror site를 운영하고 있다고 보면 된다. 하지만 CSP 사업자들의 이러한 주장은 인프라 재해에만 해당되지, 애플리케이션 측면에서는 결국 사용자 측에서 Active-Active 방안을 마련해야 한다. 과거 레거시 환경의 경우 양 사이트의 모든 환경을 동일하게 맞춰야 하는 어려움과 복잡성으로 인해 상당히 높은 비용과 운영 유지비용으로 인해 매우 극소

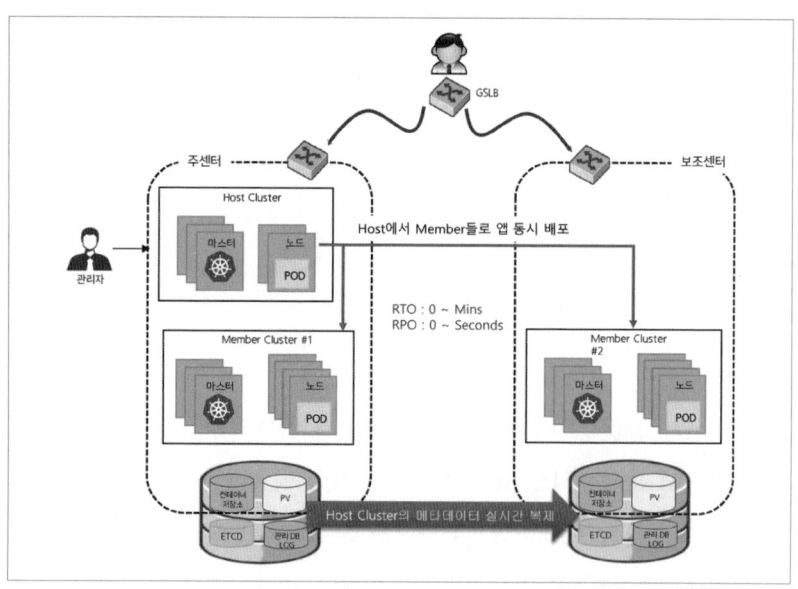

[그림 3-46] 쿠버네티스의 Mirror site

수의 금융이나 대규모의 인터넷 기업이 구축을 하였으나 현재는 중요한 업무들이 서서히 쿠버네티스 환경으로 전환되면서 Mirror site의 단점들이 상당 부분 해결된 관계로 향후 Active-Active 형태의 Mirror site가 점점 늘어날 것으로 기대된다.

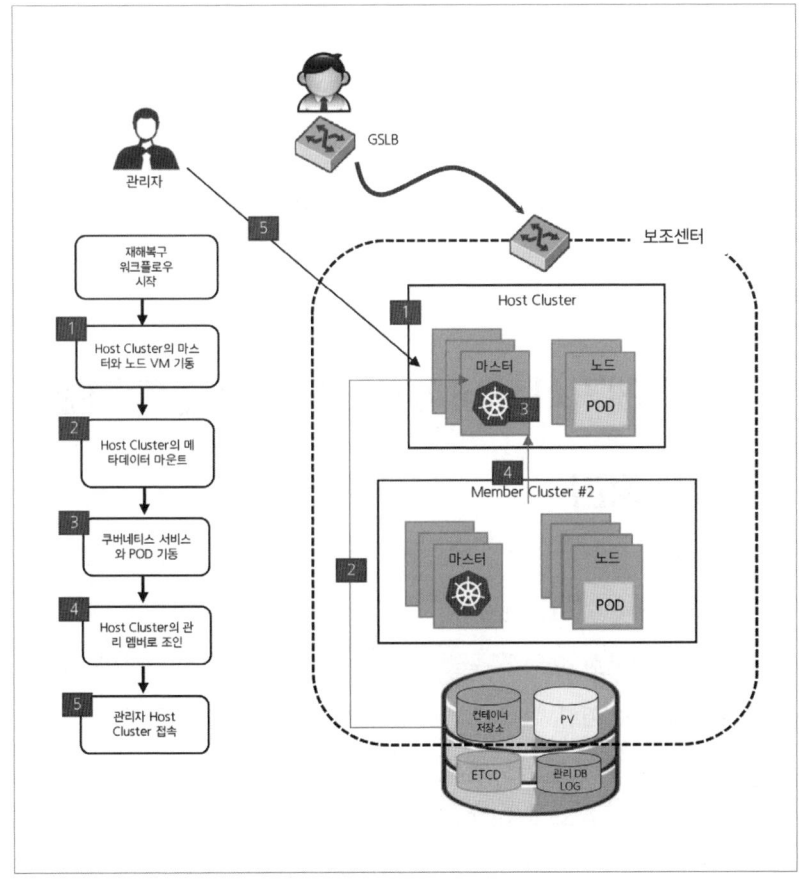

[그림 3-47] Mirror site의 복구과정

	Warm Site	Hot Site	Mirror Site
구성 방식	Active-Standby	Active-Standby	Active-Active
초기 구성 복잡도	매우 간단	간단	복잡
목표 RTO	일주일 이내	24시간 이내	0~3시간 이내
목표 RPO	한 달 이내	0~하루	0~1시간 이내
비용	저	중	고
애플리케이션 가용성	낮음	높음	매우 높음

[표 3-11] 쿠버네티스 재해복구 유형별 특징

3.7 기존 레거시 대비 쿠버네티스로 인한 변화와 장점 정리

지금까지 쿠버네티스와 컨테이너가 왜 탄생하였으며, 이들이 제공하는 기능을 통해 어떠한 유익을 누릴 수 있는지, 이를 통해 인프라와 애플리케이션 운영에 어떠한 혁신과 생산성 향상을 가져다줄지 구체적인 적용 방안과 사례를 통해 알아보았다. 마지막 장에서는 인프라 운영에 있어 직면한 여러 과제들을 쿠버네티스가 기존 레거시 대비 어떠한 장점을 제공하는지, 어떠한 차이와 변화가 있는지, 각 영역별로 비교하면서 지금까지의 내용을 정리해 보도록 하겠다.

▶▶ 3.7.1 시스템 자원 관리

레거시는 IP주소, MAC 주소, 호스트 ID, 스토리지의 접근 경로 등의 자원들이 고정적이며, 이러한 자원들을 모두 수작업으로 할당하며 관리한다. 그에 반해 쿠버네티스에서 관리하는 POD들은 이들이 고정되지 않고 항상 동적으로 변경되며, 자원은 내부 규칙에 의해 자동으로 할당된다. 따라서 시스템의 고유 Identity에 의하여 SW가 작동되는 Node Lock Key기반의 상용SW는 Key 관리의 정책을 변경해야 쿠버네티스 상에서 문제없이 운영이 가능하다. 그러나 사용자들은 쿠버네티스를 사용하는 주된 목적이 자유로운 배포와 확장인 경우가 많아 이에 제약이 없는 오픈소스로의 변경이 매우 활발하게 일어나고 있다.

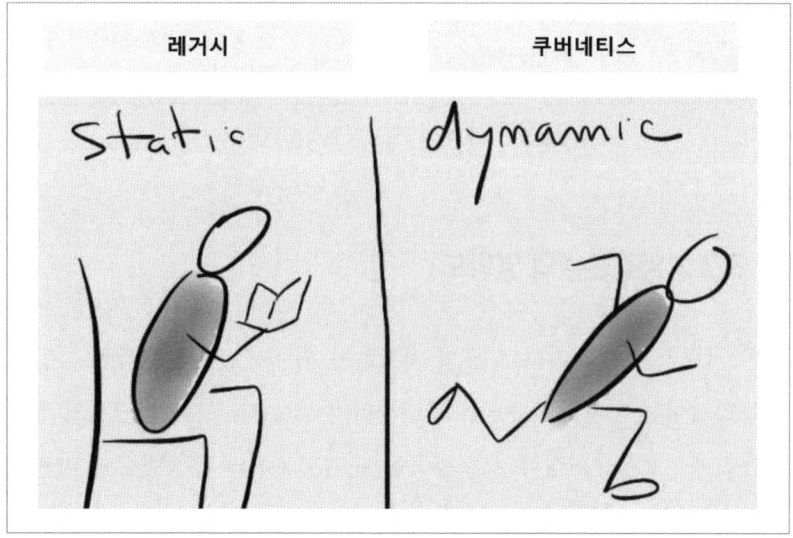

[그림 3-48] 레거시와 K8S의 자원 관리

	레거시	쿠버네티스
IP주소	● 고정된 IP 수동 할당 ● 서비스 간 IP로 통신	● 가변적 IP 자동 할당 ● 컨테이너 재시작 시 IP 바뀜 ● 서비스 네임 기반 통신
MAC 주소	● 고정	● 재시작 시 MAC 바뀜
Node Lock Key	● IP나 MAC에 바인딩될 경우 네트워크 ID가 고정되어 있어 지속적으로 사용이 가능	● IP나 MAC에 바인딩될 경우 컨테이너 재시작에 따라 Key 값이 바뀌어야 함
CPU, Memory	● 독점적으로 할당량 사용	● 서버 자원을 공유하며, 컨테이너별 설정된 최대치 내에서 사용
이동성	● 서버의 OS, Hypervisor가 동일해야 함 ● IP 대역이 다를 경우 APP 수정이 발생될 수도 있음	● 배포한 OS, Hypervisor 등이 달라도 호환됨 ● IP 대역이 상이해도 네임 기반 통신인 관계로 APP 수정 필요 없음

[표 3-12] 리소스 할당과 관리의 비교

≫ 3.7.2 환경변수의 영향도

우선 서비스의 최적화와 오류의 최소화를 위해서 OS를 포함한 다양한 애플리케이션의 환경변수들을 관리해야 할 것이다. 특히 레거시의 경우 애플리케이션을 OS상에 호스팅하는 관계로 OS의 환경변수와 버전에 영향을 받을 수밖에 없으며, 운영하는 소프트웨어의 종류에 비례하여 관리해야 할 환경변수 파일들은 기하급수적으로 늘어날 수밖에 없다. 반면 쿠버네티스의 경우 애플리케이션들은 Host OS에 종속적이지 않으며, 애플리케이션의 종류에 상관없이 대부분의 환경변수들은 ConfigMap과 Secret 두 가지로 표준화된 관리가 가능하다는 장점을 제공한다.

[그림 3-49] 레거시와 K8S의 환경변수의 영향도

OS버전	레거시	쿠버네티스
OS버전	● Host OS와 앱의 호환성 필수	● Host OS는 K8S와의 호환성만 검증받으면 됨 ● 앱의 호환성 검증은 불필요

OS 패치	● 앱에 영향을 끼침	● 앱에 영향을 끼치지 않음
환경변수와 파일	● OS 환경변수 파일들 ● 앱의 환경변수 파일들 ● 각 OS와 앱마다 다름	● Confimap과 Secret으로 관리 ● 앱의 종류에 관계없이 동일함
이동성	● 개발계, 테스트계, 운영계 별로 다양한 환경변수를 수작업으로 변경해야 함 ● 동일한 OS와 환경변수가 아닌 경우 앱의 정상 기동이 보장되지 않음	● 개발계, 테스트계, 운영계별로 환경변수를 다르게 관리할 수 있음 ● Host OS버전이 달라도 앱의 정상 기동이 가능

[표 3-13] 환경변수의 관리와 영향도

▶▶ 3.7.3 애플리케이션의 배포

애플리케이션의 형상 관리와 빌드 과정에 있어서 사실상 레거시와 쿠버네티스 간 차이는 거의 없다. 둘 다 동일한 CI의 과정 및 툴을 통해 자동화된 CI pipeline의 구현이 가능하다. 하지만 둘 간의 차이는 배포 과정에서 확연히 드러난다. 레거시의 경우 대부분의 배포 과정을 보면 배포 전문가에 의한 수작업 배포가 주를 이루고 있으며, 애플리케이션의 종류에 따라 배포 과정이 다르며 다운타임을 확보해야 하는 어려움이 존재한다. 특히 업데이트된 애플리케이션에 오류가 발생한다면 이전 버전으로의 롤백이라는 험난한 과정을 각오해야 할 수도 있어 이를 감안한 충분한 다운타임을 확보해야 할 것이다.

이에 반해 쿠버네티스의 경우 앱의 종류와 관계없이 동일한 POD를 배포하며 (물론 빌드된 애플리케이션을 컨테이너 이미지로 만들어야 할 수고는 필요하다.) 이를 자동화할 수 있음은 물론, CI/CD pipeline을 작성하여 형상 관리에서부터 빌드, 배포의 전 과정을 자동화할 수 있다. 게다가 롤링 업데이트, 카나리 배포, Blue/Green 배포 등의 전략을 통해 무중단 배포가 가능하며, 롤백을 통해 바로 직전 이미지로 수초 이내 무중단으로 되돌릴 수 있는 장점을 제공한다. 무엇보다 배포의 측면에 있어 쿠버네티스의 가장 큰 장점은 하이퍼바이저나 OS버전 등이 다른 환경에 배포하더라도 문제없이 애플리케이션 운영이 가능하다는 점이다.

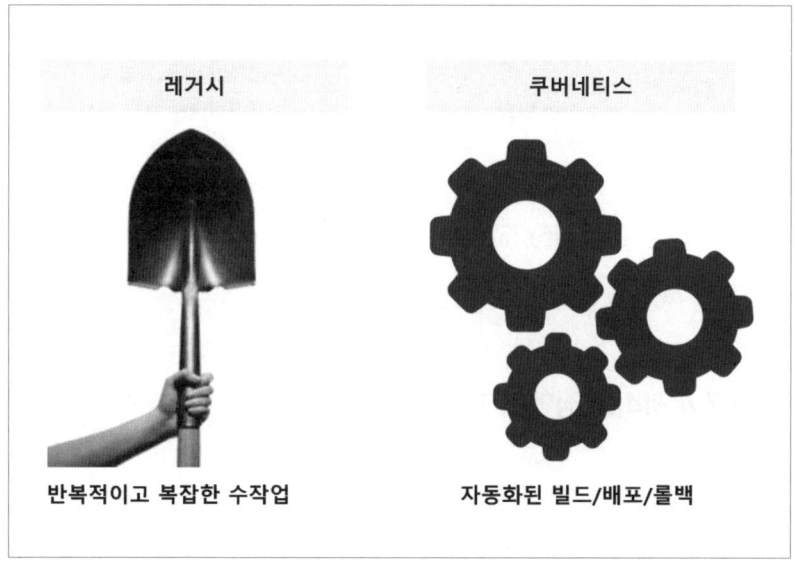

[그림 3-50] 레거시와 K8S의 애플리케이션 배포

	레거시	쿠버네티스
빌드	● CI 솔루션을 통한 자동화 ● 빌드된 앱의 버전 관리를 대체로 하지 않음	● CI 솔루션을 통한 자동화 ● 앱의 버전 관리를 자동화
배포	● 배포 전문가에 의한 수작업이 주류 ● 배포 시 기존 앱 다운 → 신규 앱 기동의 다운타임 발생	● CI/CD Pipeline을 통한 자동 배포 ● 롤링 업데이트, A/B 배포, 카나리 배포 등의 무중단 및 고급 배포 전략을 세울 수 있음
롤백	● 수작업에 의한 롤백 (기존 서비스 중지 → 백업본 restore 등) ● 장시간의 다운타임 발생	● 기존 앱 이미지로 2초 이내 롤백 ● 무중단 롤백으로 다운타임 없음
이동성	● 서로 상이한 클라우드와 호스트에 배포 시 앱의 오류 발생 가능성이 큼	● 서로 상이한 클라우드와 호스트에 배포 가능 ● 서로 다른 K8S 클러스터 간 자동화된 배포 가능
애플리케이션 확장	● 수작업 확장 ● 로드밸런싱 그룹 Join도 수작업 설정 필요	● 애플리케이션 자동 확장 ● 로드밸런싱 그룹 자동 Join ● 자동 scale in 또한 가능

[표 3-14] 애플리케이션 배포 방식의 차이

3.7.4 서비스 장애의 처리

레거시의 경우 시스템 장애 발생 시 당장 대처할 시스템이 없다. 따라서 복구에 만전을 기해야 하며, 최대한 장애가 발생하지 않도록 견고하게 시스템을 설계하며 가용성을 높이기 위해 별도의 HA 솔루션을 도입하여 자동화 방식으로 장애를 복구한다.

쿠버네티스의 경우 복구라는 개념보다는 신규 POD를 생성하여 기동하는 방식을 취하거나 평상시 Replica Set를 준비하였다가 해당 POD에 장애가 발생 시 Replica POD를 즉시 기동시키고 장애가 발생된 POD를 폐기처분한 뒤, 새로운 POD를 즉시 생성하여 Replica Set에 합류시킨다. 즉, 쿠버네티스에서는 장애가 발생한 POD를 굳이 복구하지 않고 폐기처분하고 무결점의 새로운 POD를 생성하여 준비하는 것이다. 이렇게 하더라도 수십 초 내에 장애의 복구가 가능하다는 장점을 제공한다.

[그림 3-51] 레거시와 K8S의 장애 처리

	레거시	쿠버네티스
장애 감시	● 별도의 솔루션 필요	● 별도 솔루션 필요 없음 ● 노드, 네트워크, POD 등의 장애 자동 감시
장애 처리	● 별도 솔루션을 통한 앱의 재기동 혹은 대기서버로의 페일오버 ● 수작업에 의한 복구	● POD를 자동으로 재기동 ● POD의 Min값의 수만큼 기동을 항상 보장 ● Master 장애 시에도 운영 중인 POD는 정상 작동
서비스 복구 시간	● 서버 재기동의 경우 수 분~수 시간이 소요될 수 있음 ● Host Sandby로의 페일오버일 경우 수 분~수십 분 소요	● 컨테이너 자체는 수십 초 내 기동 ● 앱의 종류에 따라 수십 초~수십 분 소요
휴먼 에러 가능성	● 수작업 복구 시 엔지니어 스킬 레벨에 의하여 좌우됨	● 대부분 자동화된 복구로 휴먼 에러의 영향도가 거의 없음 ● 고급 운영 인력의 비용을 대폭 낮출 수 있음
재해복구	● 운영과 DR 간 애플리케이션과 환경의 최신 변경분 관리가 어려움 ● 양 사이트간 OS버전, 하이퍼바이저가 다를 경우 복구 가능성 매우 낮음	● 최신 변경분에 대한 동기화가 매우 용이하며 자동화된 방식으로 변경관리 가능 ● 양 사이트 간 OS버전, 하이퍼바이저가 달라도 서비스 복구 가능

[표 3-15] 장애 처리 방식의 차이

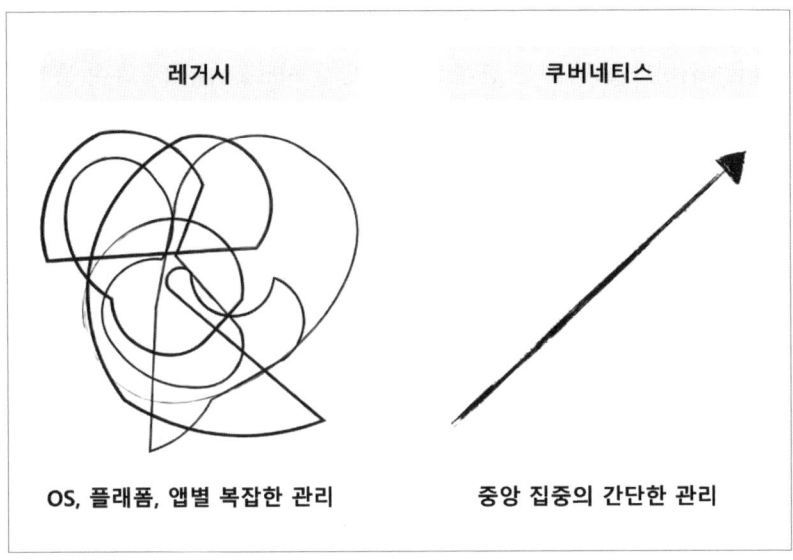

[그림 3-52] 레거시와 K8S의 로그 관리

>> 3.7.5 로그 관리

시스템 내에는 상당히 많은 로그들이 생성된다. 우선 서버, 스토리지, 네트워크 등의 인프라 자원들이 로그를 생성하며, OS 또한 상당량의 로그를 발생시킨다. 그리고 OS상에서 기동되는 대부분의 소프트웨어들 또한 자체적으로 로그를 생성하며, 이러한 로그들을 저장하고 관리하기 위한 별도의 폴더나 저장소를 지정하기보다는 디폴트 값으로 저장하는 경우가 대부분이다. 사실 이러한 로그들이 어느 영역에 저장되고 관리되는지 모르는 경우가 허다하고 대부분 OS가 설치된 볼륨 내, 애플리케이션에서 디폴트로 정한 특정 폴더에 저장되는 경우가 많다. 따라서 저장되는 위치가 모두 다른 관계로 장애 발생 시 로그를 취합하여 분석하는 데 상당히 많은 어려움이 따르기도 한다.

쿠버네티스상에서는 이러한 복잡한 로그의 관리를 로깅이라고 불리는 특정의 로그 관리 솔루션인 Elastic search, FluentD, Kibana 즉, EFK 스택을 통해 통합으로 관리하는 형태가 주를 이룬다. 중앙에서 이를 통합으로 관리하는 영역을 제공하는 것이 매우 편리하게 느껴질 수 있지만, 사실 쿠버네티스 세계에서 이러한 중앙집중 방식의 로그 관리 영역을 구축해야 하는 이유는 컨테이너의 불변성이라는 특성에 기인한다고 볼 수 있다.

앞서 언급했듯이 대부분의 로그들은 애플리케이션의 디폴트 설정에 의하여 별도의 볼륨에 분리되어 저장되기보단 OS가 설치된 서버 내에 저장되는 경우가 대부분이다. 이럴 경우 컨테이너 내부에 로그들이 기록될 가능성이 매우 크며, 컨테이너를 재기동하게 될 경우 모든 로그는 사라질 것이다. 따라서 쿠버네티스에서는 애플리케이션 로그들을 별도의 외부 저장소인 PV를 생성하여 보관하든지 EFK 스택으로 로깅 환경을 구축하여 별도로 관리를 하든지 해야 한다.

	레거시	쿠버네티스
로그 저장소	• OS, SW, 인프라별 별도 저장 • 각 서버별 로컬 디스크에 저장	• EFK와 같은 별도 통합 로그 저장소에 통합 관리 • 컨테이너 내부에는 저장 불가능
관리	• OS, SW, 인프라별 로그 수집, 검색, 분석 별도 진행 • 통합 관리를 위해서는 별도 개발과 프로젝트 진행이 필요하며, 각 요소별 호환성 맞추기가 쉽지 않음	• 앱 종류에 관계없이 대부분 컨테이너에 대한 로그 저장 및 관리로 해결 가능 • 앱, K8S 클러스터, 인프라 로그를 통합 관리 및 모니터링
분석	• 개개별 요소마다 전문 엔지니어를 통해 진행	• 일관된 방식으로 가시화된 분석 가능 • 분석과 운영에 대한 비용 절감

[표 3-16] 로그 관리의 차이

》 마치는 말

2022년 5월 비제이 퍼블릭과 출판 계약을 체결하기에 앞서 전문 작가도 아닌 내가 일을 병행하면서 책을 집필하는 것이 나의 일정에 어떤 영향을 끼칠지 생각하지 않았다. 하지만 주변 지인들에게 집필에 대한 의견을 구했을 때 사실 걱정 어린 조언들이 많았다. 2016년 2명의 팀 멤버와 PaaS의 콘셉트를 한 달여 이야기 나누며, 플랫폼 개발의 구상과 관련한 의견을 주변 지인들에게 구할 때 100% 부정적 반응을 보였던 것과 완전 동일한 반응이었다. 당시 부정적 의견을 극복하고 2017년 플랫폼 출시를 단행했던 그때를 상기하며, 한번 해 보면 되는 거 아니냐는 단순한 생각으로 계약을 단행했다.

6개월의 집필 과정에서 걱정 어린 조언들이 귓가에 늘 맴돌았었다. 9~10월은 슬럼프가 찾아와 아예 손을 놓기도 했다. 지난 5년간 들려준 스토리를 글로 옮기면 되는 것 아니냐고 단순히 생각했지만 들려준 스토리는 오류가 나더라도 흘러버릴 수 있었지만 글은 한 번 인쇄되면 영원히 남는 것이라 절대 오류를 내면 안 되는 것이라는 것을 집필하면서 깨닫기 시작했고 나 자신의 여러 부족함을 깨우치는 시간이 되었다. 2022년 12월 30일 원고를 탈고하며 마치는 말을 쓰는 이 시점이 지금껏 살아온 인생 중 가장 후련한 시간으로 다가온다.

힘들었던 지난 6개월의 시간 동안 여러 조언으로 격려해준 비제이 퍼블릭의 임직원분들, 현재 재직하고 있는 회사의 김형일 대표님 이하 회사 동료들, 유일하게 응원하며 지지해준 영원히 사랑할 아내 배경희 님, IT를 전혀 모르지만 책이 출판되길 손꼽아 기다리고 있는 사랑하는 아들 이한수, 이한빈에게 감사를 드린다. 특별히 영적으로 늘 위로하고 용기를 북돋아 주신 하나님께 영광을 돌린다.

다시금 늘 들려준 또 다른 스토리를 쉬운 말로 출간할 수 있겠느냐고 누군가 물어온다면 이 길을 걸어갈 수 있도록 지탱해준 감사한 분들을 의지하며, 다시 한번 걸어갈 수 있다고 대답할 수 있을 듯하다.

찾아보기

ㄱ

가상머신	36
가상화	20

ㄷ

데브옵스	143
도커	64, 71, 86
디지털 트랜스 포메이션	169, 174

ㄹ

라이브러리	43, 71
런타임	110, 128
레거시	23, 252
레이어	69, 73, 161
레지스트리	133
레파지토리	72, 89
로깅	137, 264
롤링 업데이트	98, 122, 259
롤백	98, 123, 258

ㅁ

멀티/하이브리드 클라우드	221
모놀로식	197

ㅂ

바이너리	68
배포	89, 122, 142
변경관리	191, 241

부하 분산	41
불변성	75
블루/그린 배포	98
빌드	142, 258

ㅅ

샌드박스	26, 59
서비스 디스커버리	210
서비스 카탈로그	145
서비스 메시	137, 206
소스 저장소	188
스케줄러	109

ㅇ~ㅈ

영구 볼륨	110
오케스트레이션	88
인증/인가	218
재해복구	235

ㅋ

카나리 배포	98
컨테이너 저장소	132
쿠버네티스	97
클라우드	20
클라우드 네이티브	175

ㅌ~ㅍ

테넌시	112
트래픽 미러링	213
트래픽 분할	212
프로메테우스	135

ㅎ

하이퍼바이저	34
현대화	156
확장센터	227
환경변수	60, 127, 256

A~B

AI/ML	174
API	180
API GW	206
API Server	107
APM	88
Bursting 센터	225

C

CD	143
cgroup	61
CI	143
CI/CD	142
CI/CD Pipeline	143
Circuit Breaker	215
Cloud native architecture	175
Cluster IP	115
CNA	175
CNCF	139
CNI	128
configmap	126
Container Registry	132
Container Runtime	86
Containerd	86, 129
Controller Manager	109
CRI	128
CRI-O	95
CronJob	125
CSI	127
CSP	30

D

DeamonSet	124
Delivery	143
Deployment	122
DevOps	181, 186
DevSecOps	144
Docker	92

E

EFK	137, 264
Entry point	204
Etcd	109

F~ G

Fault Injection	217
GitOps	190
GSLB	228

H

HA	42, 260
Helm	133
Hot site	250
Hypervisor	21

I~J

IaaS	30
IDE	189
Immutable	69
Ingress	119
Job	125

K

k8s	97
Kube Proxy	110
Kubectl	111
Kubelet	110
kubernetes	97

L

Label	107, 112
Load balancer	117
Lock in	49
Logging	135

M

manifest	190
Master	106
Mirror site	251
Monitoring	134
MSA	180
MSP	31

N

namespace	61, 111
Node	106
Node lock key	28
Node Port	116

O

OCI	86
OSS	28

P

PaaS	30
Persistence Volume	110
POD	109
Private Cloud	221
Proxy	207
Public Cloud	221

R

RBAC	126
ReplicaSet	120
repository	188
ROI	35
RPO	250
RTO	250
RunC	86

S

SaaS	32
scale out	41
Scheduler	107
secret	126
Service	115
servicemesh	137
SOA	206
Source Repository	188
SSO	149
Statefulset	124
Stateless	121

T~Y

TCO	21
VM	41, 67
Volume	114
Warm site	248
yaml	190, 245

디지털 플랫폼 전략 수립을 위한 쿠버네티스 실전 활용서

출간일 | 2023년 4월 12일 | 1판 1쇄

지은이 | 이진현
펴낸이 | 김범준
기획 | 이동원
책임편집 | 조부건
교정교열 | 양은하
편집디자인 | 이승미
표지디자인 | 심서령

발행처 | (주)비제이퍼블릭
출판신고 | 2009년 05월 01일 제300-2009-38호
주소 | 서울시 중구 청계천로 100 시그니처타워 서관 9층 949호
주문/문의 | 02-739-0739   **팩스** | 02-6442-0739
홈페이지 | https://bjpublic.co.kr   **이메일** | bjpublic@bjpublic.co.kr

가격 | 20,000원
ISBN | 979-11-6592-213-9
한국어판 ⓒ 2023 (주)비제이퍼블릭

이 책은 저작권법에 따라 보호받는 저작물이므로 무단 전재와 무단 복제를 금지하며,
내용의 전부 또는 일부를 이용하려면 반드시 저작권자와 (주)비제이퍼블릭의 서면 동의를 받아야 합니다.
잘못된 책은 구입하신 서점에서 교환해드립니다.